Irrtum und Schuldbegriff

im Strafrecht.

Von

Dr. Eduard Kohlrausch,
a. o. Professor der Rechte in Königsberg.

I. Teil.

Berlin 1903.
J. Guttentag, Verlagsbuchhandlung,
G. m. b. H

Inhalts-Übersicht.

III. Teil.

Irrtum und Schuldbegriff in Theorie und Praxis.

I. Abschnitt: Das Bewusstsein der Strafbarkeit und der Normwidrigkeit.

II. Abschnitt: Das Bewusstsein der Rechtswidrigkeit.

III. Abschnitt: Thatirrtum und Rechtsirrtum

I. Teil.

Problemstellung.

§ 1.

I. Die zwei Grundfragen der Schuldlehre und ihre Unabhängigkeit.

I. Schuld im Sinne des Strafrechts ist diejenige subjektive Beziehung, in welcher ein schuldfähiger Thäter zu seiner That gestanden haben muss, um für diese strafrechtlich verantwortlich gemacht werden zu können. Dies ist ein analytischer Satz, eine Nominaldefinition, gegen welche ein Einwand nur bezüglich ihrer Fruchtbarkeit, nicht hinsichtlich ihrer Richtigkeit erhoben werden kann.

II. Die Aufgaben der Schuldlehre — welche die Lösung des Problems der Zurechnungsfähigkeit voraussetzt — erschöpfen sich in der Beantwortung der beiden Fragen:

1) Zu welchen Momenten einer That muss der Thäter nicht nur in einer objektiven, sondern auch in einer subjektiven Beziehung gestanden haben, damit eine Zurechnung der That zur Schuld erfolgen kann.

2) Welche psychologische Beschaffenheit muss jene subjektive Beziehung haben?

Die erste Frage bezieht sich auf den Inhalt der Schuld, der bei gleichem gesetzlichen Thatbestand durch alle Schuldformen hindurch der gleiche ist. Die zweite Frage betrifft die Abstufung der Schuld, die Schuldformen, Schuldgrade, welche ohne Rücksicht auf die einzelnen Thatbestände einheitlich beantwortet werden muss. In jedem einzelnen Falle fordern beide Fragen eine Beantwortung. In der prinzipiellen Behandlung ist indessen die erste Frage — was zur Vereinfachung ihrer Lösung stets im Auge zu behalten ist, aber nicht immer genügend beachtet wird — von der zweiten unabhängig. Wieweit auch das Umgekehrte behauptet werden kann, interessiert hier nicht.

Die vorliegende Untersuchung hat es nur mit der ersten Frage zu thun, mit der Frage nach dem Inhalt der Schuld. Sie kann deshalb absehen von einer Erörterung darüber, in welchen Formen die Schuld bei jedem Delikte erscheinen könne: als Vorsatz mit seinen Unterarten (dolus eventualis u. s. w.), als Fahrlässigkeit oder auch als blosse Wissentlichkeit (Löffler); und auf welche Weise die Abgrenzung jener Schuldformen vorzunehmen sei. Wenn z. B. die Anwendung der ersten Frage auf den Falscheid ergeben sollte, dass zu den Umständen, welche von der Schuld umfasst sein müssen, die Unwahrheit der beschworenen Thatsache gehört, so ist es gleichgültig, ob man zum Vorsatz des Meineides die Kenntnis von der Unwahrheit verlangt, zur Fahrlässigkeit beim Falscheide das Kennenmüssen der Unwahrheit, oder aber ob man die psychologischen Kriterien der Abgrenzung von Vorsatz und Fahrlässigkeit in anderer Weise festzustellen versucht: stets muss die geforderte psychische Beziehung, wie verschieden sie auch sei, bei gleichem gesetzlichen Thatbestande bezüglich der gleichen Momente vorhanden sein.

III. Es ergiebt sich weiter, dass die Beantwortung der Frage nach dem Inhalt der Schuld unabhängig ist von einer anderen vielbehandelten Frage der Schuldlehre: von der Frage, ob das Wesen des Vorsatzes in einem Wollen oder in einem Vorstellen zu finden sei[1]). Wenn feststeht, dass bei der vorsätzlichen Tötung die Schuld die Thatsache umfassen müsse, dass der Getötete ein „Mensch" war, so ist diese Feststellung unabhängig davon, ob das Wesen des Tötungsvorsatzes in der Vorstellung besteht, dass man

---

[1]) Siehe einerseits Frank Z. X (1890) S. 169 ff., andrerseits v. Hippel in der Göttinger Festschrift für Regelsberger (1901), S. 355 ff., letzterer mit erschöpfender Litteraturangabe.

einen „Menschen" töten werde, oder in dem Willen, einen solchen zu töten.

Nun ist freilich die Frage, welche Momente einer That von der Schuld umfasst sein müssen, offensichtlich nur von der „Wissens"-Seite her zu behandeln. Nur bezüglich intellektueller Funktionen kann von einem grösseren oder geringeren gegenständlichen Umfang gesprochen werden. Dinge und Eigenschaften von Dingen werden nicht gewollt, sondern vorgestellt; auch § 59 St.G.B. spricht nicht von dem Wollen von Thatumständen, sondern von der Kenntnis von solchen. Demgemäss könnte man meinen, als ob vor der Präzisierung dieses Vorstellungsinhaltes der Schuld doch Stellung genommen werden müsste in der Kontroverse der Willens- und Vorstellungstheorie.

Indessen auch die Willenstheorie leugnet, mit einer Ausnahme, keineswegs das Erfordernis auch von Vorstellungselementen. Sie begnügt sich nur nicht mit solchen, sondern verlangt ausserdem eine engere psychische Beziehung des Thäters zu dem Vorgestellten, die sie das „Wollen" nennt. Dies Mehr ist für die Frage nach dem Inhalt der Schuld ohne Interesse. Für die Vorstellungs- wie für die Willenstheorie betrifft unsere Frage den Vorstellungs-Inhalt der Schuld.

Die genannte Ausnahme betrifft Binding, der in seinen „Normen" (bes. II 104 ff.) das in der philosophischen Litteratur viel diskutierte Problem des „unbewussten Willens", d. h. des Willens, dem die Vorstellung des Willensinhaltes fehlt, aufgeworfen hat.[1]) Diese Frage wäre in der That präjudiziell für die hier gestellte Aufgabe. Indessen kann die Binding'sche Theorie vom unbewussten Willen weder für prinzipiell richtig noch für konsequent durchgeführt gehalten werden.

---

1) Liepmann (Einleitung in das Strafrecht, 1900, S. 35) hat darauf hingewiesen, dass man Binding nicht gerecht werde, wenn man ihm vorwerfe, er operiere für das Strafrecht mit dem unbewussten Willen. Das ist richtig, sofern man unter diesem einen solchen Willen versteht, dem das Wissen vom Wollen fehlt. Allein die für Binding wesentliche und auch hier allein interessierende Frage ist die, ob dem Wollen die Vorstellung vom Willensinhalt wesentlich sei. Diese Frage verneint Binding.

In ersterer Richtung ist Binding vielfach, und wohl mit Recht, die Hineinziehung des Kausalitätsbegriffes in den Willensbegriff zum Vorwurf gemacht worden. Ein Zusammenhang beider ist insofern zwar unverkennbar, als der Mensch nur das „Wollen" kann, wofür er kausal werden kann oder doch werden zu können glaubt. Was darüber hinausgeht, das wird nicht mehr „gewollt", sondern — und zwar wohl auch im Sinne Binding's — nur „gewünscht". Aber daraus folgt noch nicht die Richtigkeit der Umkehrung: dass der Mensch — auch vom Standpunkt der Willenstheorie aus — Alles wollen könne, wofür er kausal werden kann.

Der einzige Grund, aus dem Binding dies folgert, ist die von ihm aufgestellte Willensdefinition (S. 110 f.): „Der Wille ist durchaus nicht lediglich die Anwendung der Fähigkeit des Menschen kausal zu werden in Verwirklichung einer bestimmten Vorstellung, sondern die Ausübung der Fähigkeit überhaupt kausal zu werden .... Sobald der Wille aber nichts anders ist als das, was den Menschen zum Ursacher oder Urheber macht, so versteht sich ganz von selbst, dass der Wille von der Vorstellung des Wollenden unabhängig stehen muss."

Die formale Richtigkeit dieser Definition ist nun zwar nicht zu bestreiten, wenn sie auch über das Wesen des Willens nicht viel mehr aussagt als eine Definition, die etwa ein Maschinist über das Wesen des Dampfes, ebenfalls formal richtig, dahin abgeben würde: „Dampf ist dasjenige, was eine Maschine in Bewegung setzt". Ebensowenig aber, wie diese Definition sachlich erschöpfend wäre — denn der Dampf hat auch noch andere Eigenschaften als die, Maschinen in Bewegung zu setzen; und Maschinen können auch durch andere Kräfte als durch Dampf bewegt werden — ebensowenig ist es jene Definition des Willens. Einerseits können auch andere Ursachen, als Willensakte, „den Menschen zum Ursacher oder Urheber machen" (man denke nur an die sog. Reflexbewegungen); und andererseits heben wir, wie jener Maschinist, willkürlich nur diejenige Eigenschaft des Willens hervor, die uns augenblicklich interessiert und die unserer Beobachtung am zugänglichsten ist, wenn wir sagen: der Wille sei „die Ausübung der Fähigkeit, kausal zu werden". Aus dieser Beschreibung einer — wenn auch vielleicht der wichtigsten —

Funktion des Willens folgt noch nicht, dass überall dort, wo der Mensch eine Ursache setzt, ein Willensakt vorliegt. Damit fällt die einzige Stütze, die Binding für den „unbewussten Willen", für den Willen, dem die Vorstellung des Gewollten fehlt, aufgerichtet hat.

Selbst wenn man aber mit Binding jene weite Ausdehnung des Willensbegriffes annehmen wollte, so bliebe die Frage zu beantworten, ob ein solcher Begriff noch geeignet ist, die Grundlage für die strafrechtliche Schuldlehre zu liefern. Die Frage wäre wohl zu verneinen, soweit nicht durch Aufnahme irgend eines Korrektivs eine weitere Schuldvoraussetzung aufgestellt wird.

Binding findet eine solche bekanntlich in dem „Bewusstsein der Normwidrigkeit". Damit ist aber der seines Inhalts unbewusste Wille wieder preisgegeben. Denn das Bewusstsein der Normwidrigkeit beruht auf einem Subsumtionsschluss, der nur dann ausführbar ist, wenn nicht bloss der Obersatz (die Norm), sondern auch der Untersatz (die That) in der Vorstellung des Schliessenden (des Thäters) gegeben ist. Zu keinem anderen Resultat gelangt Binding selbst (S. 400 ff., 410 ff.): „Ein Delikt ist vorsätzlich, wenn ein Handlungsfähiger sich das von ihm Bewirkte als im Widerspruch stehend zu der Norm, welcher es unterfällt, vorgestellt und gewollt hat" (S. 403).

Trotzdem spielt Binding's Theorie vom „unbewussten Willen", deren hauptsächlichste Anwendung freilich erst bei der Scheidung der Culpa vom Dolus erfolgt[1]), in seine Doluslehre noch mehrfach hinein. Sonst wäre es — um nur ein Beispiel herauszugreifen — schwer verständlich, wie Binding das von ihm getadelte Fallenlassen des Bewusstseins der Rechtswidrigkeit — eines Bewusstseins, das bei der Frage nach dem Vorstellungsinhalt des Dolus eine Rolle spielt — auf eine Ver-

---

[1]) Man wird sogar behaupten können, dass die Lehre vom „unbewussten Willen" nur aufgestellt worden ist, um die Möglichkeit eines culposen Delikts zu retten. Denn mit dem Wesen des Verbrechens als einer Auflehnung gegen die Norm wäre dies sonst nicht zu vereinbaren. Freilich wird ein abschliessendes Urteil hierüber erst nach dem Erscheinen des 3. Bandes der „Normen", der von der Fahrlässigkeit handeln soll, möglich sein.

kennung des Verhältnisses von Wille und Vorstellung zurückführen kann. Der Überspannung des Vorstellungselementes gegenüber dem Willenselemente sei jene flache Auffassung entsprungen, die für den Dolus nur eine subjektive Beziehung zu der That, nicht aber zu der verletzten Norm fordere. „Statt den schuldhaften Willen in Feindschaft zu den Gesetzen zu stellen, begnügte man sich die Schuld zu finden in dem freundschaftlichen Verhältnisse des Willens zu einer Vorstellung, nämlich zu der Vorstellung von der durch die Norm untersagten, durch ihre Ausnahme gestatteten Handlung“ (Normen II 130). Indessen: der Anhänger der Willenstheorie kann den Willen so gut in Feindschaft stellen zu der „durch die Norm untersagten Handlung“, wie zu „den Gesetzen“ selbst. Und umgekehrt kann der Vertreter der Vorstellungstheorie das Wesen der Schuld erblicken entweder in dem „freundschaftlichen Verhältnis des Willens zu der Vorstellung der (untersagten) Handlung“ oder aber in der Vorstellung gerade des Untersagtseins dieser Handlung. Die Frage, ob das Bewusstsein der Rechtswidrigkeit oder ein ähnliches zum Dolus gehöre, ist unabhängig von der Kontroverse der Willens- und Vorstellungstheorie.

Dasselbe gilt für die Frage nach dem Inhalt der Schuld überhaupt. Sie ist von jener unausgetragenen Kontroverse ebenso unabhängig, wie sie sich als unabhängig gezeigt hat von der Frage der Abgrenzung von Schuldformen und Schuldgraden.

§ 2.

II. Schuld und Irrtum.

Die Frage nach dem Vorstellungsinhalt der Schuld pflegt in der Litteratur und Gesetzgebung abgehandelt zu werden unter dem Schlagwort „Irrtum“.[1]) Das Wort ist zur Vermei-

[1]) Dass der „Irrtum“ nicht die Zurechnungsfähigkeit, sondern die Schuld ausschliesst, ist durchaus herrschende Ansicht. Die entgegengesetzte Meinung vertritt Binding (vgl. insbes. Normen II S. 89, 71, 617). Die Frage hängt in letzter Linie davon ab, was man mit der Gegenüberstellung von „Zurechnungsfähigkeit“ und „Zurechnung“ beabsichtigt, ist also eine terminologische. Will die Lehre von der Zu-

dung von Weitschweifigkeiten in der That unentbehrlich. Allein sein Gebrauch ist mit Gefahren verknüpft, auf die hier aufmerksam gemacht werden muss.

I. Die Untersuchungen über die Bedeutung des Irrtums im Recht pflegen richtig zu erkennen, dass das Wort „Irrtum" in einem doppelten Sinne gebraucht wird: in einem weiteren (gleichbedeutend mit Unwissenheit), in dem es lediglich den Mangel einer richtigen Vorstellung ausdrückt und als Irrtum im eigentlichen Sinne, falls das Vorhandensein einer falschen Vorstellung an Stelle der richtigen betont wird.

Diese Erkenntnis ist, wie gesagt, richtig, jedoch für die Schuldlehre lediglich schädlich gewesen. Denn sie verband sich selten mit der Einsicht, dass behufs Feststellung des Vorstellungsinhaltes der Schuld der Begriff „Irrtum" nur insofern von Interesse ist, als die richtige Vorstellung, von deren Vorhandensein das Schuldurteil abhängt, nicht vorhanden ist. Man übersah oft, dass die Einführung des Irrtumsbegriffes lediglich aus Gründen zweckmässigerer Darstellung erfolgt ist, dass aber die entscheidende Frage nach wie vor bleibt: Welche Momente der That müssen vom Bewusstsein umfasst werden, damit die That zur Schuld zugerechnet werden kann. Stellt man die Frage in der bequemeren negativen Form, welchen Einfluss der Irrtum auf die Zurechnung habe, so kann sich damit an ihrem Sinne nichts ändern[1]). Bei jener primären Frage leuchtet es ohne Weiteres ein, dass es für die Zurechnung einer konkreten That gleichgültig ist, welche falsche Vorstellung der Thäter sich an Stelle der richtigen gemacht hat; wenn er nur die zur Schuldzurechnung erforderte richtige Vorstellung nicht hatte. Damit ist auch für die sekundäre Frage nach dem Einfluss des Irrtums erkannt, dass nur der Irrtum im weiteren

---

rechnungsfähigkeit unter Absehung von einer begangenen Strafthat die allgemeinen psychischen Voraussetzungen fixieren, auf Grund deren weiterhin die Zurechnung der einzelnen That erst möglich ist, so kann wohl nicht bestritten werden, dass in diesem Sinne der Irrtum nicht die Zurechnungsfähigkeit, sondern die Zurechnung der einzelnen That zur Schuld ausschliesst.

1) Frank insbesondere betont scharf, „dass die ganze Irrtumslehre nur die Doluslehre vom negativen Standpunkte aus betrachtet ist" (St.-G.B., 2. Aufl. 1901, § 59 V).

Sinne, die „Unwissenheit", von Interesse ist, der Irrtum im eigentlichen Sinne aber nur, soweit auch in ihm eine Unwissenheit enthalten ist.

Die eingestandene oder uneingestandene Betrachtung des Irrtums als einer primären Rechtsfigur, die Vernachlässigung der Abhängigkeit, in der die Irrtumslehre von der Schuldlehre steht, die Ausserachtlassung des Umstandes, dass der Irrtum hier lediglich die negative Bedeutung hat, die Schuld auszuschliessen, hat dazu verführt, zwischen der Schuldlehre und einem anderen Gebiete des „Allgemeinen Teils" einen folgenreichen Parallelismus zu konstruieren, dessen einzige formale Berechtigung darauf beruht, dass in beiden Lehren der „Irrtum" eine gewisse Rolle spielt; der aber hinfällig wird mit der Erkenntnis, dass diese Rolle im einen Falle eine negative, im anderen eine positive ist: zwischen der Schuldlehre und der Lehre vom Versuch.

Wie das Fehlen einer richtigen Vorstellung den Vorsatz ausschliesst, so begründet unter gewissen, positivrechtlich zu regelnden, Voraussetzungen die an die Stelle der fehlenden richtigen getretene unrichtige Vorstellung einen strafbaren Versuch. Der Jäger, welcher glaubt, er werde an dem unmittelbar neben der Schusslinie stehenden Menschen vorbeischiessen, ihn aber doch trifft und tötet, hat die Kräfte, die für die Bahn seines Geschosses in Wirklichkeit bestimmend waren, nicht gekannt; sein Vorsatz der Menschentötung ist wegen dieser Unkenntnis ausgeschlossen. Der Wegelagerer umgekehrt, der den Menschen, das Ziel seines Schusses, fehlt, befand sich in der gleichen Unkenntnis wie jener Jäger. Wenn er wegen versuchter Tötung verantwortlich gemacht wird, so ist hierfür aber offensichtlich nicht diese Unkenntnis entscheidend, sondern die an ihre Stelle getretene falsche Annahme, er werde den Menschen töten: nicht die Nichtkenntnis der in Wahrheit wirkenden Kräfte, sondern die — bei jenem Jäger ganz uninteressante — unrichtige Annahme von Kräften (bezw. Kraftgrössen und Kraftrichtungen), die, falls vorhanden, der Geschossbahn die gewünschte Richtung gegeben haben würden. In beiden Fällen spielt ein „Irrtum" eine Rolle; im ersteren Falle aber nur der Irrtum im weiteren Sinn, die Unwissenheit, im letzteren der Irrtum im engeren Sinn, die unrichtige Vorstellung. Im ersteren Falle ist Grund der Nichtbestrafung nicht eigentlich der Irrtum, sondern das Fehlen des Vorsatzes; im letzteren ist Grund der Bestrafung der Irrtum, der hier den Vorsatz nicht ausschliesst, sondern vielmehr bedingt: weil der Thäter jene unrichtige Vorstellung hegte, er werde den Menschen töten, wird er wegen Versuches bestraft.

Den Ausgangspunkt der Schuldlehre hat die Erörterung der positiven Bedingungen der Schuld zu bilden, den Ausgangspunkt der Versuchslehre dagegen die positive Bedeutung, die dem „Irrtum", d. h. der unrichtigen Vorstellung für die Beurteilung der sozialen Gefährlichkeit sei es der That, sei es des Thäters, beizumessen ist.

Die Verschiebung des Ausgangspunktes der Schuldlehre vom Positiven ins Negative, von den Schuldvoraussetzungen nach der Irrtumslehre, hat Missverständnisse gezeitigt, unter denen die wichtigsten hier hervorzuheben nicht nur an sich von Interesse, sondern auch zur Klärung der weiteren Untersuchung von Bedeutung sein dürfte.

1. Auf dieser Verschiebung beruht zunächst die bekannte Lindelof-Bernersche Konstruktion eines Parallelismus zwischen Fahrlässigkeit und Versuch; bei der ersteren bleibe das Wollen hinter dem Gelingen zurück, bei der letzteren das Gelingen hinter dem Wollen. Die Theorie beruht, was die äussere Erscheinung von Fahrlässigkeit und Versuch betrifft, auf richtiger Beobachtung, giebt aber, da sie unvergleichbare Grössen in Parallele setzen will, ein wenig zutreffendes Bild von deren Wesen.[1])

2. Verbinden wir jene beiden Fälle von den ihr Ziel fehlenden Schützen zu einem einzigen — X will den A erschiessen, tötet aber den der Schusslinie nahestehenden B — so ergiebt sich das typische Beispiel für diejenige Schuldart, der unter dem Namen der aberratio ictus vielfach zu einem von der normalen Schuldlehre abgesondertem Dasein verholfen wurde. Auch diese Konstruktion der aberratio ictus als einer besonderen Schuldart, welche Anlass zu den weitläufigsten

---

[1]) Vgl. über und gegen dies „Schaukelsystem" treffend Binding, Normen II S. 164 ff.

Erörterungen gegeben hat, beruht auf der Hervorkehrung der Irrtumsfrage vor der Schuldfrage.

Den meisten fahrlässig oder unbewusst herbeigeführten Erfolgen liegt eine aberratio ictus zu Grunde: der Scheibenschütze, der über seine Scheibe hinwegschiesst und einen Menschen tötet; der Droschkenkutscher, der vor dem Strassenbahnwagen noch die Geleise kreuzen zu können meint, was ihm aber derart misslingt, dass er einen „Transport gefährdet"; der Raucher, der das glimmende Streichholz in den Papierkorb wirft und so das Haus in Brand setzt — sie haben alle eine aberratio ictus begangen, indem sie wegen ihrer mangelnden Einsicht in die kausale Bedeutung ihres Thuns einen anderen „Erfolg" erstrebten, als den thatsächlich eingetretenen. Was sie von den eigentlichen Fällen der aberratio ictus unterscheidet — bei dem Schützen wird das am deutlichsten — ist lediglich der Umstand, dass der irrig angenommene Verlauf der Dinge ein strafrechtlich irrelevanter war. Niemand wird behaupten, dass hier die Gestaltung des vom Thäter irrig angenommenen Verlaufs für die Zurechnung des eingetretenen Erfolgs von Bedeutung sei: Der Irrtum betrifft nur das Motiv der That. Warum soll sich das ändern, wenn der vom Thäter fälschlich vorgestellte Erfolg strafrechtlich relevant war, wie bei der aberratio ictus? Die Fälle müssen zunächst durchaus gleich behandelt werden. Erst nach ihrer Entscheidung erhebt sich die weitere Frage, ob auf Grund der irrigen Vorstellung strafbarer Versuch angenommen werden könne.

Ähnlich dürfte die Hervorkehrung der unrichtigen Vorstellung bei dem error in objecto irregeleitet und zu der doktrinären Aufstellung einer besonderen Schuldart verführt haben. Hier lautet die entscheidende Frage: Inwieweit muss der Thäter das Objekt, gegen welches sein Thun sich richtet, nicht nur mit seinen Sinnen wahrgenommen, sondern auch begriffsmässig individualisiert haben? Genügt zum Vorsatz die Unterordnung des Objekts unter den allgemeinsten Gattungsbegriff, oder wie weit muss der Thäter heruntersteigen zu Artbegriffen (lebendes Wesen, Mensch etc.)? Wieweit gar wird Übereinstimmung des wirklichen mit einem individuell vorgestellten Dinge erfordert („mein Feind X")? Natürlich verlangen auch diese Fragen eine Vergleichung der Vorstellung des Handelnden mit der Wirklichkeit. Aber auch hier interessiert das, was der Thäter sich fälschlich gedacht hat, nicht mehr, wenn es ausserhalb des Kreises von Vorstellungen steht, die zum Dolus eines bestimmten Delikts erforderlich sind.

3. In dem v. Liszt'schen Lehrbuch wird neuerdings ein Parallelismus zwischen der Vorsatz- und Versuchslehre immer schärfer herausgearbeitet, der aber ebenfalls nur in der äusseren Erscheinung besteht, weshalb auch hier Folgerungen von dem einen auf das andere Gebiet als zwingend nicht angesehen werden können.

v. Liszt nimmt de lege lata eine Duplizität des Vorsatzbegriffes an (inwieweit mit Recht, wird später[1]) zu erörtern sein): Vorsatz sei einmal Bewusstsein der Kausalität und sodann Kenntnis der Thatbestandsmerkmale; dies letztere Erfordernis bedeute eine bedauerliche Erweiterung des natürlichen Vorsatzbegriffes (10. Aufl. S. 151).

Demgegenüber sei Versuch „zunächst die auf Herbeiführung oder Nichthinderung des Erfolges gerichtete, aber erfolglos gebliebene Willensbethätigung". „Versuch liegt aber auch dann vor, wenn der Vorsatz des Thäters auf die Verwirklichung sämtlicher Thatbestandsmerkmale gerichtet war, eines derselben aber nicht eingetreten ist" (S. 181). „Diese Erweiterung des Versuchsbegriffes ergiebt sich mit Notwendigkeit aus der besprochenen Erweiterung des Vorsatzbegriffes" (S. 182 Anm. 3).

Die praktische Tragweite der Unterscheidung leuchtet ein: Wer die von ihm beschworene wahre Thatsache für falsch hält, wer einen „Soldaten" der Heilsarmee, den er zum Desertieren verleitet, für einen „Soldaten" im Sinne des § 141 St.G.B. hält, der macht sich des Versuchs des betreffenden Delikts schuldig, und zwar eines Versuchs in der zweiten angegebenen Bedeutung. Dagegen würde v. Liszt nach den angeführten Sätzen in all diesen Fällen keinen Versuch annehmen, wenn durch § 59 St.G.B. nicht jene „bedauerliche Erweiterung" des Vorsatzbegriffes herbeigeführt worden wäre.

---

[1]) Vergl. unten § 11.

Das Zwingende einer derartigen Abhängigkeit kann indessen nicht zugegeben werden. Was Versuch ist, bestimmt nicht § 59, sondern § 43 St.G.B.; warum er bestraft wird, ergiebt sich — auch nach v. Liszt — aus der Erwägung der Gefährlichkeit sowohl der That wie des Thäters. Lediglich aus diesen Elementen kann sich bestimmen, ob gegebenen Falles ein strafbarer Versuch oder nur ein Putativdelikt vorliegt.

Zuzugeben ist, dass dem Versuch die irrige Annahme eines nicht vorliegenden Thatumstandes wesentlich ist, und zwar eines solchen Thatumstandes, welcher, falls er vorläge, behufs Zurechnung vorsätzlicher Vollendung gekannt sein müsste. Nicht zuzugeben ist aber, dass deshalb allein auch die Umkehrung richtig ist: jede irrige Annahme irgend eines solchen Thatumstandes begründe Versuch. Welche Summe von irrig vorgestellten Thatumständen zur Annahme eines strafbaren Versuchs erforderlich und ausreichend ist, kann sich vielmehr allein nach den für dessen Bestrafung massgebenden Grundsätzen regeln.

4. Noch einschneidendere Folgen hat die Ausserachtlassung der Thatsache, dass für die Dolusfrage lediglich das Fehlen der richtigen Vorstellung von Interesse ist, in drei der neuesten gesetzgeberischen Arbeiten gezeitigt: den Strafgesetzentwürfen für Österreich, die Schweiz und Norwegen. Da bei der Revision unseres Strafrechts diese drei viel gerühmten Entwürfe vielleicht Berücksichtigung finden werden, sei darauf hingewiesen, dass sie in der Behandlung des Irrtumproblems keineswegs nachahmenswert sind. Der § 59 unseres St.G.B. verdient hier weitaus den Vorzug.

A. In Österreich hatten die Entwürfe von 1867 (§§ 15 und 16) und 1870 (§§ 14 und 15) inhaltlich lediglich eine Wiederholung, in der Fassung eine Verschlechterung des jetzt geltenden St.G.B. von 1852 (§ 2 litt. e, § 3) gebracht.

Der Glaser'sche Entwurf von 1874 schlug einen neuen Weg ein. Unter dem Titel: „Vorsatz und Fahrlässigkeit. Gründe, welche die Strafe ausschliessen, mildern oder aufheben“ bestimmt

§ 54: „Wenn sich jemand bei Begehung einer vom Gesetze für strafbar erklärten Handlung in einem Irrtum über ein thatsächliches Verhältnis befand, so ist der Beurteilung seiner Handlung der von ihm irrtümlich angenommene Sachverhalt zu Grunde zu legen.

Auf fahrlässig begangene Handlungen findet die vorstehende Bestimmung nur insoweit Anwendung, als der Irrtum nicht durch Fahrlässigkeit verschuldet ist."

Nach den Motiven[1]) soll diese Fassung vor den bis dahin üblichen, ausser einer genaueren Unterscheidung von Rechts- und Thatirrtum, einen doppelten Vorzug bieten: Einmal sei — ebenso wie im St.G.B. von 1852, aber im Gegensatz zu anderen Gesetzen — in den strafausschliessenden Irrtum mit einbegriffen „die irrige Annahme von thatsächlichen Verhältnissen, welche die Strafbarkeit ausschliessen, z. B. die irrige Voraussetzung rechtswidrigen Angriffes und dadurch hervorgerufene vermeinte Notwehr", und ferner sei (im Gegensatz zum St.G.B. von 1852 und den meisten anderen) ebenfalls mit eingeschlossen der „Fall, wo der Irrtum den Thäter hinderte, in seiner That ein anderes Verbrechen als das von ihm beabsichtigte zu erblicken (z. B. in dem bekannten Falle der Zueignung einer für gefunden gehaltenen, in Wahrheit gestohlenen Sache)."

In der angegebenen Fassung ging der Irrtumsparagraph durch die weiteren österreichischen Entwürfe hindurch. In dem letzten (von 1891, § 55) wurde nur eingeschoben: „. . . so ist zu seinen Gunsten . . . zu Grunde zu legen." Damit ist bereits eines der wesentlichsten Bedenken beseitigt. Die Motive sagen hierüber[2]): Nach der ursprünglichen Fassung „würde z. B. derjenige, welcher eine Sache von unbedeutendem Werte stiehlt, wenn er irrtümlich der Meinung gewesen wäre, dass er eine zum Gottesdienste gewidmete Sache gestohlen habe, unter den viel strengeren Strafsatz des § 256 kommen. So wenig es aber ein Putativdelikt geben darf, so wenig darf es eine Putativqualifikation geben." Natürlich würde die ur-

---

[1]) Vgl. „Allgem. Bemerkungen zu dem am 7. November 1874 eingebrachten Entwurf eines Strafgesetzes über Verbrechen, Vergehen und Übertretungen. Zu No. 221 der Beilagen zu den stenographischen Protokollen des Abgeordnetenhauses, VIII. Session, 1874."

[2]) „Zu 210 der Beilagen z. d. stenograph. Protok. des Abgeordnetenhauses, XI. Session, 1891."

sprüngliche Fassung nicht nur eine Putativqualifikation, sondern auch gerade ein Putativdelikt geschaffen haben.

B. Eine auffallend ähnliche Entwicklung hat die einschlägige Frage im Schweizer Entwurf genommen. In seiner auf Grund der Partikularstrafgesetzbücher gegebenen systematischen Darstellung des Schweizer Strafrechts[1]) hatte Stooss bereits den Grundsatz aufgestellt, „dass dem Thäter die Handlung so zuzurechnen ist, wie sie sich in seiner Vorstellung gestaltete. Seine rechtliche Auffassung aber ist gleichgültig.“ (S. 204).

Dementsprechend lautete in dem von ihm ausgearbeiteten Entwurf von 1893 der Art. 14:

> „War der Thäter, als er handelte, in einer irrigen Vorstellung über den Sachverhalt befangen, so ist sein widerrechtliches Handeln auf Grund dieser Vorstellung zu beurteilen.“

Auch hier wurde sowohl in der öffentlichen Kritik[2]) wie auch in der zur Beratung des Entwurfs tagenden Experten-Kommission[3]) — insbesondere von Gretener — gerügt. dass nach Art. 14 die irrige Annahme straferhöhender Umstände dem Thäter zum Schaden gereichen müsse; weshalb auch hier die endgültige Fassung dahin vorgenommen wurde: Entwurf vom März 1896[4]), Art. 15:

> „Begeht jemand eine als Verbrechen bedrohte That in einer irrigen Vorstellung über thatsächliche Verhältnisse, so beurteilt der Richter die That auf Grund dieser

---

[1]) Stooss, die Grundzüge des Schweizer Strafrechts (Basel und Genf 1892), I 203 ff.

[2]) Vgl. insbes. v. Liszt in Brauns „Archiv für soziale Gesetzgebung und Statistik“ VI (1893) S. 408. — Dagegen wurde Art. 14 gebilligt von Wach, Gutachten über den Vorentw. z. e. Schweiz. St.G.B. (Bern 1893) S. 7 und v. Lilienthal Z. XV (1895) S. 285.

[3]) Verhandlungen der Expertenkommission des Eidgenöss. Justiz- und Polizei-Departements über den Vorentw. z. e. Schw. St.G.B. I S. 81 ff. — Eigentümlich ist, dass in keinem Stadium der Vorarbeiten auf die gleiche Bestimmung des österr. Entw. und ihre gleichen Schicksale hingewiesen, sondern immer von dem „neuen“ Weg gesprochen wurde, den der Schw. Entw. einschlage.

[4]) Veröffentlicht als Beilage zu den Mitteilungen der Internat. Krim. Vereinigung, Band VI.

Vorstellung. Zu Ungunsten des Thäters findet diese Bestimmung keine Anwendung."

C. Ebenso bestimmt § 42 des Entwurfs eines Allgemeinen bürgerlichen Strafgesetzbuchs für das Königreich Norwegen vom Jahre 1895[1]):

„Hat jemand bei der Vornahme einer Handlung sich im Irrtum über Umstände befunden, welche die Strafbarkeit bedingen oder von Einfluss auf den Grund der Strafbarkeit sind, so ist zu seinen Gunsten seine irrtümliche Annahme dem Urteil zu Grunde zu legen, wofern nichts andres bestimmt oder unzweideutig vorausgesetzt ist." —

Alle drei Entwürfe geben selbst in ihrer jetzigen Fassung, wonach nur zu Gunsten des Thäters jene Vorschrift Platz greift, noch zu den erheblichsten Bedenken Anlass, und zwar eben wegen ihrer Betonung der an Stelle der fehlenden richtigen getretenen unrichtigen Vorstellung des Thäters. Nicht nur soll, wie nach unserem § 59, die Strafbarkeit fehlen, wenn der Thäter ein gesetzliches Thatbestandsmerkmal nicht kannte, sondern der Richter soll sich in die Seele des Thäters versetzen und seiner Beurteilung die Vorstellung zu Grunde legen, die dieser sich gemacht hat. Zu unmöglichen Ergebnissen führt die Bestimmung insbesondere in den Fällen, wo der Thäter zwar ein Delikt zu begehen glaubte, aber ein anderes, als er in Wahrheit beging.

A will die Katze seines Nachbars erschiessen, die ihm seine Singvögel tötet. Abends sieht er im Gebüsch sich etwas bewegen, hält es für die Katze, schiesst und trifft. Es war aber nicht die Katze, sondern das Kind seines Nachbars. Er muss wegen Sachbeschädigung bestraft werden.

A hält eine Sache irrtümlich für verloren und eignet sie sich an. Er muss wegen Unterschlagung verurteilt werden.

Beide Fälle, die sich noch mannigfach variieren und beliebig vermehren liessen (man denke z. B. an Fälle, in denen ein minus gewollt, ein majus aber eingetreten ist, wie Körperverletzung—Tötung), können aber unmöglich so entschieden

---

1) Übersetzt von Rosenfeld und Urbye in der „Sammlung ausserdeutscher Strafgesetzbücher in deutscher Übersetzung, herausgegeben v. d. Redaktion der Z." No. XI (Berlin 1898).

werden. Voraussetzung einer Verurteilung wegen Sachbeschädigung ist in erster Linie eine beschädigte Sache, und Voraussetzung einer Fund-Unterschlagung ist Fundgut, d. h. eine in niemandes Gewahrsam stehende Sache. Der etwaige Hinweis, dass die Entwürfe die thatsächliche Begehung eines Delikts natürlich stets als erste Bedingung der Bestrafung betrachtet wissen wollten, könnte dem klaren Wortlaut gegenüber nicht durchschlagen; ganz abgesehen davon, dass die angeführten Motive zu dem österreichischen Entwurf von 1874 gerade derartige Fälle als Veranlassung für die neue Fassung bezeichnen.[1]) Der Wortlaut der Entwürfe — wie jede Hervorkehrung der an die Stelle der richtigen getretenen unrichtigen Vorstellung — gerät der Gefahr einer Kollision mit dem Satze: cogitationis poenam nemo patitur bedenklich nahe.

II. Die Hervorkehrung und Verselbständigung der Irrtumsfrage gegenüber der Schuldfrage hat zu einer Verwischung der Grenzlinie zwischen Vorsatz und Fahrlässigkeit den Anlass gegeben. Dem fahrlässigen Handeln liegt stets ein Irrtum zu Grunde, und zwar ein Irrtum in dem weiteren nur den Mangel der richtigen Vorstellung hervorhebenden Sinne. Der Irrtum hat auch hier zunächst die gleiche negative Bedeutung wie der den Vorsatz ausschliessende Irrtum: der fahrlässige Thäter kennt die wahre Gestaltung der Dinge ebensowenig wie der wegen Irrtums schuldlos Handelnde. Das die Verantwortlichkeit wegen Fahrlässigkeit begründende Moment nun liegt darin, dass dieser Irrtum schuldhaft war. Der Irrtum, d. h. das Nichtvorhandensein einer zum Dolus erforderlichen Kenntnis, schliesst hiernach den Dolus unbedingt aus, mag der Mangel auch auf der gröbsten Verschuldung beruhen. Wohl aber kann in Fällen verschuldeten Irrtums Fahrlässigkeit vorliegen, die aber nicht bei allen Delikten strafbar ist.

---

[1]) Andere Bedenken gegen die Irrtumsparagraphen gehören nicht unmittelbar hierher. So, dass die Beschränkung auf Irrtum über „thatsächliche Verhältnisse“ nicht durchführbar ist (vgl. den Begriff „fremd“ beim Diebstahl). Ferner, dass ein Irrtum auch über blosse Strafbarkeitsbedingungen berücksichtigt werden müsste.

Dies ist die heute durchaus herrschende[1]), einer eingehenden Begründung hier wohl nicht bedürftige Auffassung, die auch in dem Verhältnis von Absatz 1 und 2 des § 59 St.G.B. unzweideutigen Ausdruck gefunden hat[2]).

Die in der älteren Schuldlitteratur nicht seltene Verkennung dieses Verhältnisses von Vorsatz und Fahrlässigkeit ist psychologisch erklärlich, wenn den Ausgangspunkt der Untersuchung nicht diese beiden Begriffe, sondern der Begriff „Irrtum" bildet. Hätte man den Vorsatz positiv definiert als die Kenntnis der Thatumstände (zuzüglich irgend eines emotionellen psychischen Faktors), so wäre die logisch richtige Folgerung: „beim Fehlen dieser Kenntnis liegt kein Vorsatz vor, gleichgültig warum sie fehlt", wohl stets gezogen worden.

Am bedauerlichsten ist, dass die unrichtige Ansicht durch § 18 Abs. 2 des Urheberrechtsgesetzes vom 11. Juni 1870 sanktioniert worden ist: „Die Bestrafung des Nachdrucks bleibt jedoch ausgeschlossen, wenn der Veranstalter desselben auf Grund entschuldbaren thatsächlichen oder rechtlichen Irrtums in gutem Glauben gehandelt hat." Man war hier in der Berücksichtigung des Rechtsirrtums wegen der oft sehr kompliziert liegenden rechtlichen Verhältnisse ungewöhnlich weit gegangen und suchte offenbar durch Aufstellung des

---

[1]) Die umgekehrte Ansicht findet sich unbegreiflicher Weise bei Merkel (Lehrbuch S. 68) und M. E. Mayer (Die schuldhafte Handlung und ihre Arten im Strafrecht, 1901, S. 115). Beide wollen aus § 59 St.G.B. herauslesen, dass nur „unverschuldete Unkenntnis" von Thatumständen ihre Zurechnung ausschliesse. Zu Unrecht beruft sich Mayer auf Olshausen, der in Anm. 18 nur von dem Absatz 2 des § 59 spricht.

[2]) Anders das Urteil über § 59 bei Binding, Grundriss I (5. Aufl. 1897) S. 94. Nach Darlegung des Inhalts von § 59 Abs. 2 fährt Binding fort: „Während also bei dem viel schwereren vorsätzlichen Delikt unentschuldbare Unkenntnis die Zurechnung im Sinne des § 59 ausschliesst, so soll bei den leichteren fahrlässigen Delikten fahrlässige Unkenntnis dies nicht thun". Sollten diese Worte einen Vorwurf gegen § 59 bedeuten — und anders sind sie wohl kaum auszulegen — so wären sie schwer verständlich. „Unentschuldbare Unkenntnis" ist — da eine vorsätzliche Unkenntnis eine contradictio in adjecto wäre — gleichbedeutend mit „fahrlässiger Unkenntnis". Demnach reduziert sich Bindings Bemerkung auf den unbestreitbaren Satz, dass durch eine fahrlässige Unkenntnis von Thatumständen zwar das „viel schwerere vorsätzliche", nicht aber das „leichtere fahrlässige Delikt" ausgeschlossen wird. Deshalb ist letzteres ja gerade das „leichtere"!

Erfordernisses der Entschuldbarkeit diese Milde wieder in etwas zu paralysieren. Allein abgesehen davon, dass nunmehr — offenbar wider den Willen des Gesetzgebers — der thatsächliche Irrtum strenger behandelt wird als sonst,[1]) trug man so in die Vorsatzlehre ein ganz disparates Moment hinein.

III. Da den Ausgangspunkt der Erörterung nicht der Irrtumsbegriff, sondern der Schuldbegriff zu bilden hat, können auch die tiefgehenden Untersuchungen des Civilrechts über die Irrtumslehre nicht unmittelbar herangezogen werden. Nur insoweit ist dies möglich, als es sich dort um den Ausschluss der Schuld bei deliktischen Handlungen handelt; dagegen nicht, soweit die Rechtsbeständigkeit einer Willenserklärung in Frage steht. Die Voraussetzungen der kriminellen Schuld und einer rechtserheblichen Willenserklärung gehören zwei Gebieten an, die nichts mit einander gemein haben. Dass es sich in beiden Fällen um ähnliche psychische Vorgänge handeln kann, um die Frage nach dem Einfluss richtiger und unrichtiger Vorstellungen, betrifft nur eine Ähnlichkeit der psychologischen Erscheinungsform, nicht des juristischen Wesens. Mögen die Irrtumsvorgänge in beiden Fällen analog verlaufen: Ihre rechtliche Bedeutung tragen sie nicht in sich selbst. Diese empfangen sie erst von den rechtlichen Erscheinungen, auf welche der Irrtum gegebenen Falles von Einfluss ist, d. h. einerseits von der juristischen Natur des Rechtsgeschäfts und der Willenserklärung, andererseits von dem Wesen des Delikts und der kriminellen Schuld.[2])

---

[1]) § 59 Abs. 1 St.G.B. verlangt, wie bemerkt, nach fast einstimmiger Ansicht keine Entschuldbarkeit.

[2]) Zitelmann (Irrtum und Rechtsgeschäft, 1879, S. 4) will die civilistische Irrtumslehre aus dem Civilrecht entfernt und in die „allgemeine Rechtslehre" verwiesen sehen. „Man darf wohl wagen zu behaupten, dass der Stand der heutigen civilistischen Doktrin bezüglich der Lehre vom Irrtum nicht ein so verworrener wäre, hätte sie sich enger an die Strafrechtswissenschaft angeschlossen." Es ist hier nicht der Ort, den Wert der letzteren für die civilrechtliche Irrtumslehre zu untersuchen. Für das umgekehrte Verhältnis muss behauptet werden, dass dieser Wert gering ist. Damit soll die grosse Bedeutung, welche den juristisch-psychologischen Untersuchungen Zitelmanns auch für

§ 3.

III. Das Problem des Rechtsirrtums insbesondere.

Das Verbrechen kann einerseits betrachtet werden als psychisch-physisches Ereignis, als **Handlung**, andrerseits unter dem Gesichtspunkt der einer Handlung durch das Recht zu Teil werdenden Beurteilung: als **rechtswidrige Handlung**.

Demgemäss kann auch hinsichtlich der subjektiven Beziehung des Thäters zu seiner That die Frage aufgeworfen werden, ob zur Schuld das Bewusstsein des Thäters von der **äusseren Begebenheit** genüge, oder ob der Thäter seinerseits schon an seine That den Massstab irgend einer **Beurteilung** angelegt haben muss, damit ihm die That zur Schuld zugerechnet werden könne.

Die Frage ist so alt wie die wissenschaftlich ausgebildete Schuldlehre überhaupt. Sie pflegt dahin formuliert zu werden, ob zum Vorsatz das **Bewusstsein der Rechtswidrigkeit** — zur Fahrlässigkeit die Möglichkeit eines solchen Bewusstseins — gehöre, oder auch: welchen Einfluss der **Rechtsirrtum** auf die Bestrafung habe.

Die erstgenannte Formulierung ist einerseits zu eng — sie umfasst die Theorien von dem Bewusstsein der Strafbarkeit, der Pflichtwidrigkeit etc. nicht —, andrerseits wegen der Mehrdeutigkeit des Begriffes „Rechtswidrigkeit" unzweckmässig. Die letztere Fassung dagegen ist wegen der Verwendung des im vorigen Paragraphen charakterisierten Irrtumsbegriffs in hohem Grade geeignet irre zu führen. Hierauf muss hingewiesen werden, da der Begriff des Irrtums überhaupt, des Rechtsirrtums insbesondere, schwer ganz zu entbehren ist und auch hier beibehalten werden soll.

Die Gefahr liegt darin, dass auch hier das Schwergewicht der Untersuchung auf die Entstehung und psychologische Natur des Irrtums gelegt und aus dieser heraus ohne weiteres eine Einteilung der Irrtumsarten und Irrtumsfolgen vorgenommen wird. Auch hier muss aber die Frage dahin gestellt werden: auf welche Bestandteile einer rechtswidrigen Handlung hat

das Strafrecht zukommt, nicht verkannt werden. Allein dieser Wert kommt ihnen nicht wegen ihrer Behandlung gerade des Problems vom „Irrtum" zu, sondern wegen ihres allgemein psychologischen Inhalts.

sich die Verschuldung zu erstrecken? Ihre Beantwortung hat auf Grund einer Untersuchung des Delikts und der Verschuldung zu erfolgen, nicht aus der psychologischen Natur des Irrtums heraus. Einer Verkennung dieses Verhältnisses verdankt die übliche Unterscheidung zwischen Thatirrtum und Rechtsirrtum ihr unerfreuliches Dasein. Es wird später zu zeigen sein, wie diese auf einem missverstandenen Ausspruch eines römischen Juristen beruhende Gegenüberstellung zur Aufstellung des Satzes geführt hat, der Vorsatz habe sich nur auf das sinnlich Wahrnehmbare, nicht aber auf eine Beurteilung desselben zu erstrecken; wie dieser Satz sich als undurchführbar erweist und zur Aufstellung einer ebenso undurchführbaren Ausnahme genötigt hat.

Entscheidend ist die Frage, ob der Vorsatz sich nur auf den objektiven Thatbestand als psychisch-physisches Ereignis zu richten hat, oder auch auf eine Qualifizierung der That von irgend einem Standpunkt aus, oder gar auf die Rechtsfolgen der That. Gleichgültig ist, nachdem diese Fragen beantwortet sind, ob der Irrtum im einzelnen Falle eine Thatsache oder einen Rechtssatz betrifft.

Das Verdienst, hierauf zum ersten Male mit Entschiedenheit aufmerksam gemacht zu haben, gebührt der Normentheorie. Soweit diese ausführt, dass alles darauf ankomme, ob der Thäter die deliktische Handlung in ihrem ganzen Umfange gekannt habe — dass also insoweit und nur insoweit, als der That selbst bereits eine Beurteilung wesentlich ist, der Vorsatz diese Beurteilung mit zu umfassen habe — dass dagegen nichts darauf ankomme, ob der Delinquent auch Kenntnis der Rechts- und Straffolgen gehabt habe, ist ihr unbedingt zuzustimmen. Die „absolut wertlose Teilung des Irrtums in rechtlichen und faktischen ist eine höchst ungenaue Zweiteilung der den allein rechtlich bedeutsamen Handlungsirrtum veranlassenden Grundirrtümer.“[1])

Zu schärfstem Ausdruck ist die richtige Fragestellung neuerdings von Birkmeyer in seiner Encyklopädie gebracht

---

[1]) Binding, Normen I (2. Aufl. 1890) S. 91. — Über die Irrelevanz des Grundirrtums und die Relevanz des Folgeirrtums auch Oetker, Über den Einfluss des Rechtsirrtums im Strafrecht (Cassel 1876) S. 8ff.

worden.[1]) Birkmeyer unterscheidet Richtungen und Arten des Irrtums: der Irrtum kann sich beziehen auf die Strafbarkeit der Handlung (error in jurecriminali), auf den objektiven Thatbestand (error in facto) einschliesslich der Rechtswidrigkeit des Thuns (error in jure) und endlich auf den subjektiven Thatbestand. In allen diesen Richtungen kann der Irrtum seiner Art nach sein entweder thatsächlicher oder rechtlicher Irrtum (error facti oder error juris); entweder Nichtwissen oder Irrtum im engeren Sinne (ignorantia oder error sensu strictu); entweder verschuldeter oder unverschuldeter Irrtum. „Es kommt in erster Linie alles an auf die Richtung des Irrtums, nicht auf seine Art.“ —

Für die folgenden Untersuchungen ergiebt sich hieraus, dass sie ihren Ausgang nicht von einer Erörterung der psychologischen Natur des Irrtums, sondern von einer Verständigung über das Wesen der strafbaren Handlung und der Schuld nehmen müssen. Dass diese grundlegende Betrachtung, falls die Untersuchung nicht in ihr stecken bleiben soll, keine erschöpfende sein kann, liegt auf der Hand. Es wird sich dabei auch nicht um neue Einsichten handeln, sondern nur um Stellungnahme zu alten Theorien. Ohne solche aber dürfte kaum eines von den Problemen des „allgemeinen Teils“ mit einiger Überzeugungskraft behandelt werden können.

Der Entwickelung einer Theorie über die Grenzen, innerhalb deren der Rechtsirrtum die Schuld ausschliesst, muss eine Sichtung der Ansichten vorausgehen, die in der Litteratur und in der Judikatur über diese Frage aufgestellt sind (Teil III). Das Bild, das sie darbieten, ist buntfarbig genug. Vieles, was sie gebracht haben, wird sich als haltbar erweisen, anderes einer Prüfung nicht Stand halten. Wieweit das eine oder das andere der Fall ist, kann grundsätzlich erst durch Entwickelung der für richtig gehaltenen Auffassung (Teil IV) dargethan werden. In zwei Richtungen indessen ist eine Kritik bereits im Anschluss an die Darstellung der jeweiligen Theorie möglich: einmal unter dem Gesichtspunkt ihrer Durchführbarkeit und inneren Folgerichtigkeit, sodann durch Prüfung

---

[1]) Birkmeyer, Encyklopädie der Rechtswissenschaft (Berlin 1901) S. 1058 ff.

ihrer Übereinstimmung mit zwei aus der formalen Natur des Rechts und des Unrechts abgeleiteten und hier an die Spitze zu stellenden (Teil II) Sätzen.

Was die folgerichtige Durchführung und Durchführbarkeit betrifft, so ergeben sich insbesondere gegen die in der Praxis herrschende Theorie (unten § 11 und 12) die erheblichsten Bedenken, auf die nicht nachdrücklich und ausführlich genug hingewiesen werden kann. Darf man doch beinahe behaupten, dass für das praktische Leben Stetigkeit und Konsequenz in der Behandlung einer Rechtsfrage wichtiger ist als Richtigkeit, die ja, wie in allen Geisteswissenschaften, so ganz besonders im Strafrecht, immer nur eine formale, eine je nach der Persönlichkeit des Bearbeiters von zahlreichen imponderablen Faktoren abhängige ist. Die Wichtigkeit einer stetigen Rechtsprechung in unsrer Frage wird erhärtet durch die grosse Anzahl der zur Entscheidung unseres höchsten Gerichtshofes gelangten Fälle: etwa 2 bis 3 Prozent der offiziell veröffentlichten Urteile betreffen Fälle des Rechtsirrtums.

Zwei, den Erörterungen in Teil IV gegenüber formale, Grundfragen der Schuldlehre sollen, wie bemerkt, in Teil II vorab entschieden werden: Die äussersten logischerweise möglichen Grenzen des schuldausschliessenden Rechtsirrtums werden dargestellt einerseits durch die Auffassung, die Kenntnis der sinnlich wahrnehmbaren Begebenheit genüge zur Schuld, andrerseits durch die Forderung, der Thäter müsse die seinem Verhalten angedrohte Strafe in einer mehr oder weniger bestimmten Deutlichkeit gekannt haben. Diese weitesten Grenzen sollen durch die Aufstellung der beiden „Grundsätze" wesentlich enger gezogen werden. Zugleich werden die letzteren einen kritischen Massstab für Teil III liefern und endlich die Richtung weisen, in der sich die Ausgestaltung der Schuldlehre in Teil IV zu bewegen hat.

II. Teil.

Vorfragen.

§ 4.

I. Unrecht und Unrechtsfolgen.

Eine Handlung, die mit Strafe bedroht wird, muss strafwürdig sein. Andernfalls hätte es offenbar keinen Sinn, die Strafdrohung aufzustellen. Die Eigenschaften, derentwegen eine Handlung mit Strafe bedroht wird, müssen dieser Handlung also unabhängig von der Thatsache, dass sie unter Strafe gestellt ist, anhaften; sie müssen zeitlich und logisch der Strafdrohung vorhergehen.

Für den objektiven Thatbestand ist dieser Grundsatz unbestritten. Es ist aber klar, dass er zunächst auch für den subjektiven Thatbestand Geltung beansprucht. Nachdem das Erfordernis irgend einer subjektiven Beziehung des Thäters zu seiner That aufgestellt ist, muss verlangt werden, dass auch in dieser Richtung die Strafwürdigkeit der Strafbarkeit vorhergehe. Auch die „Schuld“ kann sich nur auf Momente der Strafwürdigkeit, nur auf solche Eigenschaften der That beziehen, welche dieser bereits vor ihrer Pönalisierung wesentlich waren. Der Deliktsvorsatz kann sich nur auf das Delikt beziehen, nicht aber auf die Deliktsfolgen.

Die Beachtung dieses Grundsatzes ist bei der Behandlung des Rechtsirrtums von Bedeutung. Er selbst wird einer weiteren Begründung kaum bedürfen. Schwierigkeiten entstehen erst bei seiner Durchführung, und zwar in zwiefacher Richtung:

1. Wie sind Delikt und Deliktsfolgen gegen einander abzugrenzen?

2. Wenn auch zum Deliktsvorsatz zunächst nur Kenntnis des „Delikts“ verlangt wird, so ist es doch logisch nicht ausgeschlossen, neben dem Vorsatz aus irgend einem anderen Grunde, insbesondere aus der Grundauffassung des Strafrechts heraus, Kenntnis der „Deliktsfolgen“ zu fordern.

Der ersten Frage wird Teil IV gewidmet sein; die zweite wird bei Gelegenheit der Besprechung anderer Theorien (Teil III, Abschnitt I) ihre Erledigung finden.

§ 5.

II. Das Bewusstsein einer Pflichtwidrigkeit als Schuldvoraussetzung.

Aus der Betrachtung der formalen Struktur des Rechts folgt, dass zum Begriff der schuldhaften Handlung das Bewusstsein des Handelnden gehört, nicht so handeln zu dürfen, wie er gehandelt hat, dass zum Vorsatz das Bewusstsein einer Pflichtwidrigkeit gehört.

Dies Erfordernis ist in der Schuldlitteratur häufig aufgestellt worden.[1]) So viel Zutreffendes darüber gesagt ist, so bedarf es doch in zwei Punkten einer näheren Beleuchtung.

a) Eine Begründung, warum das Bewusstsein einer Pflichtwidrigkeit zu verlangen ist, muss versucht werden, ohne dass die Frage lediglich um eine oder mehrere Instanzen zurückgeschoben und dann durch Aufstellung eines Postulats abgeschnitten wird, welches in Wahrheit seinerseits nicht

---

[1]) Vgl. Heinze, Über den Einfluss des R.J. im Strafrecht, G.S. XIII (1861) S. 397ff.; Hälschner, Das gemeine deutsche Strafrecht I 508; Bünger, Über Vorstellung und Wille als Elemente der subj. Verschuldung Z. VI (1886) S. 291ff., insbes. 340; Merkel, Lehrbuch, S. 68; Basedow, Die strafrechtliche Verschuldung, ein Willensvorgang mit dem Bewusstsein einer Normwidrigkeit des Handlungserfolges (Erlanger Diss. 1898); Liepmann, Einleitung S. 182ff.; M. E. Mayer, Die schuldhafte Handlung (1901), S. 114.

minder der Begründung bedarf, als der ursprünglich zum Beweis gestellte Satz.

b) Die aufgestellten Theorien leiden oft an einer Unklarheit bei Feststellung des Verhältnisses von Recht und Ethik. Auch in der Ethik haben die Begriffe „Schuld", „Pflicht", „Pflichtbewusstsein" grundlegende Bedeutung. Wie sie für das Recht verwertbar sind, hat eine Prüfung der formalen Struktur beider Disziplinen einerseits, ihres materiellen Inhalts andrerseits darzuthun.

I. 1. Nach Heinze kann eine That dem Thäter nur dann zur „Schuld" zugerechnet werden, wenn sein Wille „frei" war. Der Wille ist nun zwar scheinbar dem Kausalgesetz unterworfen, wie alles um uns her. Aber doch nur scheinbar. In der moralischen Welt giebt es ein perpetuum mobile, „ein Motiv, das, einmal angeregt, aus sich selbst die Kraft entnimmt, aller anderen Motive Herr zu werden, das, einmal ins Leben gerufen, voraussetzungslos fortwirkt." Dies Motiv ist das Pflichtmotiv. Kann aber von Verschuldung nur gesprochen werden unter der Voraussetzung eines freien Willens, und ist der freie Wille wiederum „bedingt durch die Wirksamkeit der Pflichtvorstellung", so scheint der Beweis geliefert, dass von einer Verschuldung nur die Rede sein kann, falls die „Pflichtvorstellung wirksam" wurde.

Hierbei ist zunächst terminologisch zu beachten, dass Heinze den Begriff des „freien Willens" nicht, wie der konsequente Indeterminismus, im Sinne des liberum arbitrium indifferentiae gebraucht, sondern im Sinne einer sog. „moralischen Willensfreiheit". „Frei" ist nach ihm der Wille nicht insofern, als er überhaupt dem Kausalgesetz entrückt ist, sondern deshalb, weil er imstande ist, sich nicht nur durch sinnliche Triebe, sondern auch durch Vernunftmaximen bestimmen zu lassen.[1]) Ob es richtig oder zweckmässig ist, mit einem solchen Freiheitsbegriff zu operieren, mag dahingestellt bleiben. Keinenfalls ist er imstande, das zu beweisen, was er hier beweisen soll.

Angenommen, aber nicht zugegeben, der Mensch besitze

---

[1]) Vgl. die klärenden Ausführungen von Liepmann, Einleitung, S. 164.

diese mystische, unserer Erkenntnis nicht zugängliche, Fähigkeit, bei dem blossen Auftreten der Pflichtvorstellung dieser stets allen übrigen Trieben zum Trotz motivierende Kraft beizulegen, so ist doch damit der Beweis noch nicht geliefert, dass nur unter der Voraussetzung des Auftretens der Pflichtvorstellung von einer „Schuld“ gesprochen werden könne.

Erstens bleibt die Frage unbeantwortet, warum eine derart konstruierte Freiheit als Grundlage der Schuldzurechnung notwendig ist. Dies ohne Weiteres anzunehmen, ist eine petitio principii.

Zweitens enthält die Deduktion Heinzes insofern einen — für einen Teil der Schuldlitteratur typischen — Fehlschluss, als sie die generelle Fähigkeit des Willens, durch das Pflichtmotiv bestimmt zu werden, unmerklich umwandelt in die Thatsächlichkeit des durch die Pflicht Bestimmt-Seins. Die Eigenschaft des Willens, einer Pflichtvorstellung folgen zu können, wird identifiziert mit der Thatsache, dass er ihr im Einzelfalle gefolgt ist.

„Frei“ ist nach der anfänglichen Begriffsbestimmung derjenige Wille, der unter der Voraussetzung des Auftretens der Pflichtvorstellung die mystische Kraft besitzt, sich ihr gemäss zu bestimmen.

Daraus folgt aber nicht die Unfreiheit und somit Unzurechenbarkeit desjenigen Willensaktes, der wegen mangelnden Vorhandenseins der Pflichtvorstellung pflichtwidrig sich gestaltete. „Frei“ müsste — nach Heinze — auch ein solcher Willensakt genannt werden können, dem in casu die Vorstellung seiner Pflichtwidrigkeit fehlt, wenn er nur die Fähigkeit besitzt, sich gegebenen Falles von dem vorhandenen Pflichtmotiv leiten zu lassen. Ist ein solcher Willensakt aber „frei“, so ist er auch, trotz in casu fehlender Pflichtvorstellung, zurechenbar. Umgekehrt ist, wenn man sich an den Wortlaut von Heinzes Ausführungen hält, die Zurechnung selbst einer bewusst pflichtwidrigen That zur Schuld unmöglich. Sie soll ja bedingt sein durch das Vorhandensein des freien Willens, dieser aber „durch die Wirksamkeit der Pflichtvorstellung“, nicht etwa nur durch deren Vorhandensein. Jede bewusst pflichtwidrige That beruht aber gerade auf der Unwirksamkeit der vorhandenen Pflichtvorstellung.

2. Während so Heinze auf die grundlegende Frage, warum zur Annahme einer Verschuldung das Bewusstsein der Pflichtwidrigkeit zu verlangen sei, eine Antwort in Wahrheit gar nicht giebt — ganz abgesehen davon, dass seine weiteren Ausführungen, wie vorhin an letzter Stelle gezeigt, seine eigene Lehre ad absurdum führen — geht Hälschner weiter zurück.

Nach Hälschner[1]) ist die strafbare schuldhafte Handlung ihrem Wesen nach unsittliche Handlung. Die Rechtsnormen haben zwar zunächst nur die formale Bedeutung, gewisse Handlungen als seinsollende hinzustellen. Aber den Inhalt des Rechts bilden „die Güter des sittlichen Lebens“ (S. 18). Ein Handeln wider das Recht ist ein Handeln gegen die Gebote der Sittlichkeit. Das Wesen der Sittlichkeit, des ethischen Handelns, besteht aber gerade darin, dass wir unser Thun in Übereinstimmung bringen mit den Geboten der Sittlichkeit, das Wesen der sittlichen Schuld darin, dass wir diese Gebote missachten, uns nicht von ihnen leiten lassen. Voraussetzung des unsittlichen Handelns ist daher, dass wir von diesen Geboten als solchen wissen, dass wir unsere Pflicht kennen; denn nur die erkannte Pflicht vermag einen motivierenden Einfluss auf den Willen auszuüben (S. 199, 297). „Die Begriffe ‚Handlung‘, ‚Zurechnung‘, ‚Schuld‘ sind keine spezifisch und technisch strafrechtliche oder überhaupt nur rechtliche“, sondern gehören der Psychologie und Ethik an (S. 184). Der Ausdruck „Zurechnung“ insbesondere bezeichnet im Sinne des Strafrechts keineswegs nur die „formale Zurechnung“, d. h. „das Urteil, dass ein Geschehenes als Wirkung auf den Willen eines Menschen als auf seine Ursache zurückzuführen sei“, sondern begreift auch „ein Urteil über den ethischen Wert dessen, was als gewollt zuzurechnen ist“ (S. 198).

Hälschners Theorie beruht somit auf dem Syllogismus: das Verbrechen ist sittliches Unrecht, sittliche Schuld; das Wesen der sittlichen Schuld besteht aber in dem Handeln wider eine erkannte Pflicht; folglich gehört auch zum Wesen

---

[1]) Vgl. a. a. O., S. 97 ff., 184, 199 f., 251 ff., 295 ff., 508 ff.

des Verbrechens die Kenntnis der Pflicht, der die verbrecherische Handlung widerstreitet. Soweit hierbei aus dem Parallelismus des formalen Baues von Recht und Ethik argumentiert wird, kann Hälschner nur zugestimmt werden. In einem anderen Zusammenhang wird die Frage aufzuwerfen sein, ob die weitergehende Ansicht Hälschners richtig ist, dass diese Pflicht, die der Thäter kennen musste, auch inhaltlich eine sittliche Pflicht ist.

3. Als ein Ausfluss aus ihren Grundanschauungen über Unrecht und Strafe tritt die Lehre vom Bewusstsein der Pflichtwidrigkeit bei Merkel und seinen Anhängern (Liepmann, M. E. Mayer) auf. Schärfer als andere haben sie das Wesen des Verbrechens als einer pflichtwidrigen Willensbethätigung herausgearbeitet. Allein auch bei ihnen ist eine Lücke in der Beweisführung nicht ganz wegzuleugnen: pflichtwidrige und bewusst pflichtwidrige Handlung sind nicht ohne weiteres identisch. Der Künstler, der etwas Unschönes produziert, handelt der ästhetischen Norm in analoger Weise zuwider, wie der Unsittliche der ethischen Norm. Beide handeln normwidrig, beide handeln, wenn wir den Begriff der Norm vom objektiven (= Massstab) aufs subjektive Gebiet (= Imperativ) verschieben, pflichtwidrig. Niemand würde dies Urteil beim Künstler davon abhängig machen, dass er die Vorstellung besass, wie er etwas „Schönes“ hätte produzieren können: sein Bild widerspricht auch beim Fehlen dieser Vorstellung ästhetischen Normen. Die Frage, ob und warum dies auf dem Gebiete der ethischen Normen anders sich verhält, wird nicht umgangen werden können. So sehr Merkel zuzustimmen ist,[1]) so wird doch an diesem Punkte eine Vertiefung seiner Lehre erstrebt werden müssen.

4. Eine solche hat Basedow versucht. Nach ihm empfindet der Mensch nur dann eine Strafe als gerecht, kommt ihr nur dann innerlich entgegen, wenn er mit „Schuldbewusstsein“ gehandelt hat, d. h. wenn mit der Handlung jenes nicht weiter beschreibbare „erregende Gefühlsmoment“ verbunden war, welches die regelmässige Folge des Bewusstseins einer Normwidrigkeit zu sein pflegt.

---

[1]) Auf die Unhaltbarkeit des von ihm und Mayer dem § 59 St.G.B. entnommenen Arguments wurde bereits oben hingewiesen. Vgl. S. 17 N. 1.

So zutreffend diese Beobachtung sein mag, so muss doch vorab eine Begründung für den — an sich durchaus diskutablen — Satz verlangt werden, dass die Strafe nur unter der Voraussetzung gerechtfertigt ist, dass sie von dem Bestraften als gerecht empfunden wird.

Weiter vermag Basedow nicht die Bestrafung eines hartgesottenen Sünders zu erklären, der sich zwar der antisozialen Bedeutung, der Normwidrigkeit, ja der Strafbarkeit seines Thuns bewusst ist, bei dem aber jenes „eigentümlich erregende Gefühlsmoment", jenes „Schuldbewusstsein" nicht mehr mit dem bewusst normwidrigen Handeln verbunden ist. Die Bezeichnung solcher Fälle als „Ausnahmen" (S. 21) dürfte ihrer in jedem Gerichtssaal zu Tage tretenden numerischen Bedeutung nicht entsprechen. Zur Rechtfertigung der Bestrafung dieser „Ausnahmen" sieht Basedow sich genötigt, von dem Erfordernis des „Schuldbewusstseins" allgemein wieder abzusehen und mit dem „Bewusstsein einer Normwidrigkeit" sich zu begnügen, d. h. einem Bewusstsein, welches zwar meistens, aber nicht immer — nicht z. B. bei jenen hartgesottenen Sündern — das „Schuldbewusstsein" erst zur Folge haben soll. Damit beraubt er aber seine Theorie ihrer wesentlichsten Grundlage. Denn das Erfordernis der Normwidrigkeitsvorstellung ist ja nach Basedow nicht aus sich selbst heraus, sondern nur deshalb zu rechtfertigen, weil es jenes „eigentümlich erregende Gefühlsmoment", jenes „Schuldbewusstsein" im Gefolge hat.

Während so dieser Grund — wie jede nur psychologische Lösung einer ethisch-juristischen Frage — nicht als ausreichend angesehen werden kann, giebt Basedow noch ein anderes ungleich tiefer gehendes Argument, das vielleicht auch den bei Merkel, und insbesondere bei Liepmann und M. E. Mayer, zu Grunde liegenden Gedanken zum Ausdruck bringt:

Das Handeln des Menschen ist beherrscht von Abstraktvorstellungen, welche geeignet sind, „die Erfahrung des Menschen in den Dienst seines gegenwärtigen Handelns zu stellen" (S. 32). „Nur wenn sie vorhanden waren, wird die Erfahrung des Menschen, wird das eigentlich Seiende, Bleibende an ihm für die Handlung wirksam, erscheint der Erfolg wesentlich durch ihn bedingt; nur dann giebt er zu den auf ihn einwirkenden Reizen noch etwas hinzu, was dieser oder jener

Mensch nicht hinzugegeben hätte, ist er also eigentlich entscheidend für die Existenz des Erfolges." Andernfalls erscheine er nur als ein Durchgangspunkt äusserer Kräfte. „Und auf diesen wesentlichen Unterschied im Handeln des Menschen Rücksicht zu nehmen hat man allemal dann Ursache, wenn an dieses Handeln irgendwelche Folgen geknüpft werden sollen, also sowohl dann, wenn man den Menschen für seine That bestrafen, als wenn man ihn belohnen will" (S. 33).

Es wird auf dies Argument sogleich noch einmal zurückzukommen sein. Der wesentlichste Einwand geht auch hier dahin, dass Basedow nur eine Verschiebung, aber keine Lösung des Problems giebt. Warum ist die Strafe — wie der Lohn — davon abhängig, dass der Erfolg „ein Resultat des Seienden, Bleibenden" an einem Menschen ist? Darauf erhalten wir keine Antwort.

II. Wenn wir das Gesamtgebiet der Wissenschaften einteilen in beschreibende und genetisch erklärende einerseits, in beurteilende, in Normwissenschaften andrerseits, so ist das Recht dem letztgenannten Gebiete zuzurechnen.

Nur scheinbar ist damit die Berechtigung der historischen Methode für das Recht in Abrede gestellt. Verzichten wird dies niemals einerseits auf eine Beschreibung und Erklärung derjenigen Vorgänge, welche der rechtlichen Beurteilung zu unterwerfen sind. Für das Strafrecht liegt gerade in der Neuzeit mit ihrer starken Betonung der Kriminal-Ätiologie die Gefahr eines solchen Verzichts fern.

Und auf der anderen Seite wird die Rechtsgeschichte — von ihrem eigenen historischen Wert abgesehen — zur Erkenntnis der Entstehung der Normen und damit zu deren Verständnis wie auch zu ihrer sinngemässen Fortentwickelung stets von Bedeutung bleiben.

Für die dogmatische Jurisprudenz haben beide Wissenschaften indessen nur unterstützende Bedeutung. Das Ziel der Rechtsdogmatik bleibt stets Feststellung des Inhalts und der Tragweite der beurteilenden Sätze.

Dem Strafrecht ist der Charakter als Normwissenschaft am deutlichsten aufgeprägt. Es ist, vom dogmatischen Standpunkt aus betrachtet, der Codex der unter einem gewissen Gesichtspunkt „richtigen“ oder „unrichtigen“ Handlungen.

Objekt dieser Beurteilungen sind menschliche Thaten. Unter wechselnden Gesichtspunkten sind sie im Laufe der Zeiten der rechtlichen Beurteilung unterworfen worden. War es ursprünglich nur die objektive Seite der That, welcher ein Wert oder Unwert zugesprochen wurde, und zwar unter dem Gesichtspunkte ihrer Nützlichkeit oder Schädlichkeit für das im „Recht“ sich schützende Gemeinwesen, so verlegte die weitere Entwicklung den Schwerpunkt der Beurteilung auf die treibenden psychologischen Faktoren; an Stelle der Erfolghaftung trat, wie man es auszudrücken pflegt, die Schuldhaftung.

Dieser Übergang zur Schuldhaftung hat an der formalen Natur des Strafrechts nichts geändert. Nach wie vor enthält die Pönalisierung einer That ein Werturteil.

Geändert hat sich aber das Objekt der Beurteilung. Nicht an den Erfolg, sondern an das Verhalten des Thäters wird jetzt der Massstab herangetragen, der für den Standpunkt des Rechts die „Richtigkeit“ oder „Unrichtigkeit“ der bewerteten Handlung angiebt.

Man könnte geneigt sein, das Resultat dieses Übergangs in das oft gehörte Schlagwort zu fassen: nicht die That werde nunmehr bewertet, sondern der Thäter. Dies wäre insoweit zutreffend, als das heutige Strafrecht sich allerdings nicht begnügt mit einem äusseren Geschehnis, das kausal auf eine menschliche Körperbewegung zurückgeführt werden kann, dass es dessen Ursprung vielmehr zurück verfolgt in das psychische Leben eines Menschen. In hohem Grade irreführend ist jenes Schlagwort aber, wenn es übersehen lässt, dass in allen geltenden Strafrechtssystemen die einzelne That es ist, an welche die Strafe anknüpft, nicht als an ein blosses Symptom einer rechtsfeindlichen Gesinnung, sondern als an etwas um seiner selbst willen Strafwürdiges. Vom Standpunkt des geltenden Rechts aus wird man das behaupten können, ohne zu einer der Theorien über den Rechtsgrund der Strafe Stellung zu nehmen.

Das einzelne Strafgesetz will mehr, als nur den Delinquenten gegen richterliche Willkür schützen. Wollte man wirklich nur die gesellschaftsfeindliche Persönlichkeit mit der Strafe treffen, prinzipiell ohne Rücksicht auf die einzelne begangene That, so liesse sich hierfür ein gesetzliches Verfahren finden, welches die gleichen Cautelen gegen politische oder richterliche Willkür böte, wie etwa das Entmündigungsverfahren; es liesse sich eine Sicherstellung des sozialen Schädlings konstruieren, auch ohne dass jene Unschädlichmachung abhängig gemacht werden müsste von der Begehung einer einzelnen gesetzlich fest umschriebenen That.

Das Strafgesetzbuch erfüllt zwar die Aufgabe, eine magna charta des Verbrechers zu sein, vortrefflich, aber es geht nicht in ihr auf. Nach den geltenden Rechtsanschauungen enthält es Bewertungen einzelner Thaten unter irgend einem — zunächst hier noch nicht interessierenden — Gesichtspunkt, und diese Bewertung der einzelnen That rechtfertigt die Strafe.

Bestraft wird also auch jetzt „die That"; freilich, insofern als man ihr Wesen nicht mehr in der sozialen Schädlichkeit des Erfolgs, sondern in der seelischen Beschaffenheit des Urhebers der That sieht, kann man sagen: heute wird „der Thäter" bestraft. De lege lata abzulehnen aber ist eine Ansicht, die in dem Verbrechen und der einzelnen Willenshandlung nicht die ausreichende Rechtfertigung der Strafe erblicken, sondern jene nur als ein Symptom für eine bestimmte Beschaffenheit der Persönlichkeit ansehen will; die in diesem Gesamthabitus der Persönlichkeit bereits die Rechtfertigung der Strafe findet und in diesem Sinne sagt: Bestraft wird nicht die That, sondern der Thäter.

Unter Wahrung dieses Standpunktes lege man sich die Frage vor: **Warum** ging das Strafrecht von der Erfolghaftung zur Schuldhaftung über? Warum verlangte man in entwickelteren Zeiten, dass der Thäter wusste, was er that? Welches war der treibende Gedanke? Welchen Zweck verfolgte man damit? Inwiefern sah man darin einen Fortschritt?

Eine historisch begründete Antwort auf diese Grundfrage der Schuldlehre, die in dieser Form leider selten gestellt wird, ist nach dem heutigen Stande der Wissenschaft noch nicht möglich. Es ist fraglich, ob sie je möglich sein wird. Es handelt sich eben hier um einen allmählichen Wechsel von

Grundanschauungen, der „in der Luft lag“, über den sich die Zeitgenossen so wenig Rechenschaft gegeben haben werden, dass man historische Belege für ihre Ansichten kaum wird entdecken können.

Versuchen wir es, auf hypothetischem Wege jene Frage zu beantworten: Welches kann der Grund gewesen sein für die Statuierung der Schuldhaftung an Stelle der Erfolghaftung? Eine doppelte Antwort ist möglich:

1. Dass der Thäter gewusst habe, was er that, verlangte man zu seiner Bestrafung deshalb, weil nur unter dieser Voraussetzung die That in einer so festen Verbindung mit der Persönlichkeit des Thäters steht, dass man ihre Wiederholung unter ähnlichen Umständen gewärtigen kann. Nur den, der bewusst tötet, kann man als sozial gefährlich ansehen.

2. Dass der Thäter gewusst habe, was er that, verlangte man zu seiner Bestrafung deshalb, weil nur unter dieser Voraussetzung er wissen konnte, dass er so nicht handeln durfte.

Eine weitere Möglichkeit zur Erklärung des Überganges zur Schuldhaftung dürfte schwerlich zu finden sein.

Unter Berücksichtigung des oben eingenommenen Standpunktes werden wir uns zunächst für die zweite dieser Alternativen zu entscheiden haben. Ein gesetzlicher Verbrechensthatbestand bedeutet die Bewertung einer That unter Zurückgehen auf die Persönlichkeit des Thäters, nicht aber die Beurteilung einer Persönlichkeit unter Beschränkung auf eine einzelne That. Es wurde bereits bemerkt, dass, wenn unsre Strafgesetzbücher das letztere beabsichtigten, sich hierfür zweckmässigere Wege hätten finden lassen als die Aufstellung fest umgrenzter Delikts-Thatbestände.

Beabsichtigt das Strafgesetzbuch, Werturteile abzugeben über bestimmte Willenshandlungen, dieselben unter die Kategorien des „Richtigen“ und des „Unrichtigen“ zu bringen, ohne einerseits bei einer blossen Bewertung des Erfolgs stehen zu bleiben, und ohne andrerseits bis zu einer Bewertung der ganzen, in der einzelnen That nur typisch zur Erscheinung gekommenen Persönlichkeit fortzuschreiten: so kann dieser Bewertung der Willenshandlung nur die Frage zu Grunde liegen, ob der Thäter, welcher wusste, was er that, auch wusste, dass er das nicht thun durfte. Und in gleicher Weise kann kein anderer Gedanke dem Übergang von der Erfolghaftung zur Schuldhaftung zu Grunde gelegen haben.[1])

Aber freilich: hier entsteht eine weitere Schwierigkeit, der nicht ausgewichen werden darf.

Wenn die Schuld abhängig ist von dem Vorhandensein der Pflichtvorstellung, so muss die Schwere der Schuld abhängig sein von der Intensität der Pflichtvorstellung. Je stärker die letztere auftritt, desto grösser ist, falls jene dennoch von dem Trieb zum Bösen überwunden wird, die Schuld — und entsprechend umgekehrt. Die Scheusale der Geschichte, ein Nero, ein Cesare Borgia, ein Danton handeln hiernach in geringem Grade schuldhaft; fehlt ihnen das Pflichtbewusstsein gänzlich, so muss man den Mut der Konsequenz haben, sie schuldlos zu nennen.

Diesen Erscheinungen gegenüber giebt es in der That nur zwei Möglichkeiten:

Entweder man legt dem Schuldurteil eine Bewertung der ganzen Persönlichkeit unter dem Gesichtspunkt ihrer sozialen Schädlichkeit zu Grunde: dann ist das Vorhandensein oder Nichtvorhandensein der Pflichtvorstellung gänzlich irrelevant, und es gilt der Satz: „Der Charakter belastet, das Motiv entlastet.“

Oder aber man spricht von Schuld nur dort, wo das Pflichtmotiv, wenn auch nicht siegreich, so doch vorhanden war: dann ergiebt sich die obige Konsequenz; der fanatische Anarchist handelt in geringerem Grade „schuldhaft“ als der Tugendheld, dessen Leidenschaft ihn in einer unbewachten Stunde überrannt hat.

Das Ergebnis ist nicht so unerträglich, wie es auf den ersten Blick scheinen möchte. Es besagt ja nur, unter welchen

[1]) Der Gesichtspunkt, dass nur dies der Sinn des Übergangs zur Schuldhaftung gewesen sein könne, ist betont von Basedow a. a. O. Seine Gründe, sind aber nicht ausreichend. Seine Konstruktion der Geschichte ist allzu hypothetisch und die Behauptung, dass nur unter der Voraussetzung des Schuldbewusstseins die That mit der ganzen Persönlichkeit verknüpft sei, ist, wie sich sogleich zeigen wird, nicht richtig.

Voraussetzungen wir eine That zur Schuld zurechnen und wie wir diese Schuld abzustufen haben.

In dem Urteil indessen, durch welches eine That für strafbar erklärt wird, verbinden sich zwei völlig disparate Elemente, deren Verschmelzung im Laufe der Zeit allerdings eine scheinbar so selbstverständliche geworden ist, dass wir uns ihrer in jedem einzelnen Falle, in welchem wir eine Strafe mit einer That verbinden, nicht mehr als zweier ihrer Herkunft nach durchaus verschiedener Momente bewusst werden: Es ist dies das Moment der Verschuldung einerseits, der sozialen Gefährlichkeit andrerseits.

Die soeben erwähnten beiden Möglichkeiten stehen sich zwar für die Frage der Verschuldung alternativ gegenüber; wir mussten uns für die zweite entscheiden. Für die Frage der Strafzumessung aber gehen sie eine notwendige Verbindung ein.

Jene Bestien der Menschheit handeln zwar in geringerem Masse „schuldhaft“ als der zu Fall gekommene Tugendheld; aber ihre Gesamtbeurteilung von seiten des Strafrechts ist nicht nur von ihrer „Schuld“ abhängig, sondern noch von anderen Faktoren, die ein Gegengewicht gegen das Minus an „Schuld“ bilden. Dies Gegengewicht ist desto schwerer, je leichter das von der „Schuld“ eingeworfene Gewicht ist. Je weniger intensiv bei dem einzelnen die Pflichtvorstellung sich geltend macht, desto grösser ist die Wahrscheinlichkeit, dass auch in künftigen Fällen die Entscheidung gegen die erkannte Pflicht ausfallen werde, desto grösser ist die soziale Gefährlichkeit.

Verschuldung und soziale Gefährlichkeit bilden so zwei parallele, aber entgegengesetzt gerichtete Linien. Dort wo die Schuld auf dem Nullpunkt, die soziale Gefährlichkeit aber auf dem Höhepunkt angelangt ist — m. a. W., wo der Delinquent eine Pflichtvorstellung überhaupt nicht mehr zu überwinden hatte, weil keine auftrat — dort ist auch die Grenze der Zurechnungsfähigkeit. Dort ist der Punkt, wo die Strafe blossen Sicherungsmassregeln Platz zu machen hat. —

Die angestellte Erwägung ist notwendig, um das Postulat des Bewusstseins einer Pflichtwidrigkeit als Schuldvoraussetzung zu retten.

Durchaus konsequent verfahren diejenigen, welche vom Thäter das Bewusstsein „dessen was er thut“, nur darum fordern, weil nur unter dieser Voraussetzung die That in einer so festen Verbindung mit der Persönlichkeit des Thäters steht, dass man ihre Wiederholung unter ähnlichen Umständen gewärtigen kann; welche demgemäss kein Bewusstsein der Pflichtwidrigkeit fordern und welche weiterhin für das Strafgesetz nur die Rolle einer magna charta des Verbrechers in Anspruch nehmen.

Ebenso konsequent würden auf der anderen Seite diejenigen verfahren, welche vom Thäter das Bewusstsein „dessen, was er thut“ aus dem Grunde fordern, weil nur unter dieser Voraussetzung er wissen konnte, dass er so nicht handeln durfte, und welche zur Schuld das Bewusstsein einer Pflichtwidrigkeit verlangen. Die Ansicht ist konsequent, aber, einseitig durchgeführt, praktisch unmöglich.

Das Richtige, das, was wohl auch in den Zurechnungsurteilen des Volks wie in den täglich von jedem vorgenommenen Verknüpfungen von Schuld und Strafe zum Ausdruck kommt, ist eine Verbindung beider Gesichtspunkte. Die wissenschaftliche Konstruktion dieser für richtig zu haltenden Ansicht hat aber den in solcher Verbindung liegenden Widerspruch nicht nur anzuerkennen, sondern auch zu rechtfertigen.

Die Anerkennung eines inneren Widerspruchs hier unterlassen zu haben, muss der Merkel'schen Schule vorgeworfen werden. Bereits Merkel fordert einerseits Bewusstsein der Pflichtwidrigkeit, er rechtfertigt andrerseits die Strafe auf Grund der „Zurechnung zum Charakter“. Liepmann und M. E. Mayer verlangen in gleicher Weise das Bewusstsein der Pflichtwidrigkeit; und auf der andern Seite vertreten sie den von Mayer dahin formulierten Satz: „Das Motiv entlastet, der Charakter belastet.“ Bewusstsein der Pflichtwidrigkeit und Zurechnung zum Charakter widersprechen sich diametral. Freilich, wie hervorgehoben, mischen sich auch in unsrem Zurechnungsurteil die gleichen disparaten Elemente. Es gilt aber, den Widerspruch als solchen anzuerkennen und den Versuch einer e i n h e i t l i c h e n Erklärung beider Postulate zu unterlassen.

III. Die vorhergehenden Erörterungen argumentieren nur

mit dem formalen Bau des Strafrechts. Es folgt daraus nur, dass es eine Voraussetzung unsres Schuldurteils bildet, dass der Thäter eine Pflicht, anders zu handeln, kannte.

Es wird sich später darum handeln, das Gebiet festzustellen, dem diese Pflicht angehört. Erst dann kann erörtert werden, ob zur Schuld das Bewusstsein der Strafbarkeit oder das Bewusstsein der Rechtswidrigkeit oder das Bewusstsein einer sittlichen Pflichtwidrigkeit u. s. w. gehört.

Vorläufig ist das Resultat: Voraussetzung der Schuld ist das Bewusstsein einer Pflichtwidrigkeit.

§ 6.
Verwertung der beiden Grundsätze.

Die aufgestellten Grundsätze, die gegenüber dem im Teil IV zu Erörternden formaler Natur sind, werden zunächst als kritischer Massstab bei Besprechung der einzelnen Theorien zu dienen haben.

Demnächst wird es sich darum handeln, eine Feststellung des Schuldinhalts zu treffen, die beiden gleichermassen gerecht wird.

Die Vereinigung beider Sätze stösst auf eine Schwierigkeit, die man wird im Auge behalten müssen, um Fehler zu vermeiden.

Der Thäter muss wissen, dass seine That einer Pflicht zuwiderläuft, dass sie verboten ist (§ 5). Er braucht aber nicht das zu kennen, was jenseits der That liegt; nicht die Beurteilung, die der That durch das Recht erst zu teil wird; nicht die Folgen, die das Recht an sie knüpft (§ 4).

Besteht aber nicht das Verbotensein, das Pflichtwidrige, in Eigenschaften, die mit der That erst durch ihre Pönalisierung verknüpft werden? Wenn dem so ist, dann sind die im § 4 und § 5 aufgestellten Sätze unvereinbar.

Es wird sich zeigen, dass sie in der That zu vereinigen sind. Es gilt aber hier zwischen zwei Klippen hindurchzusteuern. Die Vermeidung der einen birgt die Gefahr des Scheiterns an der anderen.

III. Teil.

Irrtum und Schuldbegriff in Theorie und Praxis.

I. Abschnitt.

Das Bewusstsein der Strafbarkeit und der Normwidrigkeit.

§ 7.

Es wurde oben[1]) der Satz aufgestellt, dass es logisch notwendig ist, den Deliktsvorsatz auf die Kenntnis des Delikts zu beschränken; dass aber nichts im Wege steht, neben dem Deliktsvorsatz im eigentlichen Sinne noch die Kenntnis der Deliktsfolgen zu verlangen, falls die Grundauffassung des Strafrechts hierzu nötigen sollte.

Zwei Gruppen von Theorien sind es, die unter diesem Gesichtspunkt berücksichtigt werden müssen. Gemeinsam ist ihnen ihr Schicksal: Sie haben vermöge der fascinierenden Macht, die jedes grosse in sich geschlossene System auf die Menge der in Einzelfragen sich Abmühenden ausübt, nicht minder auch vermöge der glänzenden Darstellung und Durchführung der Grundgedanken, zur Zeit ihres Auftretens einen grossen Einfluss geübt. Beide haben diesen unmittelbaren Einfluss, nachdem besonnene Kritik sich ihnen entgegengestellt, allmählich wieder verloren. Beide werden aber, solange es eine Strafrechtswissenschaft, ja eine Wissenschaft vom Recht

---

[1]) § 4 S. 28.

überhaupt, geben wird, stets unter den anregendsten Lehren ihren Platz behaupten.

Es handelt sich einerseits um Feuerbachs Theorie des psychologischen Zwanges, andrerseits um die Normentheorie Bindings.

Die Ausgangspunkte beider Lehren sind wesentlich verschiedene. Dennoch gehören sie unter dem an dieser Stelle massgebenden Gesichtspunkte zusammen.

Der Kritik wird es, insbesondere gegenüber Feuerbach, wohl gestattet sein, sich an das viele Treffliche, was anderwärts gesagt ist, unselbständig anzuschliessen.

I. Feuerbach rechtfertigt die Strafdrohung bekanntlich mit der Notwendigkeit, die Rechte Aller dadurch zu sichern, dass den zum Übelthun hindrängenden Vorstellungen in der Strafdrohung abhaltende Motive gegenübergestellt werden.

Die Forderung, dass der Thäter das rechtliche Verbotensein seines Thuns gekannt haben müsse, falls der Strafvollzug berechtigt sein soll, ist von diesem Standpunkt unabweislich.[1])

---

[1]) Höpfner, der neueste Verteidiger der Feuerbachschen Theorie (cf. Einheit und Mehrheit der Verbrechen I, 1901, S. 101 ff., Anm. 1), stellt in Abrede, „dass die Theorie des psychologischen Zwanges zu der Konsequenz nötige, zur Strafbarkeit überhaupt oder wenigstens wegen dolosen Verbrechens Gesetzeskenntnis und zwar Kenntnis des Strafgesetzes zu fordern.“ Zwischen der Erlassung der Strafgesetze und der Begehung der Zuwiderhandlungen liege in den meisten Fällen „ein hinreichender Zeitraum, um Kenntnis von der Existenz solcher Strafdrohungen zu erlangen, die einen besonders angehen“. Das Recht könne aber „dem einzelnen zumuten, dass er sich bemüht, diese Kenntnis zu erlangen, und es giebt hierbei kein wirksameres Mittel als die Nichtberücksichtigung der Rechtsunkenntnis“. Damit führt Höpfner in die Theorie psychologischen Zwanges von neuem die von deren Urheber selbst als „allzuschroff oder anstössig“ wieder aufgegebene „Vermutung des rechtswidrigen Vorsatzes“ ein. Die Berechtigung und Zweckmässigkeit einer solchen Präsumtion mag durchaus diskutabel sein; indessen von der Theorie des psychologischen Zwanges aus ist sie nicht anders denn als Ausnahme zu rechtfertigen, wie Feuerbach selbst zugiebt. Solange es sich unter Vernachlässigung etwaiger Ausnahmen nur um die Regel handelt, kann die von Höpfner geleugnete „Konsequenz“ nicht in Abrede gestellt werden. Im Grunde handelt es sich dabei nicht einmal um eine „Konsequenz“ der F.schen Theorie, um ihre logische Weiterentwickelung, sondern um diese Theorie selbst. Wer jene „Konsequenz“ aufgiebt, ist in Wahrheit nicht mehr Anhänger der Theorie des psychologischen Zwanges.

Feuerbach hat diese Folgerung zu ziehen sich nicht gescheut (Lehrbuch, 1. Aufl. 1801, § 93). Wenn er anfänglich die praktischen Unzuträglichkeiten, die sich hieraus ergaben, durch Aufstellung einer Doluspräsumtion milderte (§ 68), so liess er später (vgl. Vorwort zur 9. Aufl. 1825) diese wieder fallen und stellte für den Dolus und die „unmittelbare Fahrlässigkeit" das Erfordernis der Strafbarkeits-Erkenntnis in seiner ursprünglichen Reinheit wieder auf (11. Aufl., 1832, § 85).

Betrachtet man die Feuerbachsche Theorie aus der Zeit ihrer Entstehung heraus, einerseits als den ersten Versuch, das Strafrecht wissenschaftlich aufzubauen, aus einheitlichen Gesichtspunkten zu begründen, andrerseits als eines der Kampfmittel gegen die Herrschaft richterlicher Willkür, so ist ihre Bedeutung eine eminente.

Ihr prinzipieller Mangel[1]) lag wohl darin, dass es ihr nicht möglich war, den Strafvollzug zu rechtfertigen. Dass der Staat berechtigt ist, Normen für das Verhalten seiner Angehörigen aufzustellen und, um ihnen Nachdruck zu verschaffen, ein Übel für den Fall der normwidrigen Handlung anzudrohen, kann ja gar nicht bestritten werden. Was aber einer Begründung bedarf, ist die Berechtigung, gegebenen Falles dies Übel wirklich zu verhängen. Hier ist Feuerbach vielfach und mit Recht entgegengehalten worden: jedes einzelne zur Ausführung gelangte Verbrechen beweist, dass die Strafdrohung ihren Zweck verfehlt hat, dass sie nicht im stande war, vom Verbrechen abhaltende Motive zu setzen; nicht die Berechtigung des Strafvollzuges, sondern die Notwendigkeit einer Änderung der unzweckmässigen Gesetze wird durch das begangene Verbrechen bewiesen.

So findet die Feuerbachsche Theorie heute kaum einen Verteidiger mehr, womit auch der Satz von der Kenntnis der Strafdrohung als Schuldvoraussetzung dieser Stütze beraubt ist.

---

[1]) Vgl. über und gegen Feuerbach: v. Bar, Handbuch des Strafrechts I (1882) S. 248 ff.; Glaser, Kleine Schriften über Strafrecht und Strafprozess, 2 Aufl. (1888) S. 32 ff.; Binding, Normen I S. 88ff. und insbesondere die Klassische Schrift von Thibaut, Beiträge zur Kritik der F.schen Theorie (1802).

Vereinzelt[1]) wurde der Versuch gemacht, die Notwendigkeit der Kenntnis des Strafgesetzes auf anderen Grundlagen aufzubauen, sie insbesondere aus dem positiven Recht abzuleiten, ohne dass aber diese Versuche weitere Bedeutung gewonnen hätten. Ihnen allen fehlt die unumgänglich notwendige grundsätzliche Unterlage, die zu schaffen Feuerbach wenigstens angestrebt hatte. Als die heute in Theorie und Praxis unbedingt herrschende Ansicht kann die Meinung bezeichnet werden, dass die Kenntnis des Thäters von der Strafbarkeit, von der konkreten Strafdrohung, nicht zum Vorsatz gehört.[2])

II. Auch der Normentheorie Bindings ist der oben in § 4 aufgestellte Satz entgegenzuhalten: das Verbrechen muss bereits vor seiner Pönalisierung strafwürdig gewesen sein, der Dolus kann also unmöglich auf ein Moment bezogen werden, welches erst durch den Gesetzgeber mit der Handlung in Verbindung gebracht worden ist.

Der Vorwurf kann zunächst auffallend erscheinen. Hat doch gerade Binding scharf die Notwendigkeit betont, die „Norm“ aus dem Strafrecht zu entfernen, die Norm als das, was eine Handlung erst straffähig macht, dem Strafgesetz vorausgehen zu lassen. Eines der bleibenden Verdienste der Normentheorie liegt gerade in dieser Betonung, dass das Strafgesetz an eine bereits vorher strafwürdige Handlung anknüpft, dass das Strafrecht nur sekundäre Natur hat; dass auf der anderen Seite der Vorsatz sich nicht beziehen kann auf die Deliktsfolgen, sondern nur auf das Delikt. Aus einer Verbindung beider Sätze folgt dann scheinbar richtig, dass zum Vorsatz nicht die Kenntnis der Strafbarkeit, wohl aber das Bewusstsein der Normwidrigkeit zu fordern sei.

---

[1]) Ältere Litteratur bei Binding, Normen II S. 188ff. — Vgl. insbes. Temme, Lehrbuch des gem. deutschen Strafrechts (1876) S. 68ff. (ausführlicher in seinem Lehrb. d. preuss. Strafrechts, 1853, S. 191ff.); Ortmann, G.S. XXIX (1877) S. 241, XXX (1878) S. 31ff., 344ff.; Ortloff, die Strafbarkeitserkenntnis als Schuldvoraussetzung (1891) [?]; Schütze, Lehrb. d. deutschen Strafrechts 2. Aufl. (1874) S. 116f., der freilich bezüglich der „besonderen Strafbestimmung“ zu dem Aushilfsmittel „der bekannten Fiktion der Rechtskenntnis“ greift.

[2]) Siehe Olshausen (6. Aufl.) §§ 59 N. 38.

Und doch ist der Vorwurf aufrecht zu erhalten. Der grundlegend richtigen Einsicht, dass der Vorsatz sich logischerweise nur auf die Momente beziehen könne, die eine That zu einer straffähigen machen, ist Binding nicht bis zu den letzten Konsequenzen gefolgt.

Zwei Sätze sind es, welche für das „Bewusstsein der Normwidrigkeit" die Grundlage bilden:

a) Der Verbrecher übertritt nicht das Strafgesetz, sondern die dem Strafgesetz begrifflich vorausgehende Norm;

b) in dieser Übertretung der Norm, in der Auflehnung gegen einen Befehl, liegt das Wesen des Verbrechens.

Es ist zunächst einleuchtend, dass man Binding noch nicht widerlegt hat, wenn man, womit man sich oft begnügte, die Präexistenz der Norm vor dem Strafgesetz leugnet. Auch wer die Norm erst durch das Strafgesetz zu einer rechtlich beachtlichen Existenz gelangen lässt, könnte sich allen weiteren Ausführungen Bindings, die zu dem „Bewusstsein der Normwidrigkeit" führen, anschliessen.

Wohl aber ist dem zweiten Satze, dass das Wesen des Verbrechens in der Auflehnung gegen die Norm liege, mit Recht der Vorwurf gemacht worden, dass er über der formalen Betrachtung des kriminellen Unrechts dessen materielle Bedeutung übersehe.[1])

Es wird sich zunächst darum handeln, klarzustellen, auf welchem Wege Binding zu diesem Satze gelangt — eine bei einem derartig komplizierten Gedankengebäude ebenso notwendige wie schwierige, von Bindings Kritikern auch keineswegs übereinstimmend gelöste Aufgabe.

Binding geht — wenn auch nicht nach der chronologischen Folge, so doch nach dem logischen Aufbau seiner Untersuchungen — aus von dem Wesen des kriminellen Unrechts gegenüber dem civilen. Dies Wesen kann nicht darin gefunden werden, dass das kriminelle Unrecht eine besondere Art der Normwidrigkeit darstellt (I 252 ff.), sondern nur in der Verschiedenheit der Unrechtsfolgen, und zwar in der Hauptsache „bezüglich dessen, was zu leisten ist"

---

[1]) Vgl. Merkel, Lehrbuch S. 15 f.; v. Liszt Z. VI (1886) S. 668 ff., Liepmann, Einleitung S. 12 ff.

(I 270 ff., 287 ff.). Diese Verschiedenheit der Unrechtsfolgen besteht zunächst darin, dass der Schadensersatz Wiederherstellung bezweckt, die Strafe aber nicht (I 290).

Der Strafanspruch muss also einer Quelle entspringen, die einerseits gleich dem Civilunrecht das Unrechtsmoment, andrerseits aber ein Moment der Irreparabilität enthält.

Es gilt, dies Objekt des kriminellen Unrechts, dies irreparable Moment, zu finden, dabei aber die eben gewonnene Erkenntnis nicht aus dem Auge zu verlieren, dass „die Einteilung des Unrechts in strafbares und nicht strafbares keine Einteilung der rechtswidrigen Handlungen auf Grund der Verschiedenheit ihrer Angriffsobjekte sein kann“ (S. 260). Das Problem scheint unlösbar: denn jenes „Unwiederherstellbare im Unrecht“ kann — so sollte man meinen — weder in einer besonderen Eigenschaft des Thäters noch in einer spezifischen Art des Angriffs, vielmehr nur in einer eigentümlichen Gestaltung des Angriffsobjektes bestehen; dessen Verschiedenartigkeit bei den beiden Kategorien des Unrechts wird aber gerade in Abrede gestellt.

Das Problem wird von Binding gelöst durch Aufstellung eines Angriffsobjektes, welches der gestellten Doppelaufgabe gerecht wird: einerseits durch seine formale Gleichheit die Einheitlichkeit beider Unrechtsarten zu wahren, andrerseits bald in reparabler, bald in irreparabler Weise verletzt zu werden. Dies Angriffsobjekt ist das subjektive Recht (S. 295 ff., 329 ff.).

Der Ausgangspunkt des Beweises dafür, dass das Wesen des strafbaren Unrechts die Verletzung der Norm bildet, ist bei Betrachtung des Bindingschen Systems als eines Ganzen nicht der Begriff der Norm, sondern der Begriff des subjektiven Rechts. Hier wird auch die Kritik einzusetzen haben.

„Undenkbar ist eine rechtswidrige Handlung oder ein rechtswidriges Verhalten, die nicht wider ein subjektives Recht liefen“ (S. 295). Soviel Arten subjektiver Rechte also, soviel Arten und Thatbestände des Unrechts. Es giebt nun Rechte, die auf ein genau bezeichnetes Verhalten eines handlungsfähigen Willens gehen, ferner solche, welche Geltung auch gegenüber Handlungsunfähigen beanspruchen u. s. f. Ein subjektives

Recht der ersteren Art ist das Recht des Staates auf Botmässigkeit; es „geht auf eine höchst persönliche Gehorsamsleistung handlungsfähiger Menschen, ist also nur durch schuldhafte Auflehnungshandlung gegen jenes Recht zu verletzen“ (299). Während aber die Verletzung anderer subjektiver Rechte reparabel ist, ist die Verletzung des staatlichen Rechtes auf Botmässigkeit irreparabel. Hier ist das Fundament für diejenige Unrechtsfolge gegeben, welche ihrer Natur nach auf solche irreparable Verletzungen gemünzt ist: die Strafe. Das Wesen des kriminellen Unrechts besteht also in der Verletzung des subjektiven Rechtes des Staates auf Botmässigkeit. Es ist selbstverständlich, dass ein solches Recht nur verletzt werden kann von einem Menschen, der sich seiner Pflicht zur Botmässigkeit im einzelnen Fall bewusst war.

Die Schlüssigkeit der Bindingschen Deduktion unterliegt erheblichen Zweifeln. Gerade der in der 2. Auflage der „Normen“ zur Rettung der formalen Einheitlichkeit alles Unrechts eingeführte Begriff des subjektiven Rechts zeigt am deutlichsten den Punkt, an welchem die Beweisführung durch Hineintragung eines unbewiesenen Momentes gestört wird. Angenommen, es liesse sich wirklich ein subjektives Recht des Staates gegen die ihm Unterworfenen konstruieren, welches ein vorschriftsmässiges Verhalten derselben zum Inhalt hat[1]): woraus folgt denn, dass dies Recht nur gegenüber einem handlungsfähigen Willen besteht? Und woraus folgt weiter, dass „handlungsfähig“ nur der der Norm Bewusste ist? Das ist doch gerade das thema probandum!

In dieser petitio principii dürfte einer der wesentlichsten Mängel der Normentheorie liegen. An dieser Stelle interessieren aber drei weitere Einwendungen:

1. Die Bestimmung des Verhältnisses zwischen subjektivem Recht und Norm ergiebt eine Schwierigkeit. Wenngleich das Wesen des kriminellen Unrechts in erster Linie eine Verletzung des Rechts auf Botmässigkeit bedeuten soll, so soll darin doch stets zugleich die Verletzung einer Norm liegen. Denn „die gesetzliche Schöpfung subjektiver Rechte

---

[1]) Vgl. für ein solches: Jellinek, System der subj. öffentl. Rechte (1892) S. 188 ff.

bedeutet stets zugleich den Erlass ihrer Schutznorm". (S. 303). Zuwidergehandelt wird also derjenigen Norm, die das im Einzelfalle verletzte subjektive Recht zu „schützen" berufen ist.

Wenn zur Bestrafung das Bewusstsein der Normwidrigkeit gefordert wird, so ist die Frage: „Welche Norm muss der Thäter gekannt haben?" offenbar dahin zu beantworten: „Eben jene ‚Schutznorm'!" Da nun — wie Binding oft genug betont — das Delikt seinem Wesen nach lediglich Verletzung des Rechts auf Botmässigkeit ist, so handelt es sich darum, die „Schutznorm" für dieses Recht zu suchen. „Angriffsobjekt des Delikts ist das Recht auf Botmässigkeit, dessen Garantiegesetz die Norm" (S. 299).

Offenbar aber kann die Schutznorm, das Garantiegesetz des Rechts auf Botmässigkeit[1]), nur heissen: „Du sollst nicht unbotmässig handeln!" Die Kenntnis dieser und nur dieser Norm gehört also zum Deliktsvorsatz — eine Kenntnis, die unter der Voraussetzung vorhandener Zurechnungsfähigkeit allerdings nie fehlen wird.

Es ist dies das unausweichliche Ergebnis der „Normentheorie". Dass Binding es nicht anerkennt, sondern vom Thäter die Kenntnis der Norm fordert: „Du sollst nicht stehlen, nicht töten u. s. w.", kann daran nichts ändern. Denn diese Normen können unmöglich „Schutznorm", „Garantiegesetz" für das Recht auf Botmässigkeit sein.

Die Unsicherheit, die sich so ergiebt betreffs der Frage, welche Normkenntnis zum Dolus gehöre, entspringt wohl dem Verhältnis, in dem bei Binding Norm, subjektives Recht und Rechtsgut zu einander stehen. Dies führt auf einen zweiten hierher gehörenden Einwand:

2. Es wurde bereits hervorgehoben, dass Binding dem — von ihm selbst prinzipiell wohl anerkannten — Grundsatz widerspricht: der Dolus könne sich nur auf Momente der Straffähigkeit, nicht auf solche der Strafbarkeit beziehen. Es wäre also die Aufgabe, das Wesen der straffähigen Hand-

---

[1]) Auf das weitere Bedenken, ob das Recht auf Botmässigkeit eines „Schutzes" durch Normen überhaupt fähig ist, soll hier nicht eingegangen werden.

lung festzustellen. Hierbei lässt die Normentheorie[1]) völlig im Stich, wenn sie das Wesen des Delikts, der straffähigen Handlung, erblickt in ihrem Verbotensein. Das Problem wird damit nicht gelöst, sondern auch hier nur um eine Stufe zurückgeschoben. Denn die weitere Frage ist unvermeidlich, worin denn das Wesen der verbotenen Handlung bestehe. Hier kann die Antwort: „In ihrem Verbotensein" unmöglich genügen. Sollte es dem Juristen wirklich untersagt sein, seine Blicke über diese Grenze hinüberschweifen zu lassen, sollte er damit wirklich das dem „Soziologen" (I 339 N. 1) vorbehaltene Gebiet betreten, dann wäre freilich seine Wissenschaft zu Sterilität und ewigen Kreisschlüssen verurteilt.

Der Vorwurf des Formalismus, der gegen Binding von nahezu allen seinen Kritikern erhoben wurde, ist von ihm nicht widerlegt worden.[2])

So widerspricht die Forderung, der Thäter müsse das „Bewusstsein der Normwidrigkeit" gehabt haben, dem in § 4 aufgestellten Satze in gleicher Weise, wie Feuerbachs Forderung des Bewusstseins der Strafbarkeit. Auch dem blossen Verbot, der „Norm", muss eine objektiv wie subjektiv verbietungswürdige Handlung zu Grunde liegen. Zu dieser kann daher auch das Bewusstsein der Normwidrigkeit nicht gehören.

3. Endlich aber ist das Bewusstsein der Normwidrigkeit, das Bewusstsein „der Norm, welcher das Bewirkte unterfällt" (II 403), nur in den seltensten Fällen denkbar ohne die Kenntnis des positiven Strafgesetzes. Denn, wie Binding infolge der Angriffe auf seine Theorie jetzt selbst zugiebt — Normen II, Vorrede S. VI — geht die Norm nur „begrifflich, nicht notwendig auch zeitlich dem Strafgesetz voraus, beide können vielmehr gleichzeitig zur Entstehung gelangen". In diesen

---

[1]) Vgl. zu dem Folgenden insbes. Normen I (2. Aufl.) S. 132—134, 311—364, 426—433.

[2]) Auch nicht durch Normen I S. 365 N. 1, wo er sich dagegen verwahrt, „als hätte ich je die Bedeutung der verletzten Rechtsgüter für die Bestrafung als irrelevant betrachten wollen." Schlagend hiergegen Liepmann, Einleitung, S. 12f.: „Wenn die Verletzung der Gehorsamspflicht die einzige, allen Delikten wesentliche Eigenschaft sein soll, so kann den übrigen Qualitäten und damit auch der materiellen Seite nur eine für das strafbare Unrecht überhaupt unwesentliche Bedeutung zugesprochen werden."

letztgenannten Fällen ist also auch für Binding das Bewusstsein der Normwidrigkeit Kenntnis des Strafparagraphen. Und ohne jede Ausnahme ist dies der Fall für jeden, der die selbständige Existenz der Norm **überhaupt** in Abrede stellt.[1])

Nach alledem ist die Normentheorie abzulehnen.[2]) Zuzugeben ist, dass sie die Fragestellung insofern ganz wesentlich gefördert hat, als sie die Notwendigkeit betont, zur Bestimmung des Schuldinhaltes einen Schritt rückwärts zu gehen und zu untersuchen, welches das eigentliche Objekt des Strafgesetzes ist, woran dieses anknüpft. Ihr Fehler liegt aber darin, dass sie diesen Schritt nur halb thut, dass sie nicht zurückgeht bis auf den materiellen Gehalt des Delikts, sondern bei der „normwidrigen“ Handlung stehen bleibt.

II. Abschnitt.

Das Bewusstsein der Rechtswidrigkeit.

§ 8.

Vieldeutigkeit des hier verwerteten Begriffs.

Man fasst häufig alle Theorien, die sich bei den Erfordernissen des Dolus nicht mit der Kenntnis des objektiven Geschehens begnügen, sondern etwas weiteres, die Kenntnis einer Beurteilung der That, verlangen, unter dem Schlagwort zusammen: sie fordern das „Bewusstsein der Rechtswidrigkeit“ — mag dies hinzukommende das Bewusstsein der Strafbarkeit, der Normwidrigkeit, der Pflichtwidrigkeit oder „Rechtswidrigkeit im engeren Sinne“ darstellen. Nicht in jener weiteren

---

[1]) Wach G. S. XXV (1873) S. 485 ff.; Merkel Z. VI (1886) S. 520 ff. — Über die Annäherung des Bew. der Normwidrigkeit an das Bew. der Strafbarkeit vgl. Hälschner I 255 f. (Anm.); v. Buri Beilageheft z. G. S. XXIX (1877) S. 175 ff.; v. Bar G. S. XXXVIII (1886) S. 257; Lucas, Subjektive Verschuldung (1883) S. 81 ff.; Bünger Z. VI (1886) S. 343. — Konsequenter als Binding ist hier Oetker, Rechtsirrtum (1876) S. 42 ff.; 76 ff.; gegen diesen v. Bar a. a. O.

[2]) An Binding schliessen sich an Oetker a. a. O.; Hammerer, der Einfluss des R. J. auf die Bestrafung (1890); Beling, Grundzüge des Strafrechts (1899) S. 9 f., 34 ff.; Kahn, der ausserstrafrechtliche R. J. (1900) S. 62 ff.

Bedeutung soll hier von dem „Bewusstsein der Rechtswidrigkeit“ die Rede sein, sondern insoweit, als für den Begriff der „Rechtswidrigkeit“ ein engerer, ein spezifischer Inhalt in Anspruch genommen wird.[1])

Man würde getäuscht werden, wenn man sich der fast selbstverständlichen Erwartung hingäbe, dass der Begriff der „Rechtswidrigkeit“, mit dem hier gearbeitet wird, vorab eindeutig bestimmt würde. Man hält ihn meist dafür und glaubt, einer Definierung enthoben zu sein.

Eine Betrachtung der allgemeinen Rechtslehre, die dem Begriff der „Rechtswidrigkeit“ ausführliche Untersuchungen gewidmet hat, zeigt aber, wie schwankend die Ansichten über den Grundbegriff der „Rechtswidrigkeit“ oder des „Unrechts“ sind.[2]).

Es ist nicht zu umgehen, sich diese verschiedenen Anschauungen kurz vor Augen zu halten, um den Wert von Theorien würdigen zu können, welche auf einem so schwankenden Grunde aufgebaut sind, den sie selbst für durchaus gefestigt halten.

I. Da jede Rechtswidrigkeit eine Negation des „Rechts“ ist, liegt es nahe, eine oberste Einteilung vorzunehmen gemäss den beiden Bedeutungen, die dem Begriffe „Recht“ zukommen: Rechtswidrigkeit als Negation des objektiven oder subjektiven Rechts. Man pflegt in diesem Sinne von einer objektiven und einer subjektiven Rechtswidrigkeit zu reden.

A. Während die überwiegende Meinung das Unrecht als eine in diesem Sinne objektive Rechtswidrigkeit auffasst, sehen Feuerbach,[3]) Binding[4]) und R. Löning[5]) sein Wesen in einer Verletzung subjektiver Rechte.

---

[1]) Vgl. Olshausen § 59 N. 16 und 30; v. Buri, die Kausalität und ihre strafrechtlichen Beziehungen, Beil. z. G. S. XXXVII (1885) S. 35ff.; Osenbrüggen, Abh. a. d. deutschen Strafrecht I (1857) § 6; Löning, Grundriss (1885) S. 367; Birkmeyer, Encyklopädie der Rechtswissenschaft (1901) S. 1048, 1055f.

[2]) Neuere Übersichten über diese Theorien bei Kitzinger, Zur Lehre von der Rechtswidrigkeit, G. S. LV (1898) S. 1ff. und Löffler, Unrecht und Notwehr Z. XXI (1901) S. 545ff.

[3]) Feuerbach, Lehrbuch (11. Aufl. 1832) S. 20ff.

[4]) Binding, Normen I (2. Aufl. 1890) § 44ff.

[5]) Löning, Grundriss (1885) Vorwort S. IV f. und S. 18f.

Auf die Doluslehre von Feuerbach hat diese Auffassung keinen Einfluss ausgeübt, da das von Feuerbach geforderte Bewusstsein der Strafbarkeit weiter geht und das Bewusstsein der Rechtswidrigkeit in sich schliesst.

Binding wurde von diesem Standpunkt aus in der oben angegebenen Weise zu dem Bewusstsein der Normwidrigkeit geführt.

Löning gelangt folgerichtig zu dem Resultat, dass zum Dolus insoweit Bewusstsein der Rechtswidrigkeit zu fordern ist, als es sich um die Kenntnis derjenigen Rechtssätze handelt, auf welchen jenes verletzte subjektive Recht beruht (a. a. O. S. 367).

Im Anschluss an Löning könnten hier noch Meyer und van Calker[1]) erwähnt werden. Ihr grundsätzlicher Ausgangspunkt freilich ist ein wesentlich anderer. Das Unrecht ist ihnen keineswegs stets Verletzung eines subjektiven Rechts. Aber dort, wo dies der Fall ist, wo das Angriffsobjekt des Verbrechens durch ein subjektives Recht oder ein Rechtsverhältnis dargestellt wird (z. B. bei den Delikten gegen das Eigentum, gegen Urheberrechte), ist insoweit auch Bewusstsein dieser Rechtswidrigkeit zum Dolus zu verlangen.

Die von Löning, Meyer und van Calker entwickelten Theorien werden von dem Vorwurf der Unklarheit nicht berührt; sie lassen nicht im Zweifel, was sie unter „Rechtswidrigkeit“ verstanden wissen wollen: Die Verletzung eines subjektiven Rechts.

Was ihre Richtigkeit anlangt, so leuchtet zunächst ein, dass sie dem oben in § 4 aufgestellten Grundsatz keineswegs widersprechen. Soweit sie Bewusstsein der Rechtswidrigkeit verlangen, fordern sie nicht etwa eine Kenntnis von Deliktsfolgen, von Umständen, die jenseits der blossen Strafwürdigkeit liegen, sondern von Thatmerkmalen, die bereits vor Pönalisierung der Handlung in gleicher Eigenschaft gegeben waren. Im einzelnen wird unten in Teil IV auf sie zurückzukommen sein.

---

[1]) H. Meyer, Lehrbuch (5. Aufl. 1895) S. 162; van Calker, Die Delikte gegen das Urheberrecht (1894) S. 158f. Ob auch Merkel (Lehrbuch S. 82) hierher zu zählen ist, scheint mir zweifelhaft.

B. Die Rechtswidrigkeit als Widerspruch mit dem objektiven Recht zu konstruieren entspricht, wie erwähnt, der verbreiteteren Ansicht. Allein damit stehen wir erst am Anfang der Schwierigkeiten. Denn nunmehr handelt es sich darum, eine Definition des objektiven Rechts zu geben.

1. Das Recht ist angesehen worden als rechtlich geordneter Zustand.

Dem entspricht die Auffassung der Rechtswidrigkeit als Verletzung eines dem Rechte entsprechenden, Herbeiführung eines dem Rechte widersprechenden Zustandes. Rechtswidrig ist hiernach der Mord ebenso wie der Blitzschlag, der einen Menschen tötet oder ein Haus in Brand setzt, wie das Beissen eines ausgebrochenen Löwen oder auch eines Flohes. Eine Abgrenzung dieser Theorien gegen die unter A genannten dürfte nicht immer leicht sein.[1]

2. Dem steht gegenüber die Auffassung des objektiven Rechts als einer Summe von Rechtssätzen, von Normen, sei es, dass man ihnen durchweg imperativische Natur beilegte (Thon, Bierling u. a.), sei es, dass man sich damit begnügte, sie als autoritative Willenserklärungen zu konstruieren (Merkel, Gierke u. a.).

Hier ergiebt sich aber eine weitere Verschiedenheit gemäss der Adresse, an die man jene Normen gerichtet sein liess.

a) Die Normen wenden sich an alle Menschen; „rechtswidrig“ handeln kann also auch der Unzurechnungsfähige, nicht aber ein Tier.[2]

b) Die Normen wenden sich nur an solche Menschen, welche fähig sind, ihr Handeln ihnen gemäss zu gestalten. Hierzu fähig sind:

α) Nach der einen Ansicht alle Zurechnungsfähigen,

---

[1]) Über und gegen diese Auffassung vgl. Merkel, Kriminalist Abh. I (1867) S. 45 ff. „Irrungen aller Art in der Lehre vom Unrechte stammen daher, dass man das Recht mit den Rechtsobjekten, den Zuständen und Interessen, welchen unter Umständen der rechtliche Schutz verheissen ist, . . . identifizierte“. — Dieser Theorie stehen nahe Kitzinger und Löffler a. a. O., wohl auch Binding, Normen I (2. Aufl.) S. 301 ff.

[2]) Thon, Rechtsnorm und subjektives Recht (1878) S. 71 ff.

einerlei ob sie im Einzelfalle schuldhaft handelten oder nicht; rechtswidrig handeln können also nur zurechnungsfähige Menschen.[1])

β) Nach der anderen Ansicht[2]) wenden sich zwar ebenfalls die Normen an alle Zurechnungsfähigen. Von einer Normverletzung, von einem Unrecht sollen wir aber nur reden können unter der Voraussetzung der Zurechenbarkeit der einzelnen Handlung. „Rechtswidrig handeln" ist hiernach gleichbedeutend mit „schuldhaft handeln". Es giebt kein schuldloses Unrecht.

Die letztgenannte, auf das Problem des schuldlosen Unrechts zurückführende Einteilung hat wiederum Veranlassung gegeben, eine subjektive Rechtswidrigkeit (2 b, *β*) einer objektiven Rechtswidrigkeit (A bis B 2b, *α*) gegenüberzustellen, freilich völlig abweichend von der oben S. 48 genannten, mit den gleichen Ausdrücken operierenden Unterscheidung.[3])

Die aufgeführte Verschiedenartigkeit der Ansichten über das, was „rechtswidrig" ist, dürfte gross genug sein, um das Verlangen zu rechtfertigen, dass jeder, der über das Bewusstsein der Rechtswidrigkeit spricht, zunächst angiebt, was er darunter versteht. Man versuche nur, die oben gegebenen

---

[1]) Ihering, Das Schuldmoment im Römischen Privatrecht (1867) S. 5 f.; Hälschner, Strafrecht I (1881) S. 17 ff.; Binding, Handbuch I S. 159 (anders in der 2. Aufl. der Normen).

[2]) Merkel, Kriminalist. Abh. I (1867) S. 42 f.; Jellinek, Die sozialeth. Bedeutung von Recht, Unrecht und Strafe (1878) S. 56 ff.

[3]) In dem Missbrauch, der mit dem „objektiven Unrecht" vielfach getrieben wird, kommt die Konfusion, die in der Lehre von der Rechtswidrigkeit herrscht, zu deutlichstem Ausdruck. Die Antithese „objektiv rechtswidrig — subjektiv rechtswidrig" wird in nicht weniger als vier grundverschiedenen Bedeutungen verwendet: 1. Verletzung des objektiven Rechts einerseits — Verletzung eines subjektiven Rechts andrerseits. 2. Verletzung eines gegebenen rechtlich geordneten Zustandes einerseits — Zuwiderhandeln gegen eine Norm andrerseits. 3. Schuldloses Unrecht einerseits — schuldhaftes Unrecht andrerseits. 4. Endlich findet sich leider nicht selten der Ausdruck „subjektiv rechtswidriges Handeln" gleichbedeutend mit „Handeln mit dem Bewusstsein der Rechtswidrigkeit". — Dabei erscheint es durchaus zweifelhaft, ob diejenigen, welche mit der objektiven Rechtswidrigkeit operieren, sich überall der abweichenden Bedeutung bewusst sind, die der Ausdruck bei anderen hat, bei denen sie ihn verteidigen oder bekämpfen.

Definitionen der Rechtswidrigkeit in den Begriff „Bewusstsein der Rechtswidrigkeit“ einzusetzen!

Da eine solche Aufklärung, mit Ausnahme von R. Löning, nicht gegeben wurde, ist eine Auseinandersetzung mit den einschlägigen Theorien nur in beschränktem Umfange möglich.

II. 1. Für die Betrachtung der Dolusfrage, des Bewusstseins der Rechtswidrigkeit, ist eine von der obigen etwas abweichende Klassifizierung fruchtbarer. Hier sind folgende zwei Grundanschauungen gegenüber zu stellen:

Nach der einen ist das Merkmal des Unrechts in der Störung eines rechtlich befriedeten Zustandes gegeben; in der Herbeiführung eines Zustandes, wie ihn das „Recht“ nicht haben will. Hierher gehören sowohl diejenigen Theorien, die mit Feuerbach und Löning das Unrecht prinzipiell in der Verletzung subjektiver Rechte sehen (oben A), wie auch diejenigen, welche zwar von der Verletzung des objektiven Rechts ihren Ausgang nehmen, dies objektive Recht aber, wie Löffler u. a., wesentlich als einen „Zustand“ ansehen (oben B 1).

Für die entgegenstehende Auffassung ist das Unrecht Zuwiderhandeln gegen eine Norm; nicht Herbeiführung eines Zustandes, wie ihn das Recht nicht haben will, sondern ein Sichverhalten, ein Handeln, wie die Rechtsordnung es missbilligt (oben B 2).

Diese Verschiedenheit der Anschauung ist bedeutungsvoller, als es zunächst scheinen möchte. Eine der wichtigsten und am häufigsten erörterten Konsequenzen offenbart sie bekanntlich in der Notwehrlehre: Ist Notwehr die Verteidigung gegen einen „rechtswidrigen“ Angriff, so muss die erstgenannte Theorie Notwehr gegen Tiere, ja gegen Naturereignisse zulassen, während die zweite Notwehr nur gegen Menschen kennt.

Aber auch für die Doluslehre kommt jener Gegenüberstellung eine prinzipielle Bedeutung zu.

Es wurde in § 4 ausgeführt, dass das Verbrechen bereits vor seiner Pönalisierung alle Momente an sich getragen haben muss, welche es für den Gesetzgeber zu einer strafwürdigen Handlung machen, dass also auch das zu fordernde subjektive Moment sich nur auf diese die Strafwürdigkeit begründenden Thatmerkmale beziehen kann.

Wer das Verbrechen als einen Eingriff in einen rechtlich begründeten, rechtlich gebilligten Zustand auffasst, dem muss in der That als eines der wesentlichsten Merkmale der Strafwürdigkeit der Handlung diese ihre „rechtsverletzende“ Eigenschaft erscheinen. Ein Irrtum über diese rechtsverletzende Bedeutung der That, über ihre „Rechtswidrigkeit“, ist von diesem Standpunkte aus kein Irrtum über eine der That an sich fremde Beurteilung derselben, noch weniger ein Irrtum über die Deliktsfolgen, sondern über eines der wesentlichsten Thatbestandsmerkmale. Die That wäre hiernach nicht deshalb rechtswidrig, weil sie verboten ist, sondern sie wäre verboten, weil sie rechtswidrig ist. Das „Bewusstsein der Rechtswidrigkeit“ zur Bestrafung zu verlangen ist dann durchaus konsequent.

Zu dem entgegengesetzten Resultat führt die Auffassung der „Rechtswidrigkeit“ als eines Zuwiderhandelns gegen eine Rechtsvorschrift. Die Eigenschaft einer Handlung „rechtswidrig“ zu sein ist hiernach nichts der Handlung schon vor ihrem Verbotensein Wesentliches, sondern entsteht erst mit und in der Thatsache eben dieses Verbotenseins.

Diese Eigenschaft einer Handlung: verboten zu sein, hat aber, wie bereits gegen Binding ausgeführt wurde, sekundäre Natur; sie wird einer Handlung nur dann beigelegt, wenn diese alle das Verbot rechtfertigenden Merkmale bereits enthielt. Von diesem zweiten Standpunkt aus „Bewusstsein der Rechtswidrigkeit“ zu fordern ist nur dann möglich, wenn man sich durchaus der „Normentheorie“ anschliesst und die Norm aus dem Strafrecht hinaus in irgend ein undefinierbares, dem Strafrecht begrifflich vorhergehendes Gebiet verlegt. Es ist selbstverständlich, dass alle gegen Binding vorgebrachten Argumente auch hier Bedeutung beanspruchen.

2. Die Frage nun, welcher Auffassung des Begriffes „Rechtswidrigkeit“ man sich anzuschliessen hat, ob die Rechtswidrigkeit Veränderung eines rechtlich gebilligten Zustandes oder rechtlich missbilligte Veränderung eines Zustandes ist, kann wohl grundsätzlich nicht anders als im Sinne der zweiten Alternative entschieden werden. Die Gründe, die bereits

Merkel in klassischen Ausführungen hierfür entwickelt hat,[1]) sind schlagend und weder durch die Auffassung Lönings noch durch Löfflers Gegenargumente erschüttert.

Ein Eingehen auf die Theorie Lönings muss so lange unterbleiben, als er, wie er selbst zugesteht, eine befriedigende Definition des „subjektiven Rechts" zu geben nicht in der Lage ist.

Löffler (Z. XXI) sucht zu beweisen, „dass es einen juristisch bedeutsamen Unterschied zwischen der rechtswidrigen Schädigung durch Naturgewalt (Tierangriff), durch einen Wahnsinnigen oder durch einen schuldlosen Zurechnungsfähigen nicht giebt" (S. 555).

Wenn er diesen Nachweis für gleichbedeutend hält mit dem Nachweis, dass es „objektiv, d. h. schuldlos rechtswidrige Handlungen" (S. 545) gebe, so ist bereits dieser Problemstellung zu widersprechen. Sie beruht auf der schon hervorgehobenen (nicht erst durch Löffler verschuldeten) Vermengung von zwei grundsätzlich verschiedenen Bedeutungen des Begriffs „objektiv rechtswidrig". Was Löffler thatsächlich beweisen will, ist die Existenz einer „objektiven Rechtswidrigkeit" in dem Sinne einer Verletzung rechtlich anerkannter Zustände; was er aber an den verschiedensten Stellen beweisen zu wollen vorgiebt, ist die Möglichkeit einer „objektiven Rechtswidrigkeit" in dem Sinne „schuldlosen Unrechts". Dass beides nicht identisch ist, geht schon daraus hervor, dass Schriftsteller wie Thon, Ihering, Hälschner „schuldloses Unrecht" anerkennen, dem Löfflerschen Resultat aber widersprechen.

Kommt schon diese Verdunkelung der Problemlage der Lösung nicht gerade zu gute, so muss auch der Beweisführung selbst widersprochen werden, wobei im wesentlichen auf Merkel verwiesen werden kann. Dabei interessiert hier nur, was über die Behauptung der Existenz schuldlosen Unrechts hinausgeht: nämlich die Meinung Löfflers, es sei richtig, „den Angriff von Tieren und unbeseelten Sachen auf Rechtsgüter als rechtswidrig, als Unrecht zu bezeichnen" (S. 556).

---

[1]) a. a. O. S. 45ff. — Die weitere Frage, ob die Norm sich an alle Menschen oder nur an Zurechnungsfähige wende, interessiert an dieser Stelle nicht.

Das wenigst glückliche der Argumente Löfflers ist zweifellos sein Hinweis auf die Thatsache, dass die Verwaltungsbehörden als berufene Organe der Rechtsordnung anerkannte Rechtszustände auch gegen Naturereignisse zu schützen hätten (S. 558f.).

„Wenn ein Gendarm dazukommt, wie ein Hirsch einen harmlosen Passanten aufspiessen will, so wird er sich zweifellos an diesem Vorgange in seiner amtlichen Eigenschaft als Hüter der Rechtsordnung interessiert fühlen. Niemals auch haben die Verwaltungsbehörden sich besonnen, auf Raubtiere, die aus einer Menagerie entsprungen waren, energisch Jagd zu machen; . . . eine schlichte und richtige Empfindung sagt ihnen, dass sie im Sinne der Rechtsordnung wichtige Rechtsgüter gegen Verletzungen jeder Art zu schützen haben."

Dies Argument ist zunächst deshalb nicht beweiskräftig, weil es auf einer Voraussetzung beruht, die nicht bewiesen ist, die aber allen bisherigen Auffassungen widerspricht: der Behauptung, dass alle Thätigkeit der Verwaltungsbehörden, insbesondere der Polizei, ihre Rechtfertigung und ihr Ziel darin finde, Hüterin der „Rechtsordnung" zu sein.

Will man die von der Polizei getroffenen „Anstalten zur Erhaltung der öffentlichen Ruhe, Sicherheit und Ordnung" (A.L.R. II 17, § 10) als zur Erhaltung der „Rechtsordnung" getroffen ansehen, Ruhe, Sicherheit und Ordnung als Bestandteile der „Rechtsordnung" betrachten, so steht dem, so wenig schön solche Ausdrucksweise auch ist, an sich nichts im Wege. Man muss sich dabei nur bewusst bleiben, dass man dann den Begriff der Rechtsordnung aus gewissen Aufgaben und Funktionen staatlicher Organe heraus erst definiert und dass man keine neue Wahrheit erhält, wenn man denselben Weg in umgekehrter Richtung zurücklegt und aus dem so geschaffenen Begriff die in ihn hinein gelegten Merkmale wieder herausentwickelt.

So dürfte auch der hier gewonnene Begriff der „Rechtsordnung" nicht geeignet sein, neue Aufschlüsse über das Wesen des Rechts und damit über den Begriff der Rechtswidrigkeit zu geben. Es ist niemandem verwehrt, bekannten Dingen einen neuen Namen zu geben. Aber es ist unzulässig, einen bereits für andere Dinge gebräuchlichen Namen hierzu zu verwenden und dann aus der Gleichnamigkeit beider Kategorien eine innere Verwandtschaft zu behaupten; Ruhe, Sicherheit, Ordnung u. dergl. plötzlich „Recht“ zu nennen, und deshalb einer jeden Verletzung solcher Zustände den Namen „Unrecht“ zu geben. Bis zum Beweise von der Richtigkeit und Zweckmässigkeit der Löfflerschen Umbenennung der Objekte des Verwaltungsschutzes wird man an der alten Terminologie festhalten und die Vermengung von „Recht“ und „Verwaltung“ nicht mitmachen.

Tritt der Schutzmann wirklich als Hüter einer Rechtsordnung, als Verteidiger eines Rechtsgutes auf, wenn er in der Grossstadt seiner Instruktion gemäss einem Fremden Auskunft über die Strassen erteilt und ihn auf den gesuchten Weg weist? Ist der Zustand des Verirrtseins „rechtswidrig“? Wenn nicht, so ist auch nicht jede Thätigkeit der Polizei Wahrung der „Rechtsordnung“; damit fällt der Schluss, dass ein jedes Ereignis, durch welches die Polizei in Thätigkeit gesetzt wird, „rechtswidrig“ ist.

Auch durch die umgekehrte Erwägung wird Löfflers Argument ad absurdum geführt. Warum erhalte ich von der Verwaltungsbehörde nur Schutz gegen Hirsche und Raubtiere? Warum kann ich von ihr unter Berufung auf ihre Pflicht, Rechtsgüter zu schützen, nicht auch die Anbringung eines Blitzableiters auf meinem Haus fordern, wenn ich selbst nicht dazu im stande bin? Warum kann ich von dem Gendarm nicht einen Regenschirm fordern, wenn ich von einem Unwetter überrascht werde, das mein „Eigentum“, meinen neuen Anzug, zerstört? Man versuche während eines Gewitters in eine Polizeiwache unterzutreten und man wird günstigsten Falles eindringlich belehrt werden, dass es nur persönliche Liebenswürdigkeit der Beamten ist, wenn man nicht schleunigst wieder hinausgewiesen und den „rechtswidrigen“ Naturkräften überantwortet wird. —

Schwerer wiegend ist ein zweites Argument Löfflers, bei dem er sich scheinbar auch auf Merkel berufen kann: Das Recht erschöpfe sich nicht in Imperativen; es gebe auch anerkennende Rechtssätze, wie sich insbesondere aus der Betrachtung der Rechtsinstitution des Eigentums erweise (S. 546f.,

556f.). Es wird sich an anderer Stelle zeigen, dass dieser Ansicht eine gewisse Berechtigung zukommt.

Aber einmal ist sie aus dem Grunde nicht geeignet, Löfflers grundsätzliche Konstruktion der Rechtswidrigkeit zu stützen, da sie nur für einen Teil der Rechtssätze zutrifft: Worin liegt der „anerkennende“ Inhalt z. B. aller der Rechtsnormen, die Leben und Körperintegrität schützen, wenn nicht eben in den Imperativen, die ihre Verletzung verbieten?

Und sodann ist nicht zu leugnen, dass auch den anerkennenden, gewährenden Rechtssätzen — deren Existenz z. B. für die das Eigentum regelnden Normen zugestanden werden soll — Imperative zur Seite stehen. Das hat auch Merkel nie geleugnet, auf den sich Löffler insofern zu Unrecht beruft. Allerdings betont Merkel „die Zweiseitigkeit des Rechts, vermöge welcher es bei der Gestaltung der Lebensverhältnisse regelmässig auf einer Seite ein Sollen und bezw. Müssen, auf der andern Seite ein Dürfen und bezw. Können begründet“; insofern sei die Ansicht unrichtig, „nach welcher das Recht nichts sein soll als ein Komplex von Imperativen“.[1]) Trotzdem ist auch nach Merkel jedem Teile des Rechts „das imperative Element wesentlich“[2]); gerade darin äussert sich ja nach Merkel die Zweiseitigkeit alles Rechts.

Auch bei diesen zweiseitigen Rechtsgebilden bleibt immer noch die Frage offen, ob das Wesen des „Unrechts“ in der Verletzung jener gewährenden oder dieser befehlenden Sätze besteht. Im Interesse der Einheitlichkeit des Unrechts wird man zunächst geneigt sein, die Alternative im letzteren Sinne zu entscheiden; den überall vorhandenen befehlenden Normen den Vorzug zu geben vor den häufig fehlenden gewährenden Normen.

Der Nachweis, den Löffler unternommen, kann hiernach als geglückt nicht angesehen werden. Es ist festzuhalten an der gut fundierten Merkelschen Ansicht, wonach das Verbrechen grundsätzlich nicht Verletzung eines anerkannten Rechtszustandes ist, sondern Zuwiderhandeln gegen eine Rechtsvor-

---

[1]) In der Besprechung des Thon'schen Buches in Grünhuts Zeitschrift Bd. VI (Gesammelte Abhandlungen S. 876).

[2]) Elemente der allg. Rechtslehre § 4 No. 3 und 4 (Ges.Abh. S. 582f.).

schrift. „Das Verbrechen ist (nach unserm Werturteile) rechtswidrig, nicht aber bewirkt es eine Rechtswidrigkeit“ (Liszt).

3. Liegt aber das Wesen der „Rechtswidrigkeit“ in dem Zuwiderhandeln gegen eine Rechtsnorm, so wird das Bewusstsein der Rechtswidrigkeit, wie schon bei Betrachtung der Bindingschen Normentheorie sich ergeben hat, grundsätzlich zusammenfallen mit dem Bewusstsein der Strafbarkeit.[1])

Mag es selbst möglich sein, begrifflich Rechtswidrigkeit und Strafbarkeit zu scheiden, so dürfte doch solche Möglichkeit für die Frage nach dem Inhalt des Dolus gleichgültig sein. Auch diese begriffliche Trennung könnte nicht hindern, dass wir die Existenz der Rechtswidrigkeit zunächst in jedem konkreten Falle aus dem Vorhandensein der Strafdrohung ermitteln müssen. Auch für den Thäter — um dessen Vorstellungsinhalt es sich hier doch handelt — ist ein anderes Verfahren nicht möglich. Auch er kann das Bewusstsein der Rechtswidrigkeit nur haben, wenn er das Rechtsverbot und somit in den meisten Fällen das Vorhandensein der Strafdrohung kennt.[2])

Damit sind wir hinsichtlich des Bewusstseins der Rechtswidrigkeit auf dem gleichen Boden angelangt, wie in dem vorigen Paragraphen: Das Bewusstsein der Rechtswidrigkeit zu verlangen ist erstens ein vages, viel-

---

[1]) Vgl. insbes. Stooss, Rechtswidrigkeit und Verbrechen, Schw. Z. X (1897) S. 351 ff.; Frank (2. Aufl.) S. 78 (unten) und S. 98 Abs. 2. Der Satz: „Der Irrtum über die Rechtswidrigkeit ist grundsätzlich ein Irrtum über die Rechtsfolgen“ geht freilich in der Formulierung etwas weit. Gemeint ist wohl nur, dass beide gleich zu behandeln sind. — Auch v. Liszt, gegen den Stooss zu Unrecht polemisiert, ist gleicher Ansicht; vgl. S. 119: „Die Lehre von der Rechtswidrigkeit d. Verbr. bedeutet die Darstellung derjenigen Gründe, welche ausnahmsweise den Wegfall der Rechtsw. bewirken“; sowie das Citat im Text (Lehrbuch, 10. Aufl., S. 118 N. 1).

[2]) Gerade unser grösster und einflussreichster Kommentar erkennt diesen Zusammenhang nicht an. Olshausen fordert im Anschluss an Binding und Löning allgemein das Bewusstsein der Rechtswidrigkeit, nicht etwa nur der Pflichtwidrigkeit (§ 59 N. 16 und 30; übrigens in ganz unklarem Zusammenhang mit der Kontroverse der Willens- und Vorstellungstheorie); er weist aber das Erfordernis des Bewusstseins der Strafbarkeit zurück (N. 33). Worin der Unterschied bestehen soll, wird, auch bei Betrachtung seiner besonderen Delikte, nicht klar.

deutiges Postulat; es widerspricht zweitens dem in § 4 aufgestellten Grundsatz.

§ 9.

Die Theorie von den „negativen Thatumständen".

Aus den bisherigen Erörterungen ergiebt sich der Satz: Die Rechtswidrigkeit ist kein Thatbestandsmerkmal — sofern wir nämlich den Begriff „Thatbestand" rein formal definieren als einen Komplex von Vorgängen, an welchen das Werturteil des Gesetzgebers erst anknüpft, indem es die Verwirklichung derartiger Vorgänge missbilligt und bei Strafe verbietet.

Wenn wir als einen wesentlichen Bestandteil des Dolus die Kenntnis der Thatbestandsmerkmale ansehen, so folgt aus jenem Satz, dass das Erfordernis des Bewusstseins der Rechtswidrigkeit nicht auf das Erfordernis des Bewusstseins der Thatbestandsmerkmale gestützt werden kann.[1])

Es bedürfte dies nicht nochmaliger Hervorhebung, wenn nicht neuerdings mit wachsender Schärfe eine Theorie[2]) vertreten würde, zu der noch Stellung zu nehmen ist, und die nach ihrer neuesten Formulierung dahin geht: „Die Rechtswidrigkeit ist nicht ein positives Thatbestandsmerkmal, wohl aber ihr Mangel ein negatives." Der Satz nun, dass dem Dolus die Kenntnis der zum gesetzlichen Thatbestande gehörigen Thatumstände wesentlich ist, „gilt auch für die negativen Thatumstände". Bewusstsein der Rechtswidrigkeit also

---

[1]) So die herrschende Ansicht; auch v. Lizt, soweit er die Rechtswidrigkeit zwar als „Begriffsmerkmal" des Verbrechens (§ 82), aber nur als Merkmal des formellen Verbrechensbegriffs auffasst: „Das Verbrechen ist als Unrecht rechtswidrig, d. h. formell die Übertretung einer staatlichen Norm".

[2]) Vgl. Merkel, Lehrbuch S. 82; Löffler in Grünhuts Zeitschrift XX (1893) S. 774; Frank (2. Aufl.) S. 78f., 97. Ferner (zum Teil wesentlich abweichend): Guggenheimer, Der Irrtum des Thäters in Bezug auf die Rechtmässigkeit der Amtsausübung (1888) S. 20; Heitz, das Wesen des Vorsatzes im heutigen gemeinen deutschen Strafrecht (Strassb. Diss. 1885) S. 17f., 86f.; Braun, Die Putativnotwehr (Erlang. Diss. 1900) S. 84ff. — Auch die Verhandlungen zu den Irrtumsbestimmungen im schweizerischen und im österreichischen Entwurf sind für die Theorie der „negativen Thatumstände" interessant.

wird zwar nicht verlangt; aber „die irrtümliche Annahme eines Umstandes, dessen thatsächliches Vorliegen die Rechtswidrigkeit beseitigen würde, schliesst den Vorsatz aus" (Frank).

Der Gedankengang, welcher zur Aufstellung der Theorie von den „negativen Thatumständen" führte, war offenbar der: Wenn zum Dolus die Kenntnis der Thatbestandsmerkmale notwendig und genügend ist, so muss anscheinend in Fällen, wie bei Putativnotwehr, bei irriger Annahme, man sei Lehrer und demgemäss im Besitz eines Züchtigungsrechtes, u. s. w., Strafe eintreten. Denn der Thäter hat hier nicht etwas Vorhandenes nicht gekannt, sondern etwas nicht Vorhandenes (einen „Angriff" u. s. w.) irrtümlich hinzugedacht. Da nun unser Gefühl in solchen Fällen entschieden für Straflosigkeit spricht[1]) so muss der Satz von der Kennt-

[1]) Freilich lässt sich über das Gefühl nicht streiten. Liszt z. B. entscheidet sich umgekehrt für Strafbarkeit: „Ganz abgesehen von der Undurchführbarkeit dieses Satzes (scil. von den negativen Thatumständen) vermag ich mich von der Anschauung nicht loszusagen, dass, wer in vermeintlicher Notwehr einen Menschen tötet, für die Folgen seines Irrtums aufzukommen hat" (10. Aufl. S. 161 N. 8). Ich kann aber nicht einsehen, warum nicht dieselbe Erwägung zur Bestrafung des Jägers führt, der einen Menschen für einen Rehbock hält. — Auch spricht eine Gedankenreihe, die Liszt selbst anderwärts verfolgt, gegen seine Lehre von der Strafbarkeit der Putativnotwehr. Nach S. 325f. soll das Vorliegen berechtigter Interessen (§ 193 St.G.B.) die Rechtswidrigkeit der Beleidigung ausschliessen und demnach nach den „allgemeinen Grundsätzen über Rechtswidrigkeit und deren Wegfall" behandelt werden. Danach müsste Liszt analog der Putativnotwehr die irrige Annahme berechtigter Interessen für irrelevant erklären. Dies thut er indessen nicht. Vielmehr habe § 193 die gleiche Bedeutung, als ob in den Thatbestand der Beleidigungsparagraphen das Wort „rechtswidrig" ausdrücklich aufgenommen wäre; nach § 41 N. 4 des Lehrbuchs — worauf Liszt verweist — schliesse die irrige Annahme berechtigter Interessen den Dolus also aus. Wenn diese Auffassung des § 193 wirklich einen Einfluss auf den Beleidigungs-Vorsatz ausüben sollte — was nicht zugegeben wird; vgl. unten § 10 —, so wäre die gleiche Argumentation auch für die Putativnotwehr geboten. § 53 St.G.B. hätte dann die Bedeutung, als ob bei allen Delikts-Thatbeständen das Wort „rechtswidrig" zu ergänzen wäre, was nach Liszt die Straflosigkeit der Putativnotwehr zur Folge haben müsste. — Die Fragen sollen hier nicht endgültig entschieden werden. Nur soviel erscheint sicher: Wenn § 193 für die Beleidigung dieselbe Bedeutung hat, wie §§ 53f. für alle Delikte, so kann die Putativnotwehr nicht anders behandelt werden, als die irrige Annahme berechtigter Interessen.

nis der Thatbestandsmerkmale auch in der Umkehrung, in negativer Fassung richtig sein.

Drei Erwägungen erscheinen geeignet, Zweifel in die Richtigkeit der Theorie von den „negativen Thatbestandsmerkmalen“ zu erwecken; womit indessen noch nicht entschieden sein soll, ob sich nicht auf andere Weise die Straflosigkeit der genannten Fälle begründen lasse.

I. Frank geht davon aus, dass innerhalb der rechtmässigen Handlungen zu unterscheiden sind einerseits Handlungen, welche an sich — „normalerweise“ — nicht rechtswidrig sind, die aber unter besonderen Umständen rechtswidrig werden können; und andrerseits Handlungen, welche zwar an sich rechtswidrig sind, bei denen aber „ausnahmsweise“ die Rechtswidrigkeit ausgeschlossen ist.

Fälle der ersten Art sind offenbar z. B. das Spazierengehen und das Scheibenschiessen oder Holzhacken; Fälle der zweiten Kategorie das Betreten eines fremden Grundstücks durch einen Beamten zwecks Haussuchung und die Hinrichtung eines Mörders durch den Scharfrichter.

Es fragt sich, ob wir berechtigt sind, die Begriffe „rechtmässige“ und „rechtswidrige Handlung“ in das Verhältnis von Regel und Ausnahme (oder umgekehrt) zu einander zu setzen; und es fragt sich bejahenden Falles zweitens, ob wir berechtigt und genötigt sind, hieraus Konsequenzen für die Doluslehre zu ziehen und die Regel aufzustellen: Wenn der Thäter die „normalerweise vorhandene“ Rechtswidrigkeit nicht kannte, so ist das einerlei; wenn er aber bei einer, wie er wusste, „rechtswidrigen“ Handlung die Rechtswidrigkeit irrigerweise für ausgeschlossen hielt, so wird durch diesen Irrtum der Dolus und damit die Strafbarkeit ausgeschlossen.

Die erste Frage dürfte zu bejahen, die zweite zu verneinen sein. Die Aufstellung von Regeln und Ausnahmen hat hier eine gewisse Berechtigung. Ein Einfluss auf die Behandlung des subjektiven Thatbestandes des einzelnen Delikts kann ihr aber nicht eingeräumt werden. —

Wir sind geneigt, innerhalb einer jeden Kategorie von Erscheinungen eine bestimmte Gruppe übereinstimmender Erscheinungen als Regelfälle zusammenzufassen und ihr andere, auf welche die so abstrahierte Regel nicht passt, als Ausnahmefälle gegenüber zu stellen. Wir betrachten es als Regel, dass ein Kalb vier Beine hat und dass die auf do endigenden Wörter der 3. lateinischen Deklination feminini generis sind. Wir nennen es eine Ausnahme, wenn ein dreibeiniges Kalb geboren wird, oder wenn wir erfahren, dass die Wörter cardo, ordo etc. masculini generis sind.

Solche Gruppenbildung ist unserem Geist ein Bedürfnis, der die Fülle der uns umgebenden Erscheinungen nur durch fortwährendes Gruppieren und Systembilden in sich aufzunehmen vermag. Die Bildung abstrakter Begriffe — vielleicht die wesentlichste, den Menschen von anderen Organismen unterscheidende, psychische Thätigkeit — wäre ohne dies Zusammenfassen verwandter Erscheinungen und dies Abstrahieren von „Regeln" unmöglich.

Aber immer müssen wir uns bewusst bleiben, dass dies nur eine Bethätigung unseres subjektiven Denkens ist, dass wir damit nicht den Regelerscheinungen in irgend einer Hinsicht eine höhere Existenzberechtigung zuschreiben als den Ausnahmeerscheinungen. Das dreibeinige Kalb ist, für sich betrachtet, ebenso real vorhanden und besitzt denselben zureichenden Grund seiner Existenz, wie seine vierbeinigen Geschwister. Und das Wort ordo ist nicht mehr und nicht weniger masculini generis als das Wort ventus, wenn es auch einer von uns aufgestellten grammatischen Regel widersprechen sollte.

Die Existenz sogenannter Ausnahmen ist lediglich ein Zeichen dafür, dass wir die „Regel" zu weit oder zu eng aufgestellt haben. Vielfach geschieht dies unbewusst; dann kann die Entdeckung von Ausnahmeerscheinungen zu einer Korrektur der Regel veranlassen. Meist aber — z. B. bei den grammatischen Regeln — sind wir uns von vornherein bewusst, dass die Regel zu viele Fälle oder nicht alle Fälle trifft, die sie treffen sollte. Hier überwiegt aber unser Bedürfnis nach Einfachheit der Regel, die anderenfalls nicht nur sehr verwickelt werden könnte, sondern auch, falls wir gemeinschaftliche Kennzeichen aller einzelnen ihr eigentlich zu unterstellenden Erscheinungen nicht mehr zu entdecken vermögen, in eine blosse Aufzählung der einzelnen Dinge ausarten müsste; wobei dann der Vorteil, den wir uns von

Aufstellung einer „Regel“ versprachen, wieder verloren geht. Lediglich diesem Bedürfnis nach Einfachheit der Regel verdanken hier die „Ausnahmen“ ihr Bestehen.

Das Recht bedarf in hohem Grade fester und einfacher Regeln, sowohl zur gesetzlichen Fixierung der einzelnen Thatbestände wie auch behufs ihrer systematischen Darstellung. Es wäre gesetzestechnisch unmöglich und systematisch höchst unzweckmässig, die Norm wider die Tötung dahin zu formulieren: Du sollst nicht einen Menschen ausserhalb des Falles der Notwehr, des Notstandes, der Ausübung eines Beamtenrechtes etc. töten! Da es unmöglich ist, den Umkreis der verbotenen Tötungen von vornherein richtig abzustecken, wird er zunächst zu weit gezogen und sodann durch Aufstellung sogenannter „Ausnahmen“ wieder eingeengt.

Wie man die Grenze zwischen Regel und Ausnahme bezüglich der rechtswidrigen Handlungen ziehen will, unterliegt dabei in hohem Grade der Willkür. Nennt man z. B. die Tötung eines fremden Lebens „normalerweise“ rechtswidrig, so setzt das bereits ihre Einschränkung auf die Tötung von Menschen voraus. Und in Zeiten, wo etwa die Anzahl rechtloser Personen gegenüber den rechtsfähigen Genossen in der Überzahl sich befindet, wäre eine fernere Einschränkung auf Rechtssubjekte erforderlich.

Ist aber die Fixierung von Regel und Ausnahme lediglich einem systematischen Bedürfnis entsprungen,[1]) dessen Be-

---

[1]) So hat es wohl auch nur einen — freilich oft missverstandenen — systematischen Grund, wenn das St.G.B. (Teil I, 4. Abschnitt) von Gründen spricht, welche die Strafe ausschliessen. Von dem nachträglichen Ausschluss einer zunächst begründeten Strafe ist dabei natürlich nicht die Rede. — Auch der Formulierung Liszts: „Die Lehre von der Rechtswidrigkeit bedeutet die Darstellung derjenigen Gründe, welche ausnahmsweise den Wegfall der Rechtswidrigkeit bewirken“ (S. 119) kann nur unter der Voraussetzung zugestimmt werden, dass es sich dabei lediglich um eine zweckmässigere Darstellung und Anordnung des Systems handeln soll. — Zur Illustrierung sei auf den gleichfalls oft verhängnisvoll gewordenen Sprachgebrauch von der Unterbrechung des Kausalzusammenhanges hingewiesen. Hier ist in Wahrheit ein K.Z. von vornherein nicht anzunehmen. Nur die Rücksicht auf Übersichtlichkeit in der Darstellung der Kausalitätslehre vermag jenen Sprachgebrauch zu rechtfertigen.

friedigung obendrein mehr oder weniger von individueller Willkür abhängt, so ist es unzulässig, im einzelnen Falle die Rechtswidrigkeit oder ihr Fehlen verschieden zu behandeln, je nachdem sie auf Grund der Regel oder auf Grund einer Ausnahme zu behaupten oder zu leugnen ist. Das Spazierengehen ist, wenn es mich an einen verbotenen Ort führt, nicht „an sich" rechtmässig, aber „ausnahmsweise" rechtswidrig, sondern schlechthin rechtswidrig. Die einzelne in Notwehr oder in Ausübung eines sonstigen Rechts begangene Tötung eines Menschen ist schlechthin rechtmässig, nicht mehr und nicht weniger als die Tötung einer Mücke. Der Soldat im Kriege würde es mit Recht als eine Kränkung empfinden, wenn man ihm vorhielte, dass die Tötung des Feindes „normalerweise" rechtswidrig sei.[1])

Bei der Aufstellung eines Prinzips nun, welches angeben soll, auf welche Momente sich das Bewusstsein des Thäters zu erstrecken hat, damit von Vorsatz die Rede sein kann, handelt es sich lediglich um die einzelnen aus den realen Vorgängen des Lebens abstrahierten Thatbestände. Für diese ist es völlig gleichgültig, wie sie sich hinsichtlich einzelner Punkte im Systeme des gesamten Strafrechts darstellen; ob sie bei einer

---

[1]) Sehr richtig sagt Binding (Normen I S. 131 N. 7): „Überhaupt sollte man den Sprachgebrauch vermeiden, etwas sei ‚an sich' erlaubt. Nichts ist ‚an sich' erlaubt oder unerlaubt". Ob nicht aber gerade Bindings Konstruktion der Norm als „Regel mit Ausnahme" hiergegen verstösst? — Ich kann es nach dem Obigen auch nicht so „absonderlich" finden, wenn Hertz (Unrecht S. 95) sagt: „Die Verletzungsnormen verbieten uns nur, fremde Interessen im Umkreis der Fälle zu verletzen, in denen das Recht dieselben unversehrt wissen will". Hiergegen Binding S. 128 N. 1. — Dass Bindings „Norm als Regel mit Ausnahme" der hier (wie bei Hertz) vertretenen Anschauung übrigens im Grunde nicht allzu fern steht, zeigt sich mehrfach. So führt Binding aus (Handbuch I S. 278): Die Zuständigkeit zur Aufstellung der Norm „schliesst das Recht zur Begrenzung der Verbote, somit zur Aufstellung von Ausnahmen der Norm notwendig in sich". Wäre es aber nicht natürlicher, anstatt von „Ausnahmen" von „Begrenzungen", und noch natürlicher, statt von Begrenzung vorhandener von der Aufstellung richtig begrenzter Normen zu reden? Dass Binding dies nicht thut, ist offenbar aus seiner Annahme der Präexistenz der Norm zu erklären. Nicht nur die Normen selbst, sondern auch ihre Ausnahmen liegen ja nach Binding „ausserhalb des Strafrechts".

Vergleichung mit anderen Thatbeständen für gewisse, mehr oder weniger willkürliche Betrachtungsweisen als Regel- oder als Ausnahmefälle erscheinen. Eine in wirklicher oder vermeintlicher Notwehr begangene Tötung, deren Zurechnung zur Schuld in Frage steht, ist etwas ebenso Einheitliches und Unzerlegbares wie ein Mord oder wie das Erschiessen eines Sperlings. Wie diese so ist auch jene entweder rechtswidrig oder nicht. Es ist kein Grund ersichtlich, aus dem sie bezüglich des Bewusstseins der Rechtswidrigkeit anders behandelt werden könnte als alle übrigen Delikte.[1]) —

Es mag noch erwähnt werden, dass das hier interessierende „an sich Rechtswidrige" nichts zu thun hat mit der naturrechtlichen Lehre von dem *φύσει ἄδικαιον* oder den delicta juris naturalis. An dieser Stelle handelt es sich lediglich um eine formal-logische Betrachtung und Klassifizierung.

II. Der Theorie von den negativen Thatumständen gegenüber erhebt sich weiter die Frage, ob es überhaupt logisch möglich ist, das Nichtvorhandensein der Rechtswidrigkeit negatives Thatbestandsmerkmal zu nennen, obwohl ihr Vorhandensein kein positives Thatbestandsmerkmal sein soll.

1. Wenn ich das „Wasser" definiere als eine in flüssigem Aggregatzustand befindliche Verbindung von zwei Teilen Wasserstoff und einem Teile Sauerstoff, so habe ich damit die positiven Merkmale des Begriffes „Wasser" erschöpfend aufgezählt.

Nun steht es mir allerdings frei, eines dieser positiven Merkmale in sein kontradiktorisches Gegenteil zu verkehren und dessen Nichtvorhandensein als Merkmal (und zwar im Frank'schen Sinne als negatives Merkmal) des zu definierenden Dinges anzusehen. Ich kann demgemäss sagen:

[1]) Die Konstruktion der negativen Thatumstände erinnert an die einredebegründenden gegenüber den klagebegründenden Thatsachen im Civilprozess. Hieraus entspringt eine weitere Gefahr: man wäre versucht, demjenigen, der sich auf einen Thatumstand beruft, der „ausnahmsweise" die Rechtswidrigkeit ausschliesst, die Beweislast aufzuerlegen, was als unzulässig jetzt wohl allgemein anerkannt ist. — Auch die vielfach zu findende Konstruktion der Notwehr als eines „Rechts", auf welches der Thäter sich berufe, hat oft zu der hier gerügten Auffassung Anlass gegeben.

Dem Begriff „Wasser“ ist es wesentlich, dass die genannte chemische Verbindung nicht in einem anderen als flüssigen Aggregatzustand (etwa in gasförmigem) sich befindet, da ich sie in diesem Falle nicht mehr Wasser (sondern etwa Wasserdampf) nenne.

Freilich ist damit für die Erkenntnis des zu definierenden Dinges nicht viel gewonnen. Denn es folgt bereits aus dem logischen „Gesetz des Widerspruches“, dass ich nicht dem gleichen Subjekt das gleiche Prädikat gleichzeitig zusprechen und absprechen kann. Es wäre hiernach nicht falsch, wohl aber überflüssig, das Nichtvorhandensein eines wesentlichen positiven Merkmals negatives Merkmal zu nennen.

Wer also die Rechtswidrigkeit als Thatbestandsmerkmal des Verbrechens auffasst, der könnte — freilich ohne jeden Nutzen — ihr Nichtvorhandensein negatives Thatbestandsmerkmal nennen. Darin liegt aber bereits, dass solche Terminologie, von ihrer Nutzlosigkeit abgesehen, nur unter einer Voraussetzung richtig ist, die bei Frank fehlt:

Wenn positives Merkmal des Begriffes „Wasser“ das Flüssig-sein ist, so kann man, wie erwähnt, es ein negatives Kriterium dieses Begriffes nennen, dass nicht das Flüssig-sein im einzelnen Falle fehlt, dass es also nicht „nicht flüssig“ ist. Und wenn es positives Merkmal des Verbrechens ist, dass es rechtswidrig ist, so kann man negatives Thatbestandsmerkmal das Vorhandensein eines Umstandes nennen, „dessen Vorliegen die Rechtswidrigkeit beseitigen würde“. Negatives Thatbestandsmerkmal ist dann also die Eigenschaft, nicht „nicht rechtswidrig“ zu sein. Ein Ding, welches nicht „nicht flüssig“ ist, eine Handlung, die nicht „nicht rechtswidrig“ ist, können aber logischerweise nichts anderes als flüssig bezw. rechtswidrig sein.

Sonach wäre das Ergebnis: Negatives Merkmal des Wassers ist, dass es flüssig ist, negatives Merkmal des Verbrechensthatbestandes, dass er rechtswidrig ist.

Dies Resultat zeigt einmal die Nutzlosigkeit des Beginnens, negative Merkmale eines Begriffes zu konstruieren, die in dem Nichtvorhandensein positiver Merkmale dieses Begriffes bestehen sollen; nutzlos deshalb, weil solche negativen Merkmale nichts angeben, was nicht schon in den umgekehrten positiven

Merkmalen enthalten ist. Es zeigt zweitens aber — und darauf kommt es hier an —, wie ein negatives Merkmal, welches in dem Nichtvorhandensein irgend einer Eigenschaft bestehen soll, ein selbständiges Leben nicht zu führen vermag, sondern davon abhängig ist, dass das Vorhandensein der fraglichen Eigenschaft ein positives Merkmal darstellt. Es ist in letzter Linie nur eine Tautologie, ob ich das Vorhandensein der Eigenschaft a ein positives Merkmal des Begriffes nennen will oder das Nichtvorhandensein der Eigenschaft a ein negatives Merkmal desselben Begriffes.[1])

Der Satz Franks — und dasselbe gilt für Merkel und Löffler —: „Die Rechtswidrigkeit ist nicht ein positives Thatbestandsmerkmal, wohl aber ihr Mangel ein negatives", enthält also einen Widerspruch in sich. Entweder ist die Rechtswidrigkeit Thatbestandsmerkmal, dann kann ich richtig, wenn auch zwecklos, ihren Mangel ein negatives Thatbestandsmerkmal nennen; oder aber die Rechtswidrigkeit ist kein Thatbestandsmerkmal (wie Frank zutreffend ausgeführt hat), dann ist es logisch unmöglich, ihren Mangel ein negatives Thatbestandsmerkmal zu nennen. Die Theorie von den „negativen Thatumständen" widerspricht dem Satze: duplex negatio est affirmatio und ist deshalb unrichtig. —

2. Freilich trifft dies zunächst nur die Formulierung. Eine weitere, ebenfalls rein formale, Erwägung dürfte aber auch Bedenken an ihrer inhaltlichen Richtigkeit wachrufen.

Wenn ich die Frage aufwerfe, welche Eigenschaften ein Ding nicht haben dürfe, damit es dem Begriffe X unterfalle, damit ich es X nennen könne, so ist die mögliche Zahl von Antworten unendlich gross. Es folgt dies aus dem Wesen der logischen Negation, eben nichts anderes als Negation zu sein, ohne das geringste Positive auszusagen über das Subjekt, dem ich irgend ein Prädikat abspreche.[2])

---

[1]) Umgekehrt könnte man schliessen: Soll das Nichtvorliegen von Notwehr etc. ein Thatbestandsmerkmal (wenn auch ein negatives) sein, soll aber die Rechtswidrigkeit kein Thatbestandsmerkmal sein, so kann durch das Vorliegen von Notwehr nicht die Rechtswidrigkeit ausgeschlossen werden — ein Satz, den Frank indessen ablehnen würde.

[2]) Wegen dieser unbegrenzten Zahl von Verneinungen, die ich so mit einem Subjekt verbinden kann, nannte schon Aristoteles die

Die Frage, welche Eigenschaften dem Begriffe „Tisch“ nicht zukommen, kann beantwortet werden mit: Er sieht nicht, er fliegt nicht, er ist nicht flüssig u. s. w. Wenn ich frage: „Was ist ein Verbrechen nicht?“, so kann ich antworten: „Es ist nicht rechtmässig“, aber auch: „Es ist nicht grün, nicht dreieckig“ u. s. w., ohne dass irgend eine dieser Antworten richtiger wäre als die andere.

Dasselbe gilt, wenn ich die Frage dahin stelle: „Was ist eine in Notwehr begangene Tötung nicht?“ Auch hier sind die Antworten: Sie ist nicht flüssig, nicht weiss, nicht rund logisch ebenso berechtigt, wie die Antwort: Sie ist nicht rechtswidrig. Wenn etwa der Fragende die letztere Antwort erwartet hatte, so ist das kein Beweis dafür, dass die Eigenschaft, „nicht rechtswidrig“ zu sein, in irgend einer engeren Verbindung mit jener Handlung steht, als die Eigenschaft „nicht rund“ zu sein.

Jene Erwartung des Fragenden hat ihren Grund nicht in der überwiegenden sachlichen Richtigkeit der erwarteten Antwort, sondern nur in einer bestimmten Richtung seines subjektiven Denkens. Sie weist nur darauf hin, dass er persönlich geneigt war, die Eigenschaft „rechtswidrig“ mit der Handlung zu verknüpfen, oder dass er erfahren wollte, ob der Gefragte zu dieser Verknüpfung neige. Das einzige aber, was wir aus unsrer Neigung, die Handlung gerade „nicht rechtswidrig“ zu nennen, entnehmen können, ist, dass der uns vorschwebende Begriff der „Rechtswidrigkeit“ nicht ganz klar ist, dass wir ihn von vornherein zu weit definiert hatten, so dass wir nun genötigt sind, ihn für den vorliegenden Fall einzuschränken.[1])

Kategorie der verneinenden Urteile ein ἀόριστον. — Anders verhält es sich mit dem mathematischen Begriff der Negation. Die mathematisch negative Grösse — 1 ist logisch etwas ebenso Positives wie + 1.

[1]) So führt dies zu demselben Ergebnis wie die obigen Erörterungen über den Begriff des „an sich Rechtswidrigen“. Wie übrigens bemerkt sei, spielt die gleiche Überschätzung des Wertes der Negation bei Frank auch anderwärts eine verhängnisvolle Rolle: bei den „negativen Bedingungen“ in der Lehre vom Kausalzusammenhang (§ 1 VI). Richtig dagegen der Begriff „unbescholten“ (§ 182 I 1). — Als weiteres Beispiel für den Missbrauch mit negativen Begriffen könnten Bindings „Gründe

Es beruht also auf einer Überschätzung der positiven Funktion der Negation, wenn Frank, um zur Feststellung von Thatbestandsmerkmalen des Verbrechens zu gelangen, die Frage aufwirft: Welcherlei Umstände dürfen nicht vorliegen, wenn eine Handlung ein Verbrechen sein soll? Denn es ist willkürlich, aus der grossen Zahl möglicher Antworten die eine herauszugreifen: Es darf nicht „die Handlung aus besonderen Gründen rechtgemäss" sein. Es ist demgemäss auch willkürlich, bezüglich des Nichtvorliegens gerade dieses Merkmales irgend weitere Konsequenzen zu ziehen, wie Frank es für die Doluslehre unternimmt. Jene Frage konnte auch dahin beantwortet werden: Der Thäter darf nicht unter 12 Jahren, nicht unzurechnungsfähig, nicht Monarch sein, es darf nicht der nötige Antrag fehlen u. s. w. Und für alle diese Antworten wären die gleichen Konsequenzen hinsichtlich der Doluslehre geboten gewesen.

Die formalen Einwendungen gegen die Theorie von den negativen Thatumständen sind dahin zusammenzufassen:

1. Die Theorie verstösst gegen den Satz, dass eine doppelte Verneinung zur Bejahung führt, dass demgemäss das Nichtvorliegen einer Eigenschaft nur dann negatives Merkmal sein kann, wenn ihr Vorliegen positives Merkmal ist. Sie ist deshalb in der Formulierung unrichtig.

2. Es ist willkürlich, die „negativen Thatbestandsmerkmale" auf das Nichtvorliegen gerade der Rechtswidrigkeit zu beschränken. Dies ist veranlasst durch die Einführung eines negativen Begriffes und die Überschätzung seiner positiven Funktion. Die Theorie führt so inhaltlich ins Unendliche und ist deshalb unbrauchbar.[1])

III. Die praktische Durchführung des Frank'schen Satzes würde voraussichtlich den grössten Schwierigkeiten begegnen. Auch Liszt nennt sie undurchführbar (S. 161 N. 8).

Nach dem oben (unter I) Gesagten wäre in jedem Falle

der Nichtentstehung von Strafrecht und Strafklagrecht" angeführt werden (Handbuch I S. 664).

[1]) Es sei hier bemerkt, dass Merkels Formulierung der neg. Th. (Lehrbuch S. 82) insofern einwandsfreier ist, als sie dem Satze der doppelten Negation nicht widerspricht. Die Überschätzung der positiven Funktion der Negation findet sich aber auch bei Merkel.

zunächst festzustellen, ob die Unkenntnis des Thäters sich auf eine „normalerweise“ vorhandene Rechtswidrigkeit bezog, oder ob er seine Handlung für „ausnahmsweise“ erlaubt hielt. Es ist aber, wie bemerkt, kein Kriterium erfindlich, welches diese Abgrenzung von Regel und Ausnahme mit mehr als relativer Richtigkeit ermöglichte. Die Schwierigkeit wird noch einleuchtender, wenn man bedenkt, dass es folgerichtig nicht auf die Ansicht des Richters über das Verhältnis von Regel und Ausnahme ankommt, sondern auf die Auffassung des Thäters.

Man denke an den in der österreichischen Praxis entschiedenen Fall,[1]) dass ein Landbewohner eine Fundunterschlagung begeht, weil er zufolge einem in seiner Gegend herrschenden Glauben den Fund für ein Geschenk Gottes ansieht. Oder man nehme an, dass ein Einwohner eines vom Feinde besetzten Landes annimmt, er dürfe jeden feindlichen Soldaten straflos umbringen. Haben sie eine Regel nicht gekannt oder sich auf eine Ausnahme gestützt? Der Richter mag vielleicht geneigt sein, die Frage von seinem Standpunkt aus in letzterem Sinne zu beantworten. Versetzt man sich aber auf den hier allein wesentlichen Standpunkt des Thäters, so dürfte eine Antwort schwierig, ja unmöglich sein.

Oder man versuche auf Grund des § 286 R.St.G.B. oder des Preussischen Gesetzes vom 29. Juli 1885 (betr. das Spiel in ausserpreussischen Lotterien) die Frage zu beantworten: Ist die Veranstaltung einer Lotterie — bezw. das Spielen in einer solchen — mit obrigkeitlicher Erlaubnis an sich erlaubt und nur beim Fehlen dieser Erlaubnis ausnahmsweise rechtswidrig? oder aber ist die Veranstaltung „an sich rechtswidrig“, aber unter der Voraussetzung obrigkeitlicher Erlaubnis „ausnahmsweise“ gestattet? Bei irrigem Glauben des Thäters an das Vorhandensein der Erlaubnis müsste offenbar im ersten Falle Verurteilung, im letzteren Freisprechung erfolgen.[2])

---

[1]) Entsch. d. Kass.-Hofes v. 29. 12. 84 (Bd. 18 No. 724).

[2]) Unverständlich ist die Unterscheidung, die R.G. I 11. 6. 96 (E. XXVIII 418) auf Grund des Preuss. Ges. v. 29. Juli 1885 (betr. das Spiel in ausserpreussischen Lotterien) macht: „Die Feststellung, dass der Angeklagte nicht gewusst habe, dass die betr. Lotterie in Preussen nicht zugelassen sei, ist nichts weiter als die Feststellung, er habe von einem nicht vorhandenen Ausnahmsfall keine Kenntnis gehabt, was

Frank zieht auch selbst gar nicht die notwendigen Konsequenzen seiner Theorie. Wenn das „Nichtvorliegen der Rechtswidrigkeit" negatives Thatbestandsmerkmal sein soll, so war, falls diese so sehr betonte Formulierung einen Zweck haben soll, die notwendige Folgerung für die Doluslehre die, dass die irrige Annahme: die Rechtswidrigkeit der an sich rechtswidrigen Handlung sei im Einzelfalle ausgeschlossen, den Dolus unter allen Umständen beseitigt. So weit geht Frank aber nicht. Der Dolus soll vielmehr nur ausgeschlossen sein durch „die irrtümliche Annahme eines Umstandes, dessen thatsächliches Vorliegen die Rechtswidrigkeit beseitigen würde" (§ 59 II, 2).

Wer also über den Rechtsbegriff der Notwehr irrt und z. B. „glaubt, er sei gegenüber einem erst in der Zukunft drohenden Angriffe zur Notwehr berechtigt", wird bestraft. Nur wer etwa „nicht weiss, dass er nicht angegriffen ist, sich also für angegriffen hält," wird wegen Mangels des Dolus freigesprochen.

Damit ist aber der ganzen Theorie von dem Nichtvorliegen der Rechtswidrigkeit als einem negativen Thatbestandsmerkmale

---

natürlich ebenso wie das Nichtwissen von einem sonstigen nicht vorhandenen Strafausschliessungsgrund rechtlich bedeutungslos ist und nicht verwechselt werden darf mit der Feststellung des guten Glaubens an das Vorhandensein eines solchen Umstandes". Die Nichtkenntnis von einem nicht vorhandenen Ausnahmsfall ist entweder ein logisches Nonsens, oder aber sie ist identisch mit dem Glauben an das Vorhandensein der Ausnahme. Thatsächlich zielt denn auch das Urteil des R.Ger. auf einen wesentlich anderen Gedanken ab, wenn es fortfährt: „Ein Irrtum letzterer Art ist im Urteile nicht angenommen, vielmehr wird für wahrscheinlich erklärt, dass sich der Angeklagte gar keine Gedanken . . . gemacht habe". Damit ist die Frage auf ein ganz anderes Gebiet hinübergespielt, welches weder hier zur Untersuchung steht, noch für das Reichsgericht die Entscheidung liefern durfte; auf die Frage: Gehört zum Dolus das positive Wissen oder genügt der Zweifel? Auch diese Frage hat nur dann einen Sinn, wenn vorher festgestellt ist, dass das Nichtvorhandensein der Erlaubnis ein — positives oder negatives — Thatbestandsmerkmal des Delikts bildet. Dass es ein solches darstellt, stellt das R.Ger. indessen in Abrede, sodass das Urteil nicht nur in dem an erster Stelle angeführten Passus unverständlich, sondern auch in seinem ganzen Aufbau unrichtig erscheint. — Ebenso R.G. III 29. 9. 84 (E. XI 108). — Richtig dagegen R.G. I 9. 6. 81 (E. IV 251).

die Spitze abgebrochen. Die Fälle, um die es sich hier handelt, werden von Frank in Wahrheit genau gleich den übrigen entschieden, und Frank hat durchaus Recht, wenn er als „im Ergebnis übereinstimmend die herrschende Lehre“ anführt.

Um zu diesem Ergebnis zu gelangen, hätte aber die Berufung auf den von Frank adoptierten Satz genügt, dass jeder thatsächliche Irrtum (einschliesslich des ausserstrafrechtlichen Rechtsirrtums) den Dolus ausschliesst, während der von Frank an die Spitze gestellte Satz zu einem ganz anderen Ergebnis führen würde.

Die vorstehende Polemik richtet sich deshalb auch nicht gegen das Resultat Franks, sondern nur gegen die Formulierung eines Prinzips, welches nicht nur in sich unrichtig, sondern so sehr irreführend ist, dass es offenbar seinen eigenen Urheber getäuscht hat.

§ 10.

Hervorhebung der Rechtswidrigkeit im gesetzlichen Thatbestand.

Von den Vertretern der herrschenden Lehre, die das Bewusstsein der Rechtswidrigkeit als Schulderfordernis ablehnt, wird häufig behauptet, dass dies anders zu halten sei bei Delikten, in deren gesetzlichen Thatbestand das Wort „rechtswidrig“ oder ein ähnliches ausdrücklich Aufnahme gefunden hat.

Die Ansicht ist ziemlich neuen Datums. Sie ist, soviel ich sehe, zum ersten Male von Beseler[1]) in seinem Kommentar zum Preussischen Strafgesetzbuch aufgestellt worden. Den

---

[1]) Beseler a. a. O. (Leipzig 1851) S. 46: „Ist eine Handlung an sich nicht notwendig strafbar, auch wenn sie vorsätzlich begangen worden, sondern muss noch durch die besonderen Umstände die Rechtswidrigkeit hinzukommen, so ist der Ausdruck: vorsätzlich und rechtswidrig oder unbefugt gewählt. . . . Es kann nach der Fassung des Gesetzes zweifelhaft sein, ob unter Vorsatz hier schlechthin die auf die Vornahme der Handlung gerichtete Willensbestimmung verstanden wird oder ob das Bewusstsein der Rechtswidrigkeit (des Unrechts) noch hinzukommen muss. Nach dem Begriff des strafbaren Dolus ist das letztere im Allgemeinen anzunehmen.“

Faktoren, die an der Abfassung des Preussischen St.G.B. beteiligt waren, dürfte sie noch fremd gewesen sein; zum Mindesten ist sie in den Vorberatungen nirgends zum Ausdruck gekommen.

Das Lehrbuch v. Liszts hat seit der 1. Auflage den Standpunkt Beselers vertreten. Wir finden ihn ferner bei Oppenhoff, v. Lilienthal und anderen.[1])

Ob man aber, wie vielfach behauptet wird, noch von einer herrschenden Ansicht in dieser Richtung sprechen kann, erscheint zweifelhaft. Unter den Gegnern der Unterscheidung finden wir Namen wie Olshausen, Binding, Stooss, Kronecker, Lucas u. a.[2]) Auch H. Meyer und Frank, welche früher die unterschiedliche Behandlung beider Kategorien von Gesetzesbestimmungen vertraten, haben sich neuerdings denen angeschlossen, welche der Hinzufügung oder Weglassung des Wortes „rechtswidrig" eine Bedeutung für den subjektiven Thatbestand absprechen.[3])

I. In der That müssten es gewichtige Gründe sein, welche eine so fundamentale Scheidung aller Delikte in zwei Gruppen rechtfertigen könnten: in Delikte, die das Bewusstsein der Rechtswidrigkeit fordern, und in solche, die auch ohne dieses strafbar sind. Solche Gründe fehlen.

---

[1]) v. Liszt (10. Aufl.) S. 159 Anm. 4 (dort weitere Litteratur); Oppenhoff (14. Ausg.) I. Teil, IV. Abschn., Vorbem. 7; v. Lilienthal, Grundriss S. 46.

[2]) Olshausen § 59 N. 30 Abs. 4; im übrigen vgl. v. Liszt a. a. O.

[3]) Meyer, Lehrbuch 3. Aufl. (1882) S. 152 f.: „Sicher ist das Bewusstsein der Rechtswidrigkeit zu verlangen bei denjenigen Delikten, bei welchen das Gesetz selbst das Moment der Rechtswidrigkeit als ein Moment des Thatbestandes genannt hat." In der 4. Aufl. (1888) S. 199 schränkt Meyer diese Ansicht durch ein vielsagendes „etwa" ein (noch skeptischer Anm. 21), um sie in der 5. Aufl. (1895) S. 162 Anm. 20 gänzlich zu verwerfen. — Frank sah in der 1. Aufl. (1897) seines Kommentars in den in Rede stehenden Thatbeständen „Reste der älteren Ansicht, nach welcher der Rechtsirrtum schlechthin entschuldigen sollte" (§ 59 V, 2c). In der 2. Aufl. (1901) § 59 II 4 hält er es aber für nötig, „bei jedem Delikte zu untersuchen, was Rechtswidrigkeit bedeutet". Es ist nicht ersichtlich, ob dies für alle Delikte schlechthin gelten soll, oder nur für solche, in deren Thatbestand das Merkmal der Rechtswidrigkeit ausdrücklich aufgenommen ist. Nach der oben zu vertretenden Ansicht, dass solche Aufnahme meist willkürlich war, würde nur unter der ersteren Voraussetzung Frank zugestimmt werden können.

Eine Vergleichung der Thatbestände unsres St.G.B., welche das Wort „rechtswidrig“ enthalten, unter einander und mit den übrigen, fördert keine gemeinsamen Eigentümlichkeiten der einen oder der anderen zu Tage.

1. Es wird angeführt:[1]) In den Fällen, wo das Moment der Rechtswidrigkeit ausdrücklich aufgenommen sei, biete die Abgrenzung der rechtswidrigen von den nicht rechtswidrigen Fällen besondere Schwierigkeiten.

Allein, ist die Rechtswidrigkeit der Sachbeschädigung schwieriger festzustellen als die der Körperverletzung? Man denke nur an die berühmte Frage nach der Rechtswidrigkeit operativer ärztlicher Eingriffe, der eine solche von grösserer Schwierigkeit aus dem Gebiete der Sachbeschädigungen kaum wird gegenübergestellt werden können!

Sodann: Wenn hier wirklich eine grössere Schwierigkeit der Feststellung vorläge, wird diese Schwierigkeit durch den gesetzlichen Hinweis auf sie irgendwie beseitigt?

Und endlich ist nicht einzusehen, wie gerade aus diesen dem Gesetzgeber angeblich vorschwebenden kriminalpolitischen Erwägungen ein Schluss auf den subjektiven Thatbestand der betreffenden Delikte gerechtfertigt sein soll. Er wäre berechtigt, wenn man v. Liszt dahin verstehen dürfte: da in diesen Fällen es für den Thäter besonders schwierig sein muss, die Rechtswidrigkeit seines Thuns einzusehen, rechtfertigt es sich, die Bestrafung hier davon abhängig zu machen, dass er die Rechtswidrigkeit wirklich erkannt hat. Allein v. Liszt würde diese Interpretation seiner Ausführungen sicherlich zurückweisen. Wenn zum Dolus das Bewusstsein der Rechtswidrigkeit prinzipiell nicht gehört — wie Liszt mehrfach hervorhebt —, so kann es ganz gleichgültig sein, ob die Erlangung dieses Bewusstseins in casu schwierig war oder nicht. Es müsste denn sein, dass Liszt das Erfordernis der Rechtskenntnis nur deshalb ablehnt, weil es in der Mehrzahl der Fälle zu präsumieren sei.

2. Ein zweiter Grund, der für die exceptionelle Behandlung jener Fälle ins Feld geführt wird, geht dahin: die Strafgesetzgebung habe hier auf Thatumstände hinweisen wollen,

---

[1]) So v. Liszt S. 119f.; Schäffer, Gehört nach dem St.G.B. zum Vorsatz das Bew. d. Rechtsw.? (Erlanger Diss., 1897) S. 22ff.

„welche sich in anderen Rechtsteilen näher bestimmt finden, und deren Beschreibung sie sich auf Grund dieses Hinweises erspart“.[1])

Diese Erklärung mag „grundsätzlich“ richtig sein. Aber auch sie trifft nur einen Teil der Fälle. In welchen „anderen Rechtsteilen“ ausserhalb des Strafrechts findet sich beispielsweise die Rechtswidrigkeit der Freiheitsberaubung (§ 239) oder der Nötigung (§ 240) näher bestimmt? Und warum enthalten die §§ 339, 341, 353a das Merkmal „rechtswidrig“, die §§ 331, 340, 343, 347 dagegen nicht?

Das Beamtenrecht, nicht das Strafrecht, bestimmt, dass der Beamte Vorteile für eine nicht pflichtwidrige Amtshandlung in der Gestalt seines Gehaltes annehmen darf (§ 331), dass er als Polizeibeamter unter Umständen eine Körperverletzung begehen darf (§ 340), dass er in einer Untersuchungssache die Untersuchungshaft als „Zwangsmittel“ anwenden darf (§ 343), etc. Und dennoch fehlt hier überall das Wort „rechtswidrig“.

Endlich muss auch hier wieder betont werden: Selbst wenn die gegebene Erklärung richtig und erschöpfend wäre, so würde aus ihr noch nichts für den subjektiven Thatbestand folgen.[2])

3. Verwandt ist der dritte Grund: Die Hervorhebung des Wortes „rechtswidrig“ bedeute die reichsrechtliche Zulassung einer landesrechtlichen Erlaubnis zur Vornahme solcher Handlungen.[3])

Aber auch in anderen Fällen ist ein Ausschluss der Rechtswidrigkeit durch Landesrecht möglich (Beispiel: Waffengebrauch des Militärs, der Polizei, Züchtigungsrecht des Lehrers u. s. w. gegenüber den Delikten der Tötung und Körperverletzung). Und auch dies würde für den subjektiven Thatbestand noch nichts beweisen. —

Der Versuch, die Fälle der ausdrücklich hervorgehobenen und der nicht hervorgehobenen Rechtswidrigkeit auf einheitliche Prinzipien zurückzuführen, kann somit vorläufig als

---

[1]) Merkel, Lehrbuch S. 35; Kitzinger, Z. Lehre v. d. Rechtsw. G.S. LV (1898) S. 89 ff. „Grundsätzlich“ auch Frank (2. Aufl.) S. 79.

[2]) Es ist mir zweifelhaft, ob Merkel und Frank eine solche Folgerung ziehen wollen. Sie wird aber gezogen von Kitzinger a. a. O., S. 98.

[3]) v. Liszt S. 120.

gelungen nicht betrachtet werden. Man wird sich bis zum Beweis des Gegenteils denen anzuschliessen haben, welche die Auswahl der Fälle „ganz willkürlich“ nennen.[1])

4. Es könnte sich also nur noch fragen, ob der § 59 St.G.B. uns zwingt, allein auf Grund des verschiedenen Wortlautes der einzelnen Thatbestände trotz ihrer inhaltlichen Gleichheit eine Verschiedenheit der subjektiven Erfordernisse anzunehmen.

Die Verneinung dieser Frage wird wohl keine Schwierigkeit machen. Wenn alle Delikte rechtswidrig sind, nicht nur diejenigen, bei denen der Gesetzgeber dies betont, so kann die Frage, ob die Rechtswidrigkeit ein „Thatumstand“ ist, „der zum gesetzlichen Thatbestand gehört“, nur für alle Delikte einheitlich entschieden werden: entweder ist sie es überall oder nirgends. Die „Rechtswidrigkeit“ ist eines der Merkmale des „allgemeinen Thatbestandes“, die nicht expressis verbis bei jedem „besonderen Thatbestand“ wiederholt sind. Ob sie deshalb auch Merkmale jedes besonderen Thatbestandes sind, ist eine Frage für sich, die verschieden, aber nur für alle Thatbestände in dem gleichen Sinne beantwortet werden kann. Die Hervorhebung eines Merkmals des allgemeinen Thatbestandes in einzelnen Fällen kann hieran solange nichts ändern, als ein Grund für sie nicht ersichtlich ist.

II. Es ist üblich, die Praxis des Reichsgerichts für die abgelehnte Ansicht anzuführen. Dies entspricht indessen nicht durchaus den Thatsachen.

---

[1]) Olshausen § 59 N. 30 Abs. 4; Kronecker G.S. 38 (1886) S. 495; Binding, Normen II S. 488. — Mit Recht macht Klee, Vorsatz S. 74f., darauf aufmerksam, dass frühere Gesetzgeber den Begriff „rechtswidrig“ in Thatbestände aufgenommen hatten, in denen er jetzt fehlt, und umgekehrt, ohne dass die Absicht einer sachlichen Änderung ersichtlich wäre. — Interessant ist eine Bemerkung des Verfassers des Schweizerischen Entwurfs: „Wenn der Gesetzgeber das Wort rechtswidrig in einen gesetzlichen Thatbestand aufnimmt, so verbindet er damit keineswegs die Meinung, der Thäter solle nur bestraft werden, wenn er sich bewusst war, dass er gesetzwidrig handle. Es ist, wie ich aus eigener Erfahrung weiss, eine Frage technischer Zweckmässigkeit, ob das Wort rechtswidrig in diesem Sinne einem gesetzlichen Thatbestand beigefügt werde.“ (Stooss, Rechtswidrigkeit und Verbrechen, Schw. Z. X, 1897, S. 363).

Allerdings hat das Reichsgericht mehrfach grundsätzlich ausgesprochen, dass das Bewusstsein von der Widerrechtlichkeit der Handlung nur dort zur Bestrafung wegen dolosen Handelns zu erfordern ist, wo das Moment der Rechtswidrigkeit ausdrücklich in den betr. Deliktsthatbestand aufgenommen ist.[1]) Nähere Betrachtung der einschlägigen Erkenntnisse zeitigt aber das eigentümliche Resultat, dass das Reichsgericht über seine eigene Praxis in einer Täuschung befangen ist, wenn es annimmt, dass es hiermit für die genannte Deliktsgruppe einen Grundsatz aufgestellt habe, der eine Ausnahme von der für die anderen Delikte befolgten Regel darstelle.

Es ist bekannt und wird unten näher ausgeführt werden, dass das Reichsgericht die Berufung des Thäters auf Rechtsirrtum nicht durchweg verwirft. Nur der strafrechtliche Irrtum vielmehr soll irrelevant sein, der ausserstrafrechtliche Rechtsirrtum aber den Dolus ausschliessen. In den hier in Betracht kommenden Fällen nun hat das Reichsgericht durchweg ebenfalls nur den ausserstrafrechtlichen Rechtsirrtum berücksichtigt, den Irrtum über das Strafgesetz aber für unbeachtlich erklärt. Es ist nicht ersichtlich, worin die grössere Berücksichtigung, die hier dem Rechtsirrtum ausnahmsweise zu Teil geworden sei, liegen soll.

Die in Betracht kommenden Urteile lassen sich hinsichtlich ihrer Beweiskraft für die angeblich exceptionelle Behandlung der „Rechtswidrigkeits“-Delikte in zwei Kategorien teilen:

A. Solche, welche die Berufung auf Rechtsirrtum auch in diesen Fällen als unbeachtlich zurückweisen. Diese Urteile beweisen für die behauptete Ausnahmestellung natürlich gar nichts; sie zeigen vielmehr, dass das Reichsgericht auch hier keineswegs jeden Rechtsirrtum berücksichtigt.

B. Solche, in denen der Rechtsirrtum in gewissen Grenzen berücksichtigt wird. Hier wird es sich fragen, ob diese

---

[1]) Vgl. R.G. III 20. 10. 80 (E. III 10) betr. § 246 St.G.B.
II 11. 1. 81 (E. III 184) betr. § 246 St.G.B.
III 18. 9. 84 (E. XI 90) betr. § 14 Markenschutzgesetz.
II 12. 8. 89 (E. XIX 87) betr. § 304 St.G.B.
IV 26. 8. 89 (E. XIX 209) betr. § 308 St.G.B.
IV 25. 4. 90 (G.A. XXXVIII 179) betr. § 240 St.G.B.

Grenzen zusammenfallen mit den bei den anderen Delikten vom Reichsgericht dem Rechtsirrtum gezogenen, oder ob sie in diesen angeblichen Ausnahmefällen weitere sind.

A. 1. Der dritte Senat war mehrere Male in der Lage[1]), den Fall zu entscheiden, wo der Verwalter einer fremden Kasse aus dieser zu seinen Privatzwecken Geld entnahm in der — wie festgestellt, jederzeit realisierbaren — Absicht, das Geld wieder in die Kasse zurückzulegen.

Die Berufung des Thäters auf seinen „guten Glauben“: er habe in Anbetracht seiner Wiedererstattungs-Absicht seine Handlungsweise nicht für widerrechtlich gehalten, wurde von dem Reichsgericht trotz dem Wortlaut des § 246 St.G.B. („rechtswidrig“) als unerheblich zurückgewiesen. Der Dolus sei wegen Mangels des Bewusstseins der Rechtswidrigkeit nur dann ausgeschlossen, wenn entweder der Angeklagte „der Ansicht gewesen wäre, seine Miteigentümer würden in Voraussetzung rechtzeitiger Ersatzleistung der Aneignung zustimmen“, oder wenn er „rechtsirrtümlich ein Recht auf Aneignung angenommen hätte“. Dagegen sei es eine „rechtlich unerhebliche Verteidigung“, wenn der Angeklagte behaupte, „dass er die Gelder nur als Darlehn an sich genommen, keineswegs mit der Absicht der Zueignung, vielmehr mit dem Willen der Erstattung“[2].)

Etwas dürftig erscheint freilich die Begründung in E. III 10: „Allerdings setzt die Strafbarkeit der Unterschlagung das Bewusstsein der Rechtswidrigkeit voraus;“ allein es sei festgestellt, „dass Angeklagter die Gelder wissentlich aus der Gemeindekasse entnommen, zu eigenen wirtschaftlichen Bedürfnissen verwendet und mithin sich rechtswidrig zugeeignet hat. Damit ist der Thatbestand der Unterschlagung und namentlich auch das Bewusstsein der Rechtswidrigkeit ausser Zweifel gestellt.“

2. Entsprechend liegen zwei den § 123 St.G.B. betreffende Fälle:

---

[1]) Vgl. 20. 10. 80 (E. III 10).
22. 6. 81 (E. IV 828).
10. 12. 81 (E. V 804)

[2]) So E. IV 828; ähnlich V 804.

Ein Brauereibesitzer[1]) hatte an einen Restaurateur einen Wirtsgarten vermietet unter dem Vorbehalte ungehinderten Zutrittes für sich, seine Angehörige und Verwandte. Eines Tages erschien er mit seinen Brauknechten in dem Garten und liess durch diese die Möbel des Restaurateurs auf die Strasse werfen. Das weitere Schicksal des Brauereibesitzers interessiert hier nicht. Bezüglich der Knechte aber nahm das Reichsgericht an, dass ihr Dolus gemäss § 59 nur unter der Voraussetzung ausgeschlossen sei, „dass das Bewusstsein der Widerrechtlichkeit deshalb fehlte, weil sie das Vorhandensein von Thatumständen nicht kannten, welche zum Thatbestande des § 123 gehören, dass sie sich namentlich etwa in dem Irrtum befunden haben, dass ihr Dienstherr . . . das Recht besitze, ihnen den Eintritt . . . zu gestatten". Strafbar aber seien sie, wenn sie „das Vorhandensein der gesetzlichen Merkmale des § 123 gekannt, nichtsdestoweniger aber ihre Handlungsweise für nicht strafbar erachtet haben". Denn hier „würde es sich lediglich um einen Irrtum über die Existenz des Strafgesetzes bei ihnen handeln".

In einem anderen Falle[2]) waren Vermieter angeklagt, welche nach Ablauf des Mietsvertrages in die Wohnung ihrer Mieter eingedrungen waren und, um die Mieter zur Räumung zu zwingen, Thüren, Fenster und Möbel gewaltsam aus der Wohnung entfernt hatten. Sie waren in erster Instanz freigesprochen worden, unter anderem deshalb, weil sie geglaubt hatten, in Notwehr zu handeln. Das Reichsgericht missbilligte die Freisprechung, weil dieser Irrtum „sich wesentlich als Irrtum über Sinn und Bedeutung strafrechtlicher Normen darstellt".

In beiden Fällen also wurde der Mangel des Bewusstseins der Rechtswidrigkeit (hier gleich Strafbarkeit) für irrelevant erklärt, trotzdem der § 123 das Wort „rechtswidrig" enthält und nur ein ausserstrafrechtlicher Rechtsirrtum zugelassen, also ein solcher, den das Reichsgericht auch in anderen Fällen berücksichtigt.

---

1) R.G. II 6. 5. 81 (E. IV 124).
2) R.G. III 6. 6. 89 (E. XIX 298).

3. Noch deutlicher redet ein dritter Fall, der das Markenschutz-Recht betrifft.[1])

§ 14 Ges. v. 30. November 1874 (R.G.Bl. S. 143 ff.) bedrohte mit Geldstrafe oder Gefängnis: „wer Waren oder deren Verpackung wissentlich mit einem nach Massgabe dieses Gesetzes zu schützenden Warenzeichen . . . widerrechtlich bezeichnet".

Eine deutsche Firma fertigte für eine französische Firma Waren an und versah sie in deren Auftrag mit einem Warenzeichen, welches, wie sie wusste, in Frankreich für die französische Firma eingetragen war, welches aber, wie sie gleichfalls wusste, schon vorher für eine andere deutsche Firma eingetragen war. Aus § 14 a. a. O. angeklagt, wendeten die Inhaber der erstgenannten Firma ein, sie hätten sich zu ihrem Handeln für befugt gehalten, „weil sie für ihren Besteller ein Schutzrecht in Frankreich als begründet angenommen haben und die bei ihnen bestellten Waren für Frankreich bestimmt waren". Sie waren deshalb in erster Instanz freigesprochen worden.

Das Reichsgericht hielt den Einwand der Angeklagten für unbeachtlich. „Allerdings setzt die Strafbarkeit doloses Handeln voraus . . . und das vom Gesetz erforderte Wissen ist auch zu beziehen auf das zum gesetzlichen Thatbestande gehörige Begriffsmerkmal der objektiven Widerrechtlichkeit der Benutzung eines fremden geschützten Warenzeichens. Dieses Wissen ist aber vorhanden mit der Kenntnis der thatsächlichen Voraussetzungen, in denen das Gesetz den Thatbestand der strafbaren Handlung findet, also mit der Kenntnis des Bestehens des Schutzrechts eines anderen Gewerbtreibenden und der Kenntnis fehlenden Rechts zur Benutzung der für den ersteren geschützten Marke, während bei dem Vorhandensein dieses Wissens eine auf irrtümlicher Auffassung des Strafgesetzes selbst beruhende Annahme nicht widerrechtlichen straflosen Handelns den strafrechtlichen Dolus nicht auszuschliessen vermag." Der sog. gute Glaube der Angeklagten habe hier nur darin bestanden, „dass sie sich für befugt erachtet haben, über das für K. u. D. [die zweit-

---

[1]) R.G. III 18. 9. 84 (E. XI 90).

genannte deutsche Firma] begründete Schutzrecht sich hinwegzusetzen“. Dies sei lediglich eine „irrtümliche Auffassung von Inhalt und Tragweite der Strafrechtsnorm selbst. Dieser Irrtum über das Strafgesetz vermag den strafrechtlichen Dolus niemals und so auch in denjenigen Fällen nicht auszuschliessen, in denen das Gesetz neben der objektiven Widerrechtlichkeit zugleich das subjektive Wissen von der letzteren ausdrücklich unter die Thatbestandsmerkmale aufgenommen hat.“

Man wird kaum behaupten können, dass dies Erkenntnis das Bewusstsein der Widerrechtlichkeit in einem sehr weiten Umfange erfordere, trotz dem auch hier ausgesprochenen Grundsatze, dass es bei dem Delikte des § 14 a. a. O. mehr als sonst zu berücksichtigen sei. Die Frage ist vielmehr berechtigt, ob es überhaupt möglich ist, dies Erfordernis des Bewusstseins der Rechtswidrigkeit noch mehr einzuschränken als es hier geschieht. Wer das Recht eines anderen kennt, ihm aber irrtümlich einen geringeren Umfang zuschreibt, als es thatsächlich besitzt, der hat insoweit dies Recht eben nicht gekannt. Will man hier (mit dem Reichsgericht) Bewusstsein der Rechtswidrigkeit fordern, so kann man sich unmöglich mit dem Bewusstsein des Thäters begnügen, dass ein Recht eines anderen besteht, sondern muss auch die Kenntnis des Thäters fordern, dass er diesem Recht zuwider handelt. Zu demselben Ergebnis muss man gelangen, wenn man das Bewusstsein der Rechtswidrigkeit definiert als das Bewusstsein, einer Norm zuwiderzuhandeln, zu handeln, wie man nicht handeln soll.[1])

[1]) Auch die Mehrzahl der reichsgerichtlichen Entscheidungen trifft der in § 8 erhobene Vorwurf, dass sie dort, wo sie vom Bewusstsein der Rechtswidrigkeit reden, nicht angeben, was sie darunter verstehen. Allerdings spricht R.G. I 17. 1. 87 (E. XV 158) davon, dass in diesen Fällen — es werden hervorgehoben die §§ 123, 124, 289, 240, 242, 291, 339 — das „Bewusstsein des Mangels eines subjektiven Rechts“ erforderlich sei. Dies ist aber wohl in einem sehr unjuristischen Sinne gemeint. Auf Grund welches (wirklichen oder vermeintlichen) „subjektiven Rechts“ handelt der eine „Durchsuchung“ i. S. der St.P.O. vornehmende Beamte (§ 123 St.G.B.), der einen Haftbefehl erlassende Richter (§ 239), der Schutzmann, der eine Person unter Androhung des Waffengebrauchs von einem Platz hinweg „nötigt“ (§ 339), der Vater, der sein Kind aus Erziehungsgründen einsperrt (§ 239) u. s. w.?

B. In einigen Entscheidungen hat das Reichsgericht den Dolus deshalb für ausgeschlossen erklärt, weil das hier ausnahmsweise zu fordernde Bewusstsein der Rechtswidrigkeit nicht vorgelegen habe. Es wird sich fragen, ob der Gerichtshof entsprechend seinen sonstigen Grundsätzen Dolus dann angenommen haben würde, wenn in dem betreffenden Thatbestand das Moment der „Rechtswidrigkeit“ nicht besonders betont worden wäre.

1. Von Interesse ist hier zunächst eine den § 303 St.G.B. betreffende Entscheidung.[1])

Der Pächter der Jagd in einem mit Promenadenwegen versehenen Stadtwalde hatte daselbst einen Hund erschossen, der seinen Herrn auf einem solchen Wege begleitete. Er glaubte hierzu berechtigt zu sein, weil der Hund nicht an der Leine geführt wurde.

Das Reichsgericht billigte seine Freisprechung. Zum Delikt der Sachbeschädigung gehöre das Bewusstsein der Rechtswidrigkeit (§ 303: „rechtswidrig“). „Nur, wenn sich der Irrtum auf das Bestehen und den Sinn des Strafgesetzes bezöge, würde er den Angeklagten nicht schützen können.“ Im vorliegenden Falle „war die strafrechtliche Auffassung des Angeklagten, welche dahin ging, dass er sich, die Existenz jenes Rechtes vorausgesetzt, durch das Erschiessen des Hundes nicht strafbar mache, ganz richtig. Falsch war nur die Annahme des Angeklagten, dass ihm das fragliche Recht zustehe . . . Darin ist aber lediglich ein Irrtum über die civilrechtlichen Befugnisse des Jagdberechtigten zu finden.“

Man vergleiche hiermit die Ausführungen des Reichsgerichts über die in irrtümlicher Annahme eines Züchtigungsrechts begangene Körperverletzung, ein Delikt also, bei welchem gemäss dem Wortlaut des § 223 St.G.B. und dem vom Reichsgericht proklamierten Grundsatz eine strengere Behandlung des Rechtsirrtums Platz greifen müsste:[2]) „Hätte der Angeklagte ein Verhältnis, mit welchem ein vom Staate anerkanntes Züchtigungsrecht verbunden ist, irrtümlich an-

---

[1]) R.G. IV 26. 3. 89 (E. XIX 209).

[2]) R.G. IV 2. 1. 1900 (E. XXXIII 82). Ebenso zahlreiche frühere Entscheidungen.

genommen, so würde ein solcher Irrtum, sofern er das Bewusstsein der Widerrechtlichkeit ausschloss, in jedem Falle als Irrtum über einen Thatumstand im Sinne des § 59 aufzufassen sein, ohne Unterschied, ob der Irrtum auf falsche thatsächliche Voraussetzungen oder auf Unkenntnis oder unrichtige Anwendung derjenigen Rechtsnormen, durch welche die Voraussetzungen des Verhältnisses geregelt sind, zurückzuführen wäre." Im vorliegenden Falle habe der Angeklagte sein Verhältnis zu dem Kinde richtig aufgefasst. Er habe aber irrig angenommen, dass mit diesem Verhältnis ein Züchtigungsrecht verbunden sei. Das sei ein unbeachtlicher strafrechtlicher Irrtum.

Es wird unten auszuführen sein, dass das Endergebnis der letztgenannten Entscheidung nicht gebilligt werden kann, dass es dem an die Spitze gestellten Grundsatz nicht entspricht. Worauf es hier allein ankommt ist dies: Die Grundsätze, nach denen das Reichsgericht den Rechtsirrtum im Falle des § 303 behandelt hat, sind genau die gleichen wie im Falle des § 223, trotzdem im einen Thatbestand „rechtswidrig" steht, im anderen nicht. Der Rechtsirrtum soll in beiden Fällen nur dann entschuldigen, wenn der Thäter irrig ein Rechts-Verhältnis annahm, welches, wenn es vorläge, ein Recht zu der betreffenden Handlung gegeben haben würde. Er soll nicht entschuldigen, wenn der Thäter lediglich über die strafrechtliche Norm irrt.

2. Zwei andere die §§ 240 und 304 betreffende Entscheidungen[1]) können ausser Betracht bleiben. In beiden Fällen war zwar wegen Mangels des Bewusstseins der Rechtswidrigkeit Freisprechung erfolgt. Indessen scheint es, als ob beide Male ein ausserstrafrechtlicher Rechtsirrtum vorgelegen habe. Die Thatbestände lassen dies nicht deutlich erkennen.

3. Eine einzige Entscheidung[2]) ist mir bekannt geworden, die für die hier behandelte Deliktsgruppe eine wirkliche Ausnahme aufstellt. Sie kann aber keine erhebliche Beweiskraft beanspruchen, da sie die Frage nicht entscheiden will, sondern nur gelegentlich streift.

[1]) R.G. IV 25. 4. 90 (G.A. XXXVIII 179); II 12. 8. 89 (E. XIX 87).
[2]) R.G. IV 18. 5. 90 (E. XX 398).

Das Reichsgericht hält hier den Irrtum des Angeklagten, der einen öffentlichen Weg für einen Privatweg gehalten hatte (§ 321 St.G.B.), für irrelevant. Denn „nach der ständigen Rechtsprechung des Reichsgerichts gehört es — abgesehen von den Fällen, in denen das Gesetz selbst die Widerrechtlichkeit der Handlung in die Begriffsbestimmung des Vergehens aufgenommen hat — nicht zum Begriff des Vorsatzes, dass dem Thäter das Bewusstsein von der staatlichen Strafandrohung . . . beigewohnt hat".

Im Gegensatz zu allen bisher angeführten Entscheidungen scheint diese also auch Bewusstsein von der Strafdrohung fordern zu wollen.

Sieht man indessen von dem letztgenannten Urteil ab, so kommt man zu dem Resultat: das Reichsgericht erfordert das Bewusstsein der Rechtswidrigkeit in den fraglichen Fällen nicht in weiterem Umfange als sonst. Es wäre angebracht, dass aus unseren Lehrbüchern und Kommentaren die traditionelle Bemerkung, welche das Reichsgericht für die exceptionelle Behandlung dieser Deliktsgruppe anzuführen pflegt, verschwände. Dann würde vielleicht auch die Zahl der Entscheidungen, in denen das Reichsgericht eine hierauf gestützte Freisprechung aufheben muss, sich vermindern.

III. Abschnitt.

Thatirrtum und Rechtsirrtum.

§ 11.

Sinnfälliges Ereignis und Beurteilung.

Es ist vielfach üblich, die Regel für die Behandlung des Irrtums mit den Worten des Paulus dahin zu formulieren: juris quidem ignorantiam cuique nocere, facti vero ignorantiam non nocere (l. 9 pr. D. de jur. et facti ignor. 22, 6).

Nach dem bisher Ausgeführten ist gegen diese Formulierung insoweit nichts einzuwenden, als die Gegenüberstellung des

That- und Rechtsirrtums einen Irrtum über die „That“ einerseits, über die Deliktsfolgen andrerseits, bedeuten soll. In diesem Sinne pflegt sie indessen nicht verstanden zu werden. Es ist eine in der Geschichte der Rechtswissenschaft häufig zu beobachtende Erscheinung, dass Rechtsgedanken ebenso langsam und unmerklich wie unbeabsichtigt sich wandeln, indem die ratio legis hinter einer allzu klaren und scharfen Regel verblasst. Die Regel bleibt, der Gedanke aber, der sie veranlasst hatte, gerät desto mehr in Vergessenheit, je weniger jene Formulierung einen adäquaten Ausdruck für ihn bildete.

Der Satz von der Schädlichkeit des „Rechtsirrtums“ hat dies Schicksal geteilt. Es wird nachher zu zeigen sein, dass er in dem Sinne, der ihm jetzt meist beigelegt wird, überhaupt undurchführbar ist. Vorher aber sei darauf hingewiesen, dass das heutige Strafrecht gar keine Veranlassung hat, auf jene römische Formulierung zurückzugehen, da diese auf Grundlagen beruht, die jetzt allgemein als unrichtig anerkannt sind. Die Lehre, die sich daraus ergiebt, ist lediglich die, dass wir gezwungen sind, die Irrtumslehre aus sich selbst heraus, oder vielmehr aus einer ohne historische Vorurteile aufgebauten Schuldlehre heraus, zu entwickeln.

Bevor diese Entwicklung selbst versucht wird, ist hier noch zweierlei auszuführen:

1. Dass der römische Satz error juris nocet deshalb allein, weil die Römer ihn aufgestellt, für uns nicht mehr massgebend ist;

2. dass dieser Satz insoweit undurchführbar ist, als man ihn mit einer bewusst und unbewusst vielfach vertretenen Meinung dahin formuliert: relevant sei allein der Irrtum über sinnlich Wahrnehmbares, irrelevant der Irrtum über dessen Beurteilung.

Die letztere Erkenntnis wird zugleich eine weitere Grundlage für die Entwicklung der Schuldlehre in Teil IV liefern.

I. Kompetente Kenner des römischen Deliktsrechts[1]) geben

---

[1]) Pernice, Labeo II (2. Aufl. 1895) S. 119 ff.; auch Mommsen, Römisches Strafrecht (1899) S. 92 ff. — Das Unternehmen Bindings (Normen II S. 800 ff.), aus dem Römischen Recht im Widerspruch mit dem Satze error juris nocet das Erfordernis des Bewusstseins der Normwidrigkeit herzuleiten, kann nach dem heutigen Stande der Kontroverse

jetzt zu, dass ein festes Prinzip für die Behandlung des Rechtsirrtums bei den Römern sich nicht erkennen lässt.

Nur soviel scheint sicher zu sein: Die Römer waren ausgegangen von der Regel, dass nur der entschuldbare Irrtum Berücksichtigung verdiene, der verschuldete aber ohne Einfluss auf die Zurechnung sei. „Eine solche Verschuldung wird in der Regel angenommen, wenn der Irrtum nicht Thatsachen zum Gegenstand hat (facti error s. ignorantia), sondern Rechtsregeln (juris error s. ignorantia).“[1])

Daher dann die Ausnahmen, die von dem harten Satze ignorantia juris nocet wieder gemacht wurden zu Gunsten solcher Personen, denen man aus der Rechtsunkenntnis keinen Vorwurf machen konnte (Minderjährige, Frauen, Ungebildete, Soldaten), falls es sich um Delikte handelte, die nicht schon dem natürlichen Rechtsgefühl als solche erscheinen mussten (delicta juris civilis).[2])

Der Vorsatz wurde also ursprünglich ausgeschlossen nicht durch den Irrtum über sinnlich Wahrnehmbares, sondern durch jeden entschuldbaren Irrtum. Um alle Ausreden der Rechtsunkenntnis abzuschneiden, deren Wahrheit nachzuprüfen stets schwierig ist, wurde für die Regel der Rechtsirrtum als unentschuldbar hingestellt. So mag der Satz entstanden sein: error juris nocet.

Welche Fülle von Unklarheiten diese, späteren Schriftstellern vielfach nicht mehr bewusste, Identifizierung des Rechtsirrtums mit dem unentschuldbaren Irrtum zur Folge gehabt hat, weiss jeder, der die Dolus-Litteratur des 19. Jahrhunderts durchgesehen hat.[3])

---

wohl als misslungen bezeichnet werden. Vgl. Heinemann, Die Bindingsche Schuldlehre (1889) S. 78 ff.; Löffler, Schuldformen (1895) S. 98 ff. und insbes. Pernice a. a. O. S. 119 Anm. 4, dessen Argumenten ich mich ohne eigene Begründung anschliesse.

[1]) Savigny, System des heutigen Römischen Rechts III (1840) S. 114. Vgl. auch besonders S. 332—338.

[2]) Savigny a. a. O., S. 429 ff., Pernice a. a. O., S. 122 f. Teilweise abweichend Berner, Wirkungskreis des Strafgesetzes (1853) S. 22—37.

[3]) Vgl. z. B. noch Köstlin, System (1855) S. 161: Der I. schliesse die Zurechnung aus, wenn er unvermeidlich gewesen sei: „Als ein unvermeidlicher I. aber erscheint nur ein I. in Thatumständen, weil nur ein solcher seine Ursache in der dem Subjekte ursprünglich fremden

Vom Standpunkt der richtigen und im Prinzip heute fast durchgängig angenommenen Anschauungsweise widerspricht diese Behandlung zwei grundlegenden Sätzen:

Einmal der Regel: dolus non praesumitur. Wenn Rechtskenntnis zum Dolus gehört, so darf sie auch bei den einfachsten, mit dem öffentlichen Gewissen durchweg sich deckenden Delikten nicht ohne weiteres als vorhanden angenommen werden. Der Gegenbeweis: dass der Thäter trotzdem das Recht nicht gekannt, muss ihm zum mindesten stets offen stehen.

Zweitens aber wurde bereits betont, dass für die Frage des Vorsatzes auf die Entschuldbarkeit des Irrtums nichts ankommt. Wenn Rechtskenntnis zum Dolus gehört, so muss ihr Mangel berücksichtigt werden, auch wenn er unentschuldbar ist.[1])

Und aus beiden Sätzen folgt umgekehrt: Wenn der Grundsatz von der Unerheblichkeit des Rechtsirrtums — juris ignorantiam cuique nocere — lediglich darauf gestützt ist, einmal, dass Rechtskenntnis bei den meisten Menschen hinsichtlich der meisten Delikte zu präsumieren sei; und zweitens darauf, dass der Rechtsirrtum, falls vorhanden, als unentschuldbar anzu-

---

Aussenwelt haben kann." — Heffter, Lehrbuch (6. Aufl. 1857) S. 58. — K. G. v. Wächter, Deutsches Strafrecht, Vorlesungen, herausgeg. von O. v. Wächter (1881) S. 154f.: Rechtsirrtum werde nicht berücksichtigt. „Denn was Unrecht ist, darüber klärt den Zurechnungsfähigen . . . sein sittliches und rechtliches Gewissen . . . auf". Sei der R.-I. ausnahmsweise wirklich entschuldbar, so schliesse er zwar nicht den Dolus aus, komme aber als Milderungsgrund in Betracht — eine ganz unmögliche Folgerung!

[1]) Dass bei dem den Dolus ausschliessenden Irrtum auf dessen Entschuldbarkeit nichts ankomme, erkennt auch Savigny an (a. a. O. S. 388). Wenn trotzdem der Satz error juris nocet auf den Gedanken der Unentschuldbarkeit des Rechtsirrtums zurückzuführen ist, so dürfte dies seinen Grund in der, dem corpus juris eigenen, überragenden Stellung des Civilrechts haben, für welches der Satz in erster Linie — nach Pernice S. 120 sogar ausschliesslich — gemünzt war. Hier aber bildete den Ausgangspunkt die Frage, inwieweit durch einen Irrtum das Zustandekommen einer Willenserklärung beeinflusst werde. Nur in gewissen Ausnahmefällen sollte der Irrtum hier einen Einfluss äussern; aber „auch für diese Ausnahmefälle wird seine Wirkung ausgeschlossen, wenn dem Irrenden eine besondere Verschuldung zur Last fällt" (Savigny S. 114).

sehen sei, so steht jener Grundsatz mit anerkannten Regeln der heutigen Schuldlehre in Widerspruch. Unter solchen Umständen kann er aber, mag er auch historisch begründet sein, keine Geltung beanspruchen.

Damit ist ihm nicht jede Berechtigung abgesprochen. Richtig bleibt der Gedanke, dass Irrtum über den Thatbestand den Vorsatz ausschliesst, Irrtum über die Rechtsfolgen aber ohne Einfluss ist. Soweit die Formulierung: „Thatirrtum entschuldigt, Rechtsirrtum entschuldigt nicht“ weiter nichts bezweckt, als diesem Gedanken Ausdruck zu geben, ist gegen sie nichts einzuwenden. Verliert man diesen Gesichtspunkt aber aus dem Auge, so kommt man von dem Satze des Paulus zu einer willkürlichen und undurchführbaren Theorie.

II. Diese undurchführbare Theorie geht dahin, dass nur ein Irrtum über die sinnenfällige Begebenheit zu berücksichtigen sei, nicht aber ein solcher über deren Beurteilung.[1])

---

[1]) Der entschiedenste Vertreter dieser scheinbar durch Schärfe und Präzision sich empfehlenden Theorie ist Heinemann, Die Bindingsche Schuldlehre (1889) und: Zur Dogmengeschichte des Rechtsirrtums, Z. XIII. (1898) S. 371 ff. – Auch v. Liszt kommt zunächst zu diesem Ergebnis, wenn er (Lehrbuch 10. Aufl.) den Vorsatz definiert als „die Voraussicht des durch die Willensbethätigung bewirkten oder nicht gehinderten Erfolges“ (S. 148), den Erfolg aber als „sinnfällige Veränderung der Aussenwelt“ (S. 102). Dies Ergebnis wird indessen gemildert durch seine Konstruktion einer Duplizität des Vorsatzes und die damit zusammenhängende Behandlung des Subsumtionsirrtums (S. 151), worüber unten S. 109 ff. — Die Stellung des Reichsgerichts in dieser Frage ist in Ermangelung einer grundsätzlichen Stellungnahme schwer zu erkennen. Es werden einige Urteile begegnen, denen unbedingt zuzustimmen ist (unten S. 96 ff.). Eine bedenkliche Beschränkung auf das sinnlich Wahrnehmbare dagegen II 31. 1. 1890 (E. XX 198): „Der § 59 behandelt nicht Unkenntnis von Begriffsmerkmalen, deren Gesamtheit das Strafgesetz bildet, sondern von Thatumständen, welche zum gesetzlichen Thatbestande gehören, d. h. unter eines dieser gesetzlichen Begriffsmerkmale fallen“. Diese difficile Unterscheidung wird von Frank in einem Sinne kommentiert, der mit der hier bekämpften Ansicht zusammenfällt: „Der Deliktsbegriff, wie er durch den Thatbestand normiert wird, setzt sich aus Einzelbegriffen zusammen. Diese sind die ‚Begriffsmerkmale‘ des Delikts. Sie sind aber nicht unauflösbare Atome, sondern der Auflösung in Unterbegriffe fähig, und diese gehen schliesslich auf Thatumstände, d. h. auf mehr oder weniger [?] sinnfällige Erscheinungen zurück, aus denen sie im Wege der Abstraktion und Syn-

Das Verbrechen ist Handlung, Willensbethätigung, im besonderen pflichtwidrige Willensbethätigung, welche rechtlich relevant aber nur insoweit ist, als sie einen bestimmt gearteten Erfolg bewirkt.

Dass der Vorsatz als ein wesentliches Moment die Vorstellung der Bewirkung dieses Erfolges enthalten müsse, darüber besteht kein Streit. Die Frage, die sich hier erhebt, geht also dahin: Besteht die Bewirkung eines bestimmten Erfolges lediglich aus einer Kette sinnlich wahrnehmbarer Ereignisse? Ihre Beantwortung ist abhängig von einer Bestimmung des Begriffs „Erfolg" im allgemeinen, „strafrechtlich relevanter Erfolg" im Besonderen.

Es wird zunächst zugegeben werden, dass der „Erfolg" insoweit stets eine „Veränderung der Aussenwelt" (v. Liszt) darstellt, als wir die Aussenwelt lediglich negativ definieren als das nicht der Innenwelt des Thäters Angehörige. Der Willensakt selbst und die Kette von Vorgängen, die zwischen ihm und der Muskelkontraktion liegen, bilden einen „Erfolg" von strafrechtlicher Bedeutung noch nicht.[1])

---

these gebildet sind. Die Unkenntnis der ‚Begriffsmerkmale' entschuldigt nicht, sie wird durch § 59 überhaupt nicht berührt, vielmehr hat nur die Unkenntnis eines ‚Thatumstandes' die Bedeutung eines den Dolus ausschliessenden Moments" (Frank Z. XII S. 282). Kurz: ein Irrtum über „sinnfällige Erscheinungen" wird berücksichtigt, ein anderer nicht; so das Reichsgericht nach Frank. Damit ist wenigstens eine einfache Regel gegeben. Dass das Reichsgericht so einfach zu verstehen ist, kann aber nicht ohne weiteres zugegeben werden. Wenn wir von einem „gesetzlichen Thatbestand", von einem Delikt als von einem Begriff ausgehen, so können wir diesen Begriff immer weiter in Unterbegriffe auflösen, wir kommen aber immer wieder zu einem „Begriff", nie zu einer „sinnfälligen Erscheinung"; das Umgekehrte gilt, wenn wir ein einzelnes Delikt als eine reale Erscheinung betrachten. In dem Begriff „Mord" ist auch der Mensch nur ein Begriff. Gehen wir aber von einer einzelnen That, z. B. einer Blutschande, aus, so ist nicht einmal das verwandtschaftliche Verhältnis der Beteiligten ein „Begriff", sondern ein höchst reales, wenn auch nicht sinnenfälliges, Etwas. Indessen: Die Unterscheidung von „Begriffsmerkmalen etc." und „Thatumständen etc." klingt gut, man glaubt, sich etwas dabei denken zu können; so hat sie den Weg in alle Kommentare gemacht bis herab zu den kleinsten Text-Ausgaben mit Anmerkungen.

[1]) Die Differenzen über den Ausdruck „Erfolg gleich Veränderung der Aussenwelt" betreffen m. E. lediglich die Zweckmässigkeit der

Allein innerhalb dieser auf einen bestimmten Willensakt zurückführbaren „Veränderungen der Aussenwelt“ verlangt unsere Untersuchung eine engere Umgrenzung.

1. Die Annahme einer Ursache ohne Wirkung widerspricht den Bedingungen unsres Denkens nicht minder als die einer Wirkung ohne Ursache.

Die letztere Frage interessiert hier nicht: Die Erklärung des Willensaktes seinerseits steht nicht zur Erörterung.

Umgekehrt aber führt das Postulat: „Keine Ursache ohne Wirkung“ zu der Erkenntnis, dass die Reihe der „Folgen“ eines Willensaktes, einer Handlung unabsehbar ist. Mögen die Zusammenhänge für unser kurzsichtiges Auge auch immer weniger erkennbar werden, wir sind nicht berechtigt, an irgend einer Stelle einen Schnitt zu machen und zu sagen: Bis hierher reichen die „Folgen“ jener Handlung; was weiter kommt, steht nicht mehr in Zusammenhang mit ihr. Im Gegenteil, die „Folgen“ bilden nicht nur eine unendliche Reihe, sondern eine unendliche Anzahl unendlicher Reihen, da auch die Zahl der Wirkungen, für die jede „Folge“ ihrerseits wieder Ursache ist, unendlich gross oder mindestens für uns unmessbar gross ist.

Diese Wahrheit sich immer wieder vor Augen zu halten, dürfte, so trivial sie ist, nicht unnützlich sein. Eine analoge Erwägung hat in neueren Erörterungen der Kausalitätslehre sich als fruchtbar erwiesen. Es ist dort gewissermassen die erste Hälfte zu der obigen Betrachtung gewesen: Wenn wir (nicht nach der Wirkung, sondern) nach der Ursache eines Ereignisses fragen, so führt uns eine rein mechanische

Terminologie. Wenn jemand für die strafrechtliche Betrachtung alles dasjenige „Aussenwelt“ nennt, was nicht zur Innenwelt des Thäters gehört, so sehe ich nicht ein, was sachlich dagegen einzuwenden wäre. Deshalb beruht die Polemik Freudenthals (Die notwend. Teilnahme am Verbrechen [1901] S. 80f.) gegen den von v. Liszt gebrauchten Terminus „Aussenwelt“ in der That, wie dieser S. 102 bemerkt, auf einem Missverständnis. Liszt hat aber in seiner Replik den Kern des Freudenthalschen Angriffes unberücksichtigt gelassen: dieser richtete sich wohl in der Hauptsache gegen Liszts Wort „sinnfällige V. d. A.“ In dieser Hinsicht muss, wie sogleich auszuführen ist, Freudenthal unbedingt beigetreten werden. — Vgl. auch insbes. Liepmann, Einleitung S. 78 ff. und Z. XXII (1902) S. 74 ff. Anm. 4.

Betrachtung ins Endlose, sowohl in der Tiefen-, wie in der Breitendimension.[1]) Mit welchem Recht heben wir aus dieser unendlichen Zahl von Bedingungen eine als „die Ursache" jenes Ereignisses heraus?

Einen wirklichen Fortschritt bedeutete hier die richtige Problemstellung: Warum und mit welchem Recht werfen wir überhaupt die Frage nach der „Ursache" eines Ereignisses auf? Und diese Fragestellung führte zu der trotz Kant vielfach vergessenen Einsicht, dass das Kausalitätsproblem, soweit es für uns lösbar ist, weder ein mechanisches noch ein metaphysisches, sondern ein erkenntnistheoretisches und logisches Problem ist. Wir können lediglich fragen nach der Ursache eines Ereignisses als nach dessen Erklärung für einen bestimmten Standpunkt der Betrachtung. Die nächste Aufgabe also musste es sein, diesen Standpunkt zu fixieren.[2])

Auch wenn wir nach dem Erfolg einer Handlung fragen, stehen wir der Aufgabe gegenüber, aus einer unübersehbaren Menge von Erscheinungen, den „Folgen", einen Ausschnitt vorzunehmen. Auch hier handelt es sich um die Vorfragen: Warum stellen wir die Frage nach dem „Erfolg"? Von welchem Standpunkt aus ist jener Ausschnitt vorzunehmen? Ohne zu diesen Vorfragen Stellung zu nehmen, führt die Feststellung des „Erfolges" einer Handlung lediglich zu Willkürlichkeiten. Welches ist der „Erfolg" der Willensbethätigung, durch welche man den an den Abzugsbügel eines Gewehrs gelegten Zeigefinger krümmt? Ist es die Entzündung der Pulvergase oder die Bewegung der Luft? Ist es die in dem getroffenen

---

[1]) Vgl. insbes. Thyrén, Bemerkungen zu den kriminalistischen Kausalitätstheorien (1894) S. 6ff., der in dieser Hinsicht weder durch Hartmann (Das Kausalitätsproblem im Strafrecht [1900] S. 64) noch durch die scharfsinnigen Ausführungen von Brünneck (Die herrschende Kausalitätstheorie und ihre Stellung zum St.G.B. [Hall. Diss. 1897] S. 7ff.) widerlegt worden ist.

[2]) Über diese methodische Grundlage des Kausalitätsproblems vgl. die klärenden Ausführungen von Liepmann, Einleitung S. 47ff., dem ich mich, so wenig ich seinen „Ausbau der logischen Kausalitätstheorie" für glücklich halten kann, in dieser Betonung des logischen Charakters der Frage durchaus anschliesse. — Vgl. jetzt auch Frank (2. Aufl.) § 1 VI.

Menschen vor sich gehende physiologische Veränderung oder die Vernichtung eines Rechtssubjektes? Ist es die Not, in welche die ihres Ernährers beraubte Familie gerät oder die revolutionäre Rede, durch welche der in jener Not zum Gesellschaftshasser gewordene Sohn des Getöteten sich ins Gefängnis bringt? Eine dieser Fragen vor der anderen bejahen wäre offenbar Willkür.

Das strafrechtliche Kausalitätsproblem betrifft die Frage, ob ein gegebenes Ereignis die „Ursache“ eines anderen gegebenen Ereignisses genannt werden könne. Die Frage nach dem „Erfolg“ geht dahin, wie beschaffen jenes zweite Ereignis sein müsse, damit wir, von ihm ausgehend, die Frage nach seiner für das Strafrecht relevanten Ursache aufzuwerfen überhaupt Veranlassung haben.[1])

Nun wird dieser Frage nach dem „Erfolg“ freilich durch das Gesetz mit seinen fest umschriebenen Thatbeständen eine Hilfe zu teil, wie sie dem Kausalitätsproblem in gleicher Weise nicht zur Seite steht. Aber auch diese geht nur dahin, dass das Gesetz eine grosse Anzahl von „Folgen“ bei Ermittelung des „Erfolges“ ausser Betracht zu lassen gestattet. Das, was übrig bleibt, ist noch vieldeutig genug. In dem obigen, gewiss einfachen, Beispiel ist es der Tod des Menschen. Ist das Wesen des Todes aber in dem Stillstand der Herzthätigkeit erschöpft, oder umfasst es das Aufhören der menschlichen Persönlichkeit oder des Gesellschaftsgenossen oder der Rechtspersönlichkeit?

Die Frage ist nur zu beantworten, wenn man sich Rechenschaft darüber giebt, dass man in dem Begriff „Tötung eines Menschen“ eine Summe von Erfahrungen zu einer Einheit verknüpft, ohne dass jene Erscheinungen selbst, abgelöst von dem sie vorstellenden Subjekt, eine Rechtfertigung gerade für diese Zusammenfassung in sich trügen. Erst die bestimmten Interessen, die der denkende Mensch dem objektiven Geschehen entgegenbringt, die Zwecke, die er mit seinen

---

[1]) Auf die Verwandtschaft der Frage nach dem Erfolg mit der Kausalitätsfrage hat hingewiesen v. Lilienthal, Der Ort der begangenen Handlung im Strafrecht (1890) S. 1f. — Vgl. auch Höpfner, Einheit und Mehrheit der Verbrechen I (1901) S. 112 Anm. 5.

Wahrnehmungen verbindet, bringen für ihn eine gewisse Ordnung und Gruppierung in den Lauf der Dinge, welcher ohne dies subjektive Moment als ein ununterbrochener, ewig in sich gleicher Strom vor ihm dahin fliessen würde.

Eine auf solche Weise gewonnene „Einheit" — eine Zweckeinheit[1]) — ist auch das Ereignis, welches wir einen strafrechtlich relevanten „Erfolg" nennen.

Freilich werden wir hierbei nicht stehen bleiben können: es wird sich später darum handeln, das principium unionis, den einigenden Gesichtspunkt aufzusuchen, um zu einer sachlichen, nicht lediglich formalen Bestimmung des Erfolgsbegriffs zu gelangen. An dieser Stelle handelt es sich nur um die negative Aufgabe, die Unzulänglichkeit der Auffassung zu zeigen, welche in dem „Erfolg" lediglich eine sinnenfällige Begebenheit sehen will. An dieser Stelle genügt die Erkenntnis, dass wir nur dann einen Ausschnitt von „Folgen" einer Handlung zu einer Einheit, zu dem „Erfolg" zusammenzufassen Veranlassung haben, wenn wir diese Folgen unter einem bestimmten einigenden Gesichtspunkt betrachten; dass dies aber nur dann ausführbar ist, wenn wir ihnen irgend welche Eigenschaften beilegen können, die nicht sinnlich wahrnehmbar sind, die sie erst dadurch erhalten, dass wir sie in Beziehung zu uns, dem denkenden Subjekt, setzen.

2. Diese Betrachtung wurde allerdings vom Standpunkt des Gesetzgebers, oder wenn man will, des Richters, angestellt, während es sich hier um die Frage handelt, ob es genüge, dass der Thäter sich ein richtiges Bild von dem sinnlich Wahrnehmbaren gemacht habe. Das Ergebnis verschiebt sich indessen von dem letzteren Standpunkt aus nicht wesentlich: Der Thäter muss den Erfolg vorhergesehen haben, der Erfolg erschöpft sich aber nicht in sinnenfälligen Ereignissen.

Freilich liegt der Einwand nahe: Hier, wo es sich zunächst nur darum handle, die Möglichkeit einer Beschränkung des Dolus auf das sinnlich Wahrnehmbare zu erörtern, sei es

---

1) Über die logische Bedeutung der „Einheit", insbesondere über den „Zweck" als formal logisches Prinzip vgl. Sigwart, Der Kampf gegen den Zweck (Kleine Schriften II [1889] S. 24—67); Logik (2. Aufl. 1893) S. 217ff., 249 ff.; Jellinek, System der subjektiven öffentlichen Rechte (1892) S. 12ff., 20ff.

eine petitio principii, von dem Thäter die Kenntnis auch jener die Erfolgs-Einheit bildenden Gesichtspunkte zu verlangen; es bestehe immerhin die thatsächliche Möglichkeit, die zu fordernde Kenntnis auf das sinnlich Wahrnehmbare zu beschränken; gerade jene Erweiterung des Dolus sei es, die hier erst zum Beweise stehe.

Jene thatsächliche Möglichkeit besteht nun allerdings. Der Gesetzgeber, der souverän ist, könnte die Haftung des Thäters wegen Vorsatzes lediglich abhängig machen von einer richtigen sinnlichen Auffassung der in Raum und Zeit sich abspielenden Vorgänge. Der Diebstahlsdolus bestände dann in dem Bewusstsein, einen im Raume in einer gewissen Form, Farbe, Masse etc. gegebenen Gegenstand räumlich so zu verändern, dass eine thatsächliche Einwirkung eines bestimmten anderen Menschen auf ihn vereitelt, die eigene ermöglicht werde. Man versuche nur, eine derartige Dolusbestimmung auf andre Delikte auszudehnen (beispielsweise auf den Begriff „Wohnung" in § 123 St.G.B.), um sich von ihrer Undurchführbarkeit zu überzeugen.

Diese Undurchführbarkeit ist freilich keine absolute. Eine derartige Theorie wäre logisch möglich, aber sie würde zu einer Hervorhebung von durchaus unwesentlichen Elementen führen. Es gilt hier eine analoge Erwägung, wie sie oben in § 5 über das Bewusstsein der Pflichtwidrigkeit angestellt wurde: Dort wurde ausgeführt, dass das an sich unerklärte Verlangen, der Thäter müsse gewusst haben, was er thut, nur deshalb einen vernünftigen Sinn haben kann, weil nur unter dieser Voraussetzung gesagt werden kann, der Thäter habe gewusst, dass er das nicht thun dürfe. Ähnlich hier: Dass der Thäter die Dinge der Aussenwelt sinnlich richtig aufgefasst hat, ist für den Kriminalisten nur insofern von Interesse, als nur unter dieser Voraussetzung weitergegangen und gesagt werden kann, also habe er die Aussenwelt in eine, vom Standpunkt des Beurteilenden aus, richtige Beziehung zu sich selbst gesetzt.

Der Mensch handelt nicht auf Grund sinnlicher Wahrnehmungen, sondern auf Grund von höchst komplizierten Assoziationen und Begriffen, wenn auch in letzter Linie die Elemente dieser Begriffe auf der sinnlichen Auffassung von

Gegenständen oder auf der Reproduzierung von früher wahrgenommenen Dingen beruhen. Solche Begriffe kommen erst zustande durch bestimmte Synthesen unsres Denkens, die nach dem jeweiligen mit der Begriffsbildung verfolgten Zweck sehr verschiedenartig sein können. Das Ziel unsrer Untersuchung ist aber die Lösung der Frage, unter welchem Gesichtspunkt der praktisch handelnde Mensch die Gegenstände sieht. Um diesen, nicht um den nach theoretischer Erkenntnis strebenden handelt es sich hier. Für den praktisch handelnden Menschen aber bildet nicht die Welt der nach Form, Farbe, Temperatur u. s. w. bestimmten Dinge die Grundlage, sondern eine Welt von Gegenständen, von denen die mannigfachsten Beziehungen auf das handelnde Subjekt gar nicht loszulösen sind.

Freilich sind diese in Zweckbeziehungen bestehenden Eigenschaften der Dinge für jeden Standpunkt der Betrachtung andere; sie sind nichts, was den Dingen „an sich" zukommt. Aber von ihnen absehen kann der praktisch handelnde Mensch nicht. Für ihn — und nur darauf kommt es hier an — kommen sie den Dingen in demselben Masse zu wie die sinnlich wahrnehmbaren Eigenschaften, die ja, erkenntnistheoretisch betrachtet, auch nichts den Dingen an sich wesentliches darstellen. Das „Pferd" ist nicht nur ein Körper von bestimmter Form, Farbe etc., sondern es ist für den Zoologen ein Organismus, für den Fuhrmann ein Zugtier, für den Pferdemetzger ein Nahrungsmittel. Soweit die Vorstellung „Pferd" in eine zum Zwecke praktischen Handelns angestellte Erwägung mit aufgenommen wird, ist ihm eine solche oder andere nicht sinnlich wahrnehmbare Eigenschaft stets wesentlich.[1])

---

[1]) Vgl. die Ausführungen Jellineks (a. a. O. S. 15), die für die juristische Begriffsbildung in hohem Grade fruchtbar sein könnten: „Die Welt des Juristen ist nicht die, welche das Objekt der theoretischen Erkenntnis bildet. Es ist die Welt des Handelns, des praktischen Lebens, die ausschliesslich die seinige ist, eine Welt der Dinge für uns, nicht der Dinge an sich. . . . Es ist die Welt menschlicher Zwecke und Werte, in welcher das Rechtssystem seine Stelle hat." — Über die hier erörterte Frage nach Vorsatz und Irrtum und die Möglichkeit der Beschränkung auf sinnlich Wahrnehmbares habe ich eingehende prinzipielle Ausführungen nur gefunden bei Finger, Österreichisches Strafrecht I

Ein dem Juristen näher liegendes Beispiel bildet der Mensch. Man würde sich irren, wollte man hierin einen lediglich physiologisch bestimmbaren Begriff erblicken. Man vergleiche nur z. B. § 211 mit § 239 St.G.B., wo bei dem „Menschen“ durchaus verschiedene Eigenschaften vorausgesetzt werden.[1]) Oder man denke an das Delikt der Körperverletzung: Nicht die physiologische Veränderung, sondern ein Erfolg psychologischer Natur wird hier — auch von Urteilen des Reichsgerichts — verlangt und demgemäss auch ein diesen Erfolg umfassender Vorsatz.

Durchaus zutreffend ist der Standpunkt des Reichsgerichts[2]) in einem Falle, wo eine Hebamme ihrer Instruktion zuwider der Gebärenden zur Erleichterung der Geburt das Schambändchen etwas aufgeschnitten hatte: die durch den Schnitt bewirkte Beeinträchtigung der körperlichen Unversehrtheit genüge zur Verurteilung aus § 223a nicht (was die 1. Instanz angenommen hatte). „Wäre die Angeklagte der Meinung gewesen, der Einschnitt werde die Leiden der Gebärenden lindern oder abkürzen, so würde damit die Vorstellung unvereinbar sein, dass der Einschnitt den Erfolg einer Gesundheitsbeschädigung oder auch nur körperlicher Misshandlung haben werde.“

Eine andere Entscheidung[3]) fordert zum Vorsatz der Körperverletzung „das Bewusstsein, dass durch die Handlung

(Berlin 1894) S. 140f.: „Die der Wirklichkeit angehörigen Thatsachen, die sich anders als sie sind in jemandes Vorstellung abbilden, können bald sein gegenständlicher Natur, bald Ausdruck einer Beziehung .... Eine strenge Scheidung der Irrtümer in solche, die sich auf Gegenständliches beziehen, und in solche, bei denen ein Irrtum nicht in Gegenständlichem unterläuft, ist nicht leicht durchführbar. Man kann den Irrtum nicht in einen Wahrnehmungs- und Schlussirrtum teilen, da die einfachste Wahrnehmung, die zum Zwecke Handelns vorgenommen werden soll, ein Schluss ist.“ Diesen und den weiteren Ausführungen Fingers ist in jeder Hinsicht zuzustimmen. — Den hier verwerteten Gesichtspunkt habe ich ferner angedeutet bei Definierung des Begriffs „Sache“ im Hinblick auf die elektrische Energie. Vgl. Z. XX (1900) S. 459ff.

[1]) Olshausen § 211 N. 1 und § 289 N. 2.

[2]) R.G. IV 30. 8. 94 (E. XXV 227).

[3]) R.G. I 9. 11. 98 (E. XXIV 369).

das Wohlbefinden gestört werde". Auch hier ist der Erfolg, auf den der Vorsatz gerichtet sein muss, so sehr die verletzende Handlung die „Sinne" des Verletzten affizieren mag, doch kein sinnenfälliges Ereignis. Nicht der physiologische Vorgang der Sinnesreizung, sondern die psychologische Erregung eines Unlustgefühls — welches der Verletzte auch keineswegs sinnfällig kundzugeben braucht — ist hier der Erfolg.

Die Erwägung, die das Reichsgericht in dem erstgenannten Urteil anstellt, hat auch Platz zu greifen in der berühmten Frage des ärztlichen Operationsrechts. Wenn der Arzt „heilen" will, so will er nicht „verletzen".[1]) Es ist eine flache Auffassung, die in der Bewirkung einer physischen, sinnenfälligen Veränderung bereits den wesentlichen Erfolg der Körperverletzung sieht und das Bewusstsein einer solchen Veränderung zum Dolus für ausreichend erklärt.[2])

Auch in einem dritten auf § 223 St.G.B. bezüglichen Falle hätte die oben wiedergegebene Erwägung des Reichsgerichts fruchtbar werden können: bei der vielerörterten Frage, ob der Versuch aus § 216 St.G.B. als Körperverletzung strafbar sei. Wer das Wesen des „Erfolgs" lediglich in einer sinnenfälligen Veränderung der Aussenwelt erblickt, und wer andrerseits den Vorsatz als Voraussicht (oder Wollen) des „Erfolgs" definiert, der kann die Folgerung nicht vermeiden, dass der Tötungsvorsatz den Körperverletzungsvorsatz stets einschliesse.[3])

Hier hat auch das Reichsgericht in einer Entscheidung

---

[1]) Dies der Grundgedanke von Stooss, Chirurgische Operation und ärztliche Behandlung (1898).

[2]) Vgl. das bekannte Urteil des O.L.G. Dresden im Falle Ihle vom 7. Oktober 1897 (Deutsche Jur.-Ztg. IV, 1899, S. 199f.).

[3]) Deshalb müsste v. Liszt konsequent den Versuch aus § 216 stets als Körperverletzung strafen und nicht bloss dann, „wenn mit dem Tötungsvorsatz ein eventueller Körperverletzungsvorsatz verbunden war" (Lehrbuch 10. Aufl. S. 295). Denn die Voraussicht des Körperverletzungs-Erfolges hatte der, dessen Vorsatz auf Tötung gerichtet war, stets, sobald man, wie v. Liszt, das Wesen des Erfolges bereits in der „sinnenfälligen Veränderung der Aussenwelt" sieht. Die von Liszt aufgestellte weitere Voraussetzung des eventuellen Körperverletzungsvorsatzes ist von seinem Standpunkt aus stets ohne weiteres gegeben.

der Vereinigten Strafsenate[1]) seine oben angeführte tiefer gedachte Auffassung wieder verlassen, indem es erklärt: „Wer den Vorsatz hat, einen Menschen zu töten, hat mit Notwendigkeit auch den Vorsatz, diesen körperlich zu verletzen.“[2])

[Dabei übersieht das Reichsgericht, wie die meisten Bearbeiter dieser Frage, einen anderen Gesichtspunkt, der auch von seinem Standpunkt aus zur Freisprechung führen musste: Einwilligung in die Körperverletzung schliesst — von besonderen Fällen abgesehen — nach der vielleicht als herrschend zu bezeichnenden Meinung die Rechtswidrigkeit aus. Wer auf diesem Standpunkt steht — das Reichsgericht hat die Frage hier für irrelevant erklärt[3]) —, der muss den Versuch aus § 216 St.G.B. mit Notwendigkeit für straflos erklären. Der Begriff des Vorsatzes verhält sich zu dem der Einwilligung wie das majus zum minus, was sich insbesondere bei der Behandlung des dolus eventualis zeigt. Wenn also der Vorsatz, zu töten, stets, wie das Reichsgericht annimmt, den Vorsatz, zu verletzen, einschliesst, so bezieht sich auch die Einwilligung in die Tötung stets auch auf die Verletzung — und umgekehrt. Das Reichsgericht fasst, wie bemerkt, den Vorsatz in jener äusserlichen Weise auf, meint jedoch — richtig, aber inkonsequent —, dass „die Einwilligung zwar auf Tötung, nicht aber auf Körperverletzung gehe“.]

Die angeführten Beispiele sollten darthun, dass die Frage, ob der „Erfolg“ ein sinnenfälliges Ereignis und der Vorsatz nur auf sinnlich Wahrnehmbares zu beziehen, keineswegs müssig und praktisch bedeutungslos ist. Zur Lösung der Frage genügte an dieser Stelle die formale Erwägung, dass

---

[1]) R.G. 8. 2. 96 (E. XXVIII 200); vgl. auch R.G. I 9. 11. 98 (E. XXIV 869).

[2]) Treffend Frank § 216 III: „Der Mann, der seine von Schmerzen gefolterte Frau töten und ihr so weiteres Leiden ersparen will, will sie eben töten, und er hätte die auf Tötung gerichtete Handlung sicherlich unterlassen, wenn er vorausgesehen hätte, dass sie nur zu einer Körperverletzung führen werde.“

[3]) Mit der unverständlichen Begründung, dass die Frage der Einwilligung nicht analog dem Vorsatz, sondern analog der Absicht zu behandeln sei. Diese aber sei nicht auf die blosse Verletzung zu beziehen!

der Begriff „Erfolg“ ein logisch-teleologischer ist,[1]) dass ihm stets nicht sinnlich wahrnehmbare Beziehungen wesentlich sind.

Die Frage musste auch deshalb verhältnismässig eingehend erörtert werden, weil nur von dem hier gewonnenen Standpunkt aus die Doluslehre vorwärts zu bringen sein dürfte. Die Erkenntnis, dass das materielle Geschehen nicht das Wesentliche im Verbrechen ist, dass dies Wesen vielmehr nur zu ermitteln ist durch Besinnung auf das principium unionis, auf den Gesichtspunkt, unter welchem die Synthese „Erfolg“ vorgenommen wird, diese Erkenntnis wird unten die Grundlage zu bilden haben für den Versuch, die Doluslehre positiv aufzubauen.

Zur blossen Widerlegung der Ansicht, der Vorsatz habe sich nur auf sinnlich Wahrnehmbares zu beziehen, genügt vielleicht bereits der Hinweis auf die zahlreichen Fälle, denen gegenüber wohl niemand mit jener Ansicht Ernst machen würde (unten No. 3 und 5).

---

[1]) Umgekehrt nennt es Heinemann verschiedentlich (vgl. z. B. Z. XIII 480) einen „groben Widerspruch mit den Fundamentalsätzen der Logik, dass man jene Empfindung der Selbstthätigkeit, welche wir Willen nennen, auf etwas anderes bezog als auf das physische Geschehen“. Nach dem oben Ausgeführten muss ich gerade einen logischen Fehler durchaus auf seiten Heinemanns sehen. — Heinemanns Polemik gegen Binding (Die Bindingsche Schuldlehre, S. 84ff.) ist keineswegs schlagend. Er stützt sich im wesentlichen auf das Argument, dass wir die Kategorie der Kausalität nur für der Sinnenwelt angehörige Thatsachen verwenden könnten. Das ist erstens nicht richtig, da wir z. B. eine psychische Kausalität anerkennnen müssen, psychische Vorgänge aber nicht sinnlich wahrnehmbar sind; es ist zweitens eine petitio principii, denn es ist durchaus die Frage, ob die Schuld es nur mit dem Bewusstsein der Kausalität zu thun hat. Weiter ist Heinemann zuzugeben, dass die „Rechtswidrigkeit“ nur eine Abstraktion, ein Werturteil ist. Aber „logisch unmöglich“ ist es deshalb noch nicht, auch zum Inhalt des schuldhaften Willens das Bewusstsein jener objektiven Bewertung zu fordern. Mehr verlangt wohl auch Binding nicht, der kaum wird haben behaupten wollen, die Kategorie der Kausalität solle auf das Verhältnis des Willensaktes zu einem Werturteil angewendet werden. Freilich ist nicht zu bestreiten, dass Binding durch die Fassung seiner Definition („Schuld ist der Wille eines Handlungsfähigen als Ursache einer Rechtswidrigkeit“, soll heissen: „eines Erfolgs, welcher als rechtswidrig zu qualifizieren ist“) zu solcher Auffassung Anlass gegeben hat. — Ähnlich wie Heinemann auch Klee, Vorsatz (1897) S. 25f.

3. Unter den Fällen, denen ein sinnlich wahrnehmbarer Erfolg augenscheinlich fehlt, steht eine Gruppe von Delikten (Beleidigung, Meineid u. s. w.) obenan, bei welchen selbst die eifrigsten Verteidiger eines mechanischen Erfolgsbegriffs einen solchen „Erfolg" nur gezwungen konstruieren könnten.

Man hat diesen Delikten daher, um nicht die Möglichkeit eines nicht sinnlich wahrnehmbaren Erfolgs zugeben zu müssen, einen Erfolg überhaupt abgesprochen und sie reine Thätigkeitsdelikte genannt.[1]) Indessen in dem System unsres heutigen Strafrechts, in welchem cogitationis poenam nemo patitur, ist ein Delikt, welchem ein Erfolg überhaupt nicht wesentlich ist, ein völlig unmögliches Gebilde, durch welches lediglich die Fehlerhaftigkeit des zu Grunde gelegten Erfolgsbegriffes bewiesen wird.

Auch der umgekehrte Weg ist eingeschlagen worden, um einerseits jene Delikte erklären, andrerseits an der sinnlichen Wahrnehmbarkeit eines jeden Erfolges festhalten zu können. Man hat darauf hingewiesen, dass jede Handlung als Körperbewegung zum mindesten eine Veränderung der den Körper umgebenden Luftschicht bewirken müsse;[2]) dass auch die Beleidigung sinnenfällige Veränderungen nach sich ziehe: die wörtliche Beleidigung die Luft wie das Trommelfell des Beleidigten in Schwingungen versetze u. s. f. Einem solchen Standpunkt gegenüber sind die Vertreter des reinen Thätigkeitsdelikts durchaus im Recht, wenn sie betonen, dass dies zwar eine Folge der Körperverletzung, aber kein juristisch irgendwie in Betracht kommender „Erfolg" ist. Gerade hier gilt das oben Bemerkte, dass der „Erfolg" mit der Reihe der Folgen nicht identisch ist, sondern ein Ausschnitt aus diesem unter einem juristisch relevanten Gesichtspunkt.

Wenn Goethe den Egmont, nachdem dieser alle Überzeu-

---

[1]) Über und für diese „reinen Thätigkeitsdelikte" vgl. Kitzinger, Ort und Zeit der Handlung im Strafrecht (1902) S. 71 ff. und dort Angeführte.

[2]) So z. B. Bekker, Theorie des heutigen deutschen Strafrechts (1859) S. 86 ff., auch wohl v. Liszt (10. Aufl.) S. 102 f. — Den Satz von der Erhaltung der Energie hier anzuführen, wie es mitunter geschieht, zeugt von geringem Verständnis entweder für das Wesen dieses Satzes oder für die Natur des Strafrechts als einer Geisteswissenschaft.

gungskunst vergebens aufgewendet hat, dem Alba verzweifelt zurufen lässt: „Die Luft hab' ich erschüttert, weiter nichts gewonnen“, so heisst das in unsre platte Sprache übersetzt: „Die Luft habe ich zwar erschüttert; aber die beabsichtigten Vorstellungen und Gefühle konnte ich in Dir nicht erwecken; einen Erfolg haben meine Worte nicht gehabt.“

Der Erfolg, die Luft in Schwingungen zu setzen, ist physikalisch sehr relevant; Sinnesreize in einem Menschen zu erregen, ist für den Physiologen zweifellos ein „Erfolg“. Wie aber Egmont kein Physiker ist, sondern ein Mann des praktischen Handelns, so sind auch wir weder Physiker noch Physiologen, sondern Juristen; auch unser Objekt ist die Welt des praktischen Handelns. Was der Jurist „Erfolg“ nennt, bestimmt seine Methode, ohne dass er zu methodischen Anleihen bei anderen Wissenschaften zu greifen braucht. Die juristische Methode aber wird bestimmt durch ihr Substrat, das Recht, als eine unter bestimmtem Gesichtspunkt gewonnene Erscheinungsform des menschlichen Zusammenlebens, als eine Summe von Beziehungen, als eine Summe von Bewusstseinsvorgängen. Dass auch diesen Bewusstseinsvorgängen sinnlich wahrnehmbare Vorgänge zu Grunde liegen, ist freilich nicht zu leugnen, aber ebensowenig, dass diese nicht das Wesen der gesellschaftlichen, im besonderen der rechtlichen Vorgänge ausmachen.

Das vorhin erwähnte Beispiel der Beleidigung redet hier eine besonders deutliche Sprache: „Erfolg“ der Beleidigung kann man schwerlich die Affizierung der Gehörnerven oder die Bewirkung von Schallempfindungen nennen, sondern das in dem Beleidigten hervorgerufene Gefühl der gekränkten Ehre, der geminderten Achtung oder wie man es im einzelnen definieren mag; zum mindesten die Vorstellung von der Bedeutung des Gehörten bildet den Erfolg der beleidigenden Thätigkeit. Ja, man mag der überzeugteste Anhänger einer materialistisch-monistischen Philosophie sein und alle Bewusstseinsvorgänge für Funktionen der Materie erklären: Eine begriffliche Trennung von Bewusstsein und Materie kann auch der Materialismus nicht entbehren, denn auch er geht von der unbezweifelbaren Thatsache des Selbstbewusstseins als einer für die innere Wahrnehmung von der Materie verschiedenen Erscheinung aus. Schon die Fragestellung des Materialismus: Wie die Vorgänge des Bewusstseins in ihrem Verhältnis zur Materie zu erklären seien, wäre anderen Falles gegenstandslos. Auch der Materialismus kann jene Trennung ebenso wenig entbehren, wie wir an einem Gegenstand von der Unterscheidung von rechts und links, oben und unten absehen können. Als Objekte verschiedener Betrachtungsweisen müsste auch eine monistisch-materialistische Auffassung die Unterscheidung von Bewusstseinsvorgängen und Vorgängen der Materie anerkennen. An dieser Stelle handelt es sich aber um nichts weiter, als dass zunächst der richtige Standpunkt der Betrachtung eingenommen werde: und dieser muss für uns, unbeeinflusst von Idealismus oder Materialismus, ein gesellschaftswissenschaftlicher, ein juristischer, ein dem Gebiet der Bewusstseinsvorgänge zugewendeter sein.[1]) —

Eine Gruppe von Delikten, die besonders häufig unter die Rubrik „reine Thätigkeitsdelikte“ gebracht wird, bilden die Gefährdungsdelikte. Wenn hier auch für die Gefährdungsdelikte die Wesentlichkeit eines „Erfolges“ behauptet werden muss, so soll damit keineswegs die durchgreifende Verschiedenheit zwischen Verletzungs- und Gefährdungsdelikten in Abrede gestellt werden. Aber warum die „Gefährdung“ eines Rechtsgutes nicht ebenso sehr einen Erfolg darstellen soll wie dessen „Verletzung“, ist solange nicht einzusehen, als man sich von der ebenso beweislosen wie beweisbedürftigen Ansicht, nur eine mechanische Veränderung sei ein Erfolg, frei hält. Für den Juristen ist die Verletzung eines Rechtsgutes nichts andres als eine Veränderung der Beziehungen zwischen Rechtssubjekt und Rechtsobjekt. Die Vernichtung oder Beschädigung einer „Sache“ beispielsweise ist nicht die Vernichtung oder Beschädigung der Substanz — diese ist unzerstörbar —, sondern eine den wirtschaftlichen Wert verringernde Veränderung der räumlichen Beziehungen. Der gleiche, lediglich an Intensität geringere Erfolg tritt

---

[1]) In der Hauptsache durchaus treffend Liepmann Z. XXII S. 74ff. „Nur eine kurzsichtige, das Wesentliche übersehende Betrachtung kann die Wirkung eines Delikts in der Veränderung der Aussenwelt, also grob gesagt darin finden, dass etwas weggenommen oder Blut vergossen ist.“

bei einer Gefährdung ein: Hier ist es meist die Verringerung der Möglichkeit einer vom Recht garantierten Einwirkung eines Subjektes auf ein Objekt. In anderen Fällen — man denke an die Mehrzahl der Polizei-Übertretungen — bewirkt der Thäter eine Störung des allgemeinen Gefühles der Rechtssicherheit. Wie man auch die Gefährdung konstruieren möge, stets stellt sie zum mindesten eine Vergrösserung der Verletzungsmöglichkeit dar, stets hat sie einen sehr realen „Erfolg".

Es ergiebt sich: Jeder Handlung, die strafrechtlich von Bedeutung sein soll, ist ein „Erfolg" wesentlich, auch wenn eine sinnenfällige Veränderung der Aussenwelt nicht zu erkennen ist; und daraus folgt umgekehrt: Das juristisch relevante Moment in dem Deliktserfolg ist nicht die sinnenfällige Veränderung der Aussenwelt. Denn das Recht ist nicht eine Summe mechanischer Vorgänge, sondern eine Summe von Bewusstseinsvorgängen.

4. Noch eine andere Betrachtung dürfte erweisen, dass es nicht nur unmöglich ist, den Vorsatz lediglich auf das sinnlich Wahrnehmbare zu beziehen, sondern dass auch niemand auf Grund unsrer heutigen Anschauungen mit solcher Ansicht Ernst zu machen im stande wäre.

Die Zurechnungsfähigkeit einer Person pflegt formal definiert zu werden als die allgemeine psychische Disposition eines Menschen, welche das Zurechnungsurteil im einzelnen Falle gestattet.[1]) Bezöge sich dies Zurechnungsurteil wirklich nur auf die sinnliche Wahrnehmung der Aussenwelt, so wäre die Lösung der Frage nach der Zurechnungsfähigkeit die denkbar einfachste: zurechnungsfähig wäre Jeder, dessen Sinne normal funktionieren. Eine solche Lösung ist bisher noch nicht versucht worden.

5. Betrachten wir die einzelnen Delikte unsres Strafgesetz-

[1]) An dieser Stelle, wo eine materiell richtige Definition der Z. nicht beabsichtigt ist, muss von einer neuerdings Boden gewinnenden Auffassung der Z. als Empfänglichkeit für den Strafvollzug abgesehen werden. Beide Auffassungen haben nichts miteinander gemein.

buches, so findet sich in der That eine grosse Menge von Fällen, bei denen zum Vorsatz die Kenntnis nicht sinnlich wahrnehmbarer (teils rechtlicher, teils sog. thatsächlicher) Eigenschaften gefordert werden muss und allgemein gefordert wird. Es seien unter Beiseitelassung strittiger Fälle die wichtigsten herausgehoben.

A. Eigenschaften einer Person.

a) Mitglied des landesherrlichen Hauses, § 96 f. St.G.B. (R.G. III 28. 9. 91, E. **XXII** 141).

b) Beamter, §§ 113, 117 St.G.B. (R.G. III 30. 10. 80, E. **III** 14); § 174 St.G.B. (R.G. III 20. 3. 93, E. **XXIV** 83); §§ 333, 348 St.G.B. (R.G. III 9. 1. 93, E. **XXIII** 374).

c) Das Alter einer missbrauchten Person, §§ 176ff. St.G.B. (R.G. I 28. 4. 84, III 1. 7. 85, E. **X** 337. **XII** 340).[1]

d) Ascendent, § 215 St.G.B. (Olshausen N. 1).

e) Ausländer, § 296a St.G.B. (Olshausen N. 6).

f) Minderjähriger, §§ 301 ff. St.G.B. (Olshausen N. 2).

g) „Erwachsene“ Person, § 348 St.G.B. und § 166 C.P.O. alter Fassung (R.G. I 8. 4. 86, R. **VIII** 266: nicht gleich grossjährig, sondern solche Person, „von der man gewärtigen könne, dass sie das zuzustellende Schriftstück richtig abliefern werde“).

B. Eigenschaften einer Sache.

a) Wohnung, § 123 (R.G. II 22. 1. 86, E. **XIII** 312).

b) Fremde Sache, §§ 242, 246 St.G.B. (Olshausen N. 33).

c) Öffentliche Urkunde, §§ 267, 348 St.G.B. (R.G. I 5. 1. 94, E. **XXV** 69).

d) Jagdbares Tier, § 292 St.G.B. (R.G. III 3. 3. 84, E. **X** 234; Rechtsunkenntnis, also umsomehr zoologische Unkenntnis).

---

[1]) Erwähnt sei, dass das Bayer. St.G.B. von 1861 (Art. 227) diese Kenntnis nicht forderte. — Man beachte (entsprechend auch in anderen Fällen), dass ein Irrtum in verschiedenster Weise möglich, z. B. Unkenntnis des Geburtstages oder Rechenfehler. In keinem Fall betrifft er etwas sinnlich Wahrnehmbares, sondern eine einer Person erst beigelegte Eigenschaft.

C. Eigenschaften eines Ortes.[1])

a) Fremdes Jagdgebiet, § 292 St.G.B. (Olshausen N. 11).

b) Deutsches Küstengewässer § 296a St.G.B. (Olshausen N. 6).

D. Eigenschaften einer Handlung.

a) Eid § 153 St.G.B. (R.G. III 26. 3. 81, E. **IV** 32).[2])

b) Unbefugte, nur kraft öffentlichen Amtes vorzunehmende Handlung, § 132 St.G.B. (R.G. IV 29. 11. 95, E. **XXVII** 418).

c) Unzüchtige Handlung, §§ 174 ff. St.G.B. (R.G. II 10. 12. 97, E. **XXX** 378).[3])

d) Pflichtwidrige Handlung, § 332 St.G.B. (R.G. III 5. 11. 83, R. **V** 670); § 333 St.G.B. (R.G. III 19. 11. 83, R. **V** 717).

e) Rechtlich erhebliche Thatsache, § 348 St.G.B. (R.G. I 17. 1. 81, E. **III** 324).

f) Rechtmässige Ausübung des Amtes, § 113 St.G.B. (R.G. II 5. 11. 80, III 30. 10. 80, E. **II** 423, **III** 14; dagegen betr. § 114 St.G.B. R.G. II 7. 12. 94, G.A. **XXXXII** 404; unklar R.G. IV 27. 6. 84, R. **VI** 478).

g) Charakter eines angedrohten Übels als Missbrauch der Amtsgewalt, § 339 St.G.B. (R.G. IV 2. 10. 96, G.A. **XXXXIV** 252).

---

[1]) Ob und inwieweit die Kenntnis des Thäters die vielfach geforderte „Öffentlichkeit" eines Ortes zu umfassen habe, ist nicht unbestritten.

[2]) Ein Eidesunmündiger könne keinen Meineid begehen, denn er könne objektiv keinen Eid leisten, weil dem, was er sage, ein wesentliches Merkmal des Eides fehle: die Erhöhung der Glaubwürdigkeit. Nach dem Reichsgericht ist also das objektive Wesen des Eides nicht in dem Aussprechen bestimmter Worte erschöpft.

[3]) Dass das sinnenfällige Ereignis hier nicht das entscheidende Moment ist, zeigt sich darin, dass der äusserliche Akt bei einem legitimen Verhältnis derselbe sein kann. — Treffend cit. R.G.: „Dinge und Handlungen, die unbedingt und unter allen Umständen unzüchtig sind, gehören zu den Ausnahmen; regelmässig ist die Entscheidung bedingt durch die Rücksicht auf Personen, Verhältnisse, Ort, Zweckbestimmung u. s. w."

Eine Vorsatzdefinition, die sich auf das sinnlich Wahrnehmbare beschränkt, dürfte sich nach alledem als unmöglich erwiesen haben. Die Frage bleibt, wie hier fester Boden zu gewinnen ist für eine mehr als negativ-kritische Betrachtung.

Welche nicht sinnlich wahrnehmbaren Eigenschaften muss der Thäter gekannt haben? die Unkenntnis welcher andren ist irrelevant? Dass das Gesetz für die Beantwortung zwar eine Unterstützung, aber keine ausreichende, darbietet, wird sich sogleich bei Betrachtung des sog. ausserstrafrechtlichen Rechtsirrtums zeigen. Zwei Gesichtspunkte dürften indessen aus den bisherigen Überlegungen für eine positive Antwort gewonnen sein: Es ist einmal zu suchen nach einer Abgrenzung zwischen Delikt und Deliktsfolgen, und es ist sodann die Relativität unsrer Erkenntnis der Aussenwelt im Auge zu behalten, die Thatsache, dass uns die Welt der Objekte je nach dem Standpunkt der Betrachtung verschieden erscheint. Es gilt also zweitens, den für unsre Frage massgebenden Standpunkt zu gewinnen.

6. Die Beobachtung, dass die richtige Erkenntnis des sinnlich Wahrnehmbaren zur juristischen Zurechnung einer auf solcher Erkenntnis beruhenden That nicht genügen könne, hat zu den mannigfachsten Lösungsversuchen Anlass gegeben, von denen die wichtigsten hier herausgehoben seien:

In der Geschichte der Irrtumslehre begegnet häufig der Versuch, neben dem Thatirrtum und dem Rechtsirrtum eine dritte Form des Irrtums zu konstruieren: den Subsumtionsirrtum, der dann vorliegen soll, wenn der Thäter seine That nicht unter das richtige Gesetz subsumiert hatte.

Den Versuch, dem Subsumtionsirrtum eine selbständige Stellung neben den beiden anderen Erscheinungsformen des Irrtums zu geben, hat meines Wissens nur Gessler gemacht.[1])

Savigny und v. Liszt[2]) operieren gleichfalls mit dem Be-

[1]) Gessler G.S. X (1858) S. 218ff.

[2]) Savigny, System des heut. Röm. Rechts III (1840) S. 111ff., 325ff.; v. Liszt, Lehrbuch (10. Aufl.) S. 152f. Ferner v. Wächter, Lehrb. des Römisch-Teutschen Strafrechts I (1825) S. 121.

griff des Subsumtionsirrtums, wollen ihn aber stets wie Thatirrtum behandelt wissen, während umgekehrt v. Lilienthal, v. Bar und Frank[1]) ihn dem nicht zu beachtenden Rechtsirrtum unterstellen.

Bekker, Oetker und Hälschner[2]) lehren, dass die Fälle des sog. Subsumtionsirrtums nicht einheitlicher Natur seien, sondern stets entweder einen Rechtsirrtum oder einen Thatirrtum darstellten.[3]) —

Die Ansicht Gesslers kann wohl als unhaltbar bezeichnet werden. Ohne weiteres leuchtet dies ein bei der Erwägung, dass eine Zweiteilung der Irrtumsmöglichkeiten durch den mit dieser Teilung verfolgten Zweck notwendig gegeben ist. Es handelt sich ja darum, den relevanten gegen den irrelevanten Irrtum abzugrenzen, so dass die Konstruktion einer selbständigen dritten Irrtumskategorie lediglich beweist, dass jene Abgrenzung misslungen ist. Mag man die gegenüber zu stellenden Gruppen Rechts- und Thatirrtum nennen oder anders, in jedem Falle kann nur eine Zweiteilung eine Lösung geben, während jeder andere Lösungsversuch dem verhängnisvollen Fehler entspringt, von dem Irrtumsbegriff anstatt von dem Schuldbegriff auszugehen.

Was die übrigen Theorien betrifft, so ist die Zuteilung des Subsumtionsirrtums zu einer der beiden anderen Gruppen naturgemäss davon abhängig, welche Bedeutung man den Begriffen Rechts- und Thatirrtum beilegt. Betrifft z. B. der letztere nur sinnenfällige Ereignisse, so bildet jeder Subsumtionsirrtum einen Rechtsirrtum.

Eine Lösung der Frage an dieser Stelle zu versuchen, wäre verfrüht. Die Aufgabe dieser Abhandlung besteht darin, die Grenze zwischen dem beachtlichen und dem unbeachtlichen Irrtum zu finden, wobei die Fälle des Subsumtionsirrtums, die ja die eigentlich kritischen Grenzfälle bilden,

---

[1]) v. Lilienthal, Grundriss (2. Aufl.) S. 40; Frank, Kommentar (2. Aufl.) § 59, V 1; v. Bar G.S. XXXVIII (1886) S. 264ff.

[2]) Bekker, Theorie des heutigen deutschen Strafrechts (1859) S. 281f.; Oetker, Rechtsirrtum (1876) S. 84f., 73f.; Hälschner, Strafrecht I (1881) S. 259.

[3]) Diese Gruppierung der Ansichten ist insofern nicht scharf, als der Begriff des Subs.-I. selbst bei den einzelnen Autoren schwankt.

implicite mit entschieden werden. Da die Gegenüberstellung von Rechts- und Thatirrtum hier verworfen worden ist, kann es sich auch nicht mehr darum handeln, den Subsumtionsirrtum in einer dieser beiden Kategorien unterzubringen. Es fragt sich lediglich, ob er strafrechtlich in Betracht kommt oder nicht.

Gerade an dieser Stelle besteht aber Veranlassung, auf zwei der genannten Autoren näher einzugehen: Savigny und Liszt.

a) Die Ausführungen Savignys bilden einen wertvollen Beleg für die oben betonte Unmöglichkeit, in unsrer Frage allein das sinnlich Wahrnehmbare, die „Thatsachen" in ihrer mechanischen, kausalen Bedeutung als wesentlich anzusehen. Bei seiner beinahe ebenso oft missverstandenen als angefochtenen Darstellung des Subsumtionsirrtums denkt Savigny offenbar logisch weit tiefer und richtiger als seine Gegner.

„Der Rechtsirrtum" — führt Savigny S. 327 aus — „hat zum Gegenstand den Inhalt einer Rechtsregel, also das objektive Recht; der faktische Irrtum bezieht sich auf die juristischen Thatsachen, das heisst auf die thatsächlichen Bedingungen der Anwendung einer Rechtsregel." Von beiden sei der Subsumtionsirrtum zu unterscheiden und einer jener Gruppen zuzuweisen. „Sehen wir nun auf dessen innere Natur, so müssen wir ihn als faktischen Irrtum anerkennen. Denn die Rechtsregel ist als das Feste, unabänderlich Gegebene anzusehen; unsere Aufgabe ist es, die einzelnen Elemente der Thatsachen, teils durch Zergliederung, teils durch Verbindung dergestalt zu einem Ganzen zu bilden, dass die feste Rechtsregel auf dasselbe anwendbar erscheine. Wir mögen nun in der unmittelbaren Auffassung des Geschehenen selbst irren, oder in dieser Ausbildung desselben durch unser Denken, so ist es doch immer die Erkenntnis der Thatsachen, worüber wir irren, mithin der Irrtum selbst ein faktischer."

Man wird Savigny dahin zu verstehen haben, dass der faktische Irrtum nicht immer auf einer blossen Sinnestäuschung beruht, sondern vielfach die — dem sinnlich Wahrgenommenen erst durch Reflexion zugesprochenen — Eigenschaften betrifft, die der Gegenstand für den jeweiligen Standpunkt der Betrachtung hat. Die erste Form des Irrtums bezieht sich auf

„die unmittelbare Auffassung des Geschehenen", die zweite auf „die Ausbildung desselben durch unser Denken". Diesen beiden Formen ist entgegenzusetzen der Irrtum, der „den Inhalt einer Rechtsregel, also das objektive Recht" betrifft. Freilich ist die Grenze zwischen der „Ausbildung des Geschehenen durch unser Denken" und dem „Inhalt einer Rechtsregel" oft schwer zu erkennen. Dass Savigny zu ihrer Fixierung nichts beigetragen hat, ist sein einziger Fehler, der denn aber auch mit seltener Einmütigkeit von fast allen, die sich mit seiner Irrtumslehre befassten, ihm vorgehalten wurde. Der Fortschritt, der in seinen Ausführungen enthalten ist, pflegte darüber übersehen zu werden: er besteht in der schärferen Problemstellung, in der Betonung, dass der faktische — oder eigentlich: der relevante — Irrtum keineswegs ganz einfach abzugrenzen ist, da seine Beschränkung auf das äussere Geschehen unmöglich ist, er sich stets auch auf Eigenschaften der Dinge bezieht, die sie erst durch die „Ausbildung durch unser Denken" erhalten. Diese Einsicht bedeutet zweifellos einen Fortschritt, freilich für Viele einen unbequemen!

b) Eine eigenartige, interessante Lösung giebt v. Liszt neuerdings, nachdem in den vorhergegangenen Auflagen seines Lehrbuchs ein ähnlicher Gedanke nur angedeutet war.

Liszt hält ebenso wie Savigny den Subsumtionsirrtum für relevant. Zum Vorsatz verlangt er nicht nur die Kenntnis des sinnlich Wahrnehmbaren, sondern auch „die richtige Subsumtion der Thatsachen unter das Gesetz". „Der Thäter muss wissen, dass die von ihm entwendete Sache eine fremde, das gefälschte Schriftstück eine Urkunde, die von ihm beförderte Handlung Unzucht ist."

Dies folgt für v. Liszt aus der durch das Gesetz geschaffenen Duplizität des Vorsatzbegriffes, die dem natürlichen Vorsatzbegriff fremd sei. Während der letztere — ich sehe hier der Einfachheit wegen von den Unterlassungsdelikten ab — zu definieren sei als „Voraussicht des durch die Willensbethätigung bewirkten Erfolges" oder kürzer als „Bewusstsein der Kausalität", habe der § 59 St.G.B. diesen Begriff erweitert und zum Vorsatz ferner gefordert die Kenntnis der Verbrechensmerkmale, also die richtige Subsumtion der Thatsachen unter das Gesetz. An dieser „bedauerlichen“ Duplizität des Vorsatzbegriffes trage nicht die Wissenschaft, sondern allein der Gesetzgeber die Schuld.

Wir haben es hier m. E. mit der letzten und notwendigen Konsequenz des Lisztschen Handlungsbegriffes einerseits, seines Erfolgsbegriffes andrerseits auf dem Gebiete der Schuldlehre zu thun. Wer das Wesen der Handlung in der „Körperbewegung“, des Erfolges in der „sinnfälligen Veränderung der Aussenwelt“ sieht, den führt der gerade Weg zu einer Vorsatzdefinition, welche vom Thäter lediglich die Kenntnis des mechanischen Zusammenhangs zwischen der Körperbewegung und der sinnfälligen Veränderung fordert. Vorsatz ist hiernach in der That Bewusstsein der Kausalität. Da aber v. Liszt sich der Erkenntnis nicht verschliesst, dass die praktische Anwendbarkeit dieses Resultates sehr zweifelhaft sein muss, verlangt er neben dem Bewusstsein von der eigenen Kausalität die Kenntnis gewisser Eigenschaften der Objekte, und zwar derjenigen Eigenschaften, die ihnen in dem jeweiligen Thatbestand wesentlich sind. Er verlangt also auch richtige Subsumtion der Thatsachen unter das Gesetz.

Unter allen Lösungen des Problems vom Subsumtionsirrtum dürfte diese, ähnlich wie die von Savigny gegebene, der Wahrheit am nächsten kommen.

Trotzdem muss in zwei entscheidenden Punkten Widerspruch erhoben werden:

α) Dass der Weg, auf welchem Liszt zu seiner Lösung gelangt, methodisch unrichtig ist, ergiebt sich aus den bisherigen Ausführungen. Es ist nicht wahr, dass die angebliche Duplizität, soweit sie überhaupt anerkannt werden kann, dem „natürlichen“ Vorsatzbegriff fremd ist. Es wurde mehrfach betont, dass der praktisch handelnde, d. h. Zwecke verfolgende Mensch niemals auf Grund blosser sinnlicher Wahrnehmung handelt, sondern den Gegenständen der Aussenwelt stets Eigenschaften beilegt, die ihnen nur unter dem Gesichtspunkt dieser seiner Zwecke zukommen.

Dies gilt von dem wissenschaftlichen, politischen etc. Redner ebenso, wie von demjenigen, der einen anderen wörtlich beleidigt; von dem vorsätzlich heilenden Chirurgen wie von dem vorsätzlich verletzenden Messerhelden; von dem vorsätzlichen Briefschreiber, oder dem vorsätzlich beurkundenden Beamten wie von dem vorsätzlichen Urkundenfälscher. Ob ich vorsätzlich einem Beamten Geld gebe für eine pflichtwidrige Handlung oder einem Kofferträger für eine pflichtgemässe: psychologisch verhält sich meine Innerlichkeit — von dem etwaigen Bewusstsein einer Pflichtwidrigkeit abgesehen — in der gleichen Weise zu dem äusseren Faktum. In beiden Fällen handle ich nicht nur auf Grund von sinnlich Wahrnehmbarem, sondern von einer Fülle von Synthesen meines Denkens. Die Begriffe „Geld", „Kofferträger", „Beamter", die ich gehabt haben muss, um vorsätzlich zu handeln, entstehen erst auf Grund komplizierter, nicht ausschliesslich von den Dingen selbst abhängiger Denkoperationen.

Richtig ist, dass diejenigen Eigenschaften der Dinge, deren Kenntnis Voraussetzung einer strafbaren Handlung ist, spezifischer Natur sind. Es ist die Frage, welches diese ihre Eigentümlichkeit ist. Aber es ist unrichtig, dass wir an sich ohne eine derartige Betrachtung auskommen könnten, dass erst der Gesetzgeber durch seinen § 59 diese „bedauerliche" Duplizität geschaffen habe.

So ist die Duplizität auch bereits dem natürlichen Vorsatzbegriff eigen. Ob der Ausdruck „Duplizität des Vorsatzes" gerade glücklich gewählt ist, ist in letzter Linie eine terminologische Frage. Im Grunde handelt es sich ja auch bei dem Bewusstsein der Kausalität um eine Kenntnis von Eigenschaften; solcher Eigenschaften eines Zustandes nämlich, die uns kraft unsrer Erfahrung das Urteil gestatten, dass auf jenen Zustand ein bestimmter anderer folgen werde. Das Bewusstsein, dass das Abdrücken meines Gewehres den Tod des A „bewirken" werde, besteht in Wahrheit in dem Bewusstsein, dass das Gewehr gewisse mechanische, das Pulver gewisse chemische, der Mensch gewisse physiologische Eigenschaften habe etc. Erst das gleichzeitige Vorliegen dieser Eigenschaften veranlasst in mir das Relationsurteil der Kausalität. Aber es ist zuzugeben, dass ein solches Relationsurteil, wenn es auch zunächst auf einem Eigenschaftsurteil beruht, etwas anderes und mehr aussagt, als ein blosses Eigenschaftsurteil, und insofern hat die Aufstellung einer Duplizität des Vorsatzes eine gewisse Berechtigung.[1])

Daran festzuhalten ist aber, einmal, dass es sich bei dem Bewusstsein der Kausalität und dem Bewusstsein von Thatumständen nur um zwei verschiedene Betrachtungsweisen des gleichen Ereignisses handelt, zweitens, dass eine solche Duplizität überall da vorliegt, wo wir von einem vorsätzlichen, auch nicht-schuldhaften Handeln sprechen.

β) Der zweite Einwand gegen Liszts Behandlung des Subsumtionsirrtums ist methodisch von geringerer, praktisch von grösserer Bedeutung. Der Thäter muss nach ihm seine Handlung zwar nicht in die richtige Beziehung zum Strafgesetz gebracht haben, aber er muss sie in jeder Hinsicht in dem gleichen Licht gesehen haben, in welchem der Richter sie sieht, wenn dieser seinerseits sie dem Strafgesetz subsumiert.

Damit ist in der That eine Antwort gegeben auf die uns beschäftigende Frage: Welche den Dingen nicht „an sich" zukommenden Eigenschaften muss der Thäter gekannt haben? Allein die Grenzen sind zu weit gesteckt. Im praktischen Ergebnis dürfte sich Liszts Theorie von denen, die Bewusstsein der Rechtswidrigkeit fordern, kaum unterscheiden; insofern haben seine Kritiker Recht.[2])

---

[1]) Ein unklarer Anklang an Liszts „Duplizität des Vorsatzes" findet sich in der mitunter gemachten Unterscheidung von der Kenntnis vergangener und gegenwärtiger Thatsachen einerseits, zukünftiger andrerseits. Jene ähnelt der Kenntnis der Thatumstände, diese dem Bewusstsein der Kausalität. Es handelt sich hier wohl um einen an sich richtigen, aber noch nicht zu klarer Formulierung ausgereiften Gedanken. Vgl. O.Trib. 3. 4. 71 (O. XII 194); Heitz, Das Wesen des Vorsatzes (1885) S. 26; Huther, Über den Vorsatz des R.St.G.B., G.S. LVI (1899) S. 241ff. Dagegen Binding, Normen II S. 603 N. 902. — Ähnlich ferner die von Hälschner, Lucas u. a. gemachte Unterscheidung von Vorsatz und Absicht: Ersterer beziehe sich auf die Handlung, letztere auf den Erfolg. Siehe hierüber unten S. 113.

[2]) Im Ergebnis kommt v. Liszt wohl sogar zu der Forderung, dass der Thäter das konkrete Strafgesetz gekannt haben müsse. Der Kaufmann, der von der moralischen und wirtschaftlichen Verwerflichkeit des sog. Hydrasystems durchaus überzeugt ist, der es vielleicht auch für „strafbar" hält in der vagen Form, in der dieser Begriff in der Vorstellung eines Laien auftritt, der in ihm aber keine „Ausspielung" i. S.

Der Fehler liegt in der Grundlage, von der Liszt ausgeht. Nicht der § 59 St.G.B., sondern der generelle Verbrechensbegriff muss uns diese Grundlage liefern.

Die gewonnene Einsicht, dass es nicht die „Dinge an sich", sondern die „Dinge für uns" (Jellinek) sind, von deren Erkenntnis unser praktisches Handeln geleitet wird, dass diese „Dinge für uns" aber je nach dem eingenommenen Standpunkt verschieden aussehen, muss zunächst zur Fixierung dieses Standpunkts führen, was Aufgabe des vierten Teiles sein wird. Ohne diese juristisch-erkenntniskritische Vorarbeit ist es unmöglich, die Frage des sog. Subsumtionsirrtums auf ein allgemeines Prinzip zu gründen, welches uns gestattet, die einzelnen Fälle nach fester Regel zu entscheiden, ohne behufs Gewinnung einer solchen entweder nach der einen oder nach der anderen Seite bis an die denkbar äussersten Grenzen (Verwerfung eines jeden oder Berücksichtigung eines jeden Subsumtionsirrtums) gehen zu müssen.

7. Ein bemerkenswerter Ansatz zu einer richtigen Behandlung der Frage, ob die Beschränkung auf die sinnlich wahrnehmbare Welt möglich und richtig sei, findet sich in einer Lehre, der heute vielfach von vornherein ablehnend begegnet wird: in der Hegelschen und Hegelianischen Unterscheidung von Vorsatz und Absicht.

Die Abneigung gegen diese Lehre mag insofern nicht ohne Berechtigung sein, als sie dem Unternehmen gilt, für die aus dem positiven Recht nun einmal nicht wegzuleugnenden Termini „Absicht" und „Vorsatz" eine einheitliche Erklärung zu bieten.

Die ablehnende Haltung ist insoweit aber sicherlich unberechtigt, als sie den bedeutungsvollen Beitrag übersieht, der mit diesen Untersuchungen für die Schuldlehre überhaupt geleistet wurde. Betrachten wir sie lediglich nach

---

des § 286 St.G.B. sieht, müsste straflos sein. — Ebenso unter gleichen Voraussetzungen der Beamte, der die Gestattung des Beischlafs nicht mit dem Reichsgericht (R. V 670) für einen „Vorteil" i. S. des § 332 St.G.B. ansieht und von vornherein darauf baut, hier durch eine Gesetzeslücke hindurchschlüpfen zu können. — Die Beispiele lassen sich leicht vermehren. Vgl. insbes. die zahlreichen Fälle unrichtiger Subsumtion unten § 12 No. XVI, in denen v. Liszt stets freisprechen müsste.

ihrem sachlichen Inhalt, ohne nach dem Fortschritt zu fragen, den sie etwa für die Unterscheidung von „Vorsatz“ und „Absicht“ in ihrer heutigen positiv-rechtlichen Wortbedeutung besitzen, so bilden sie eine wertvolle Bestätigung dessen, was oben über sinnlich wahrnehmbare und sinnlich nicht wahrnehmbare Eigenschaften gesagt wurde.

In dem grossartigen, in jüngster Zeit durch Kuno Fischer[1]) auch dem Empfinden des modernen Menschen wieder näher gebrachten, System von Hegel selbst nimmt der Zweckbegriff bekanntlich eine beherrschende Stellung ein. Freilich ist er für Hegel mehr als nur formales Prinzip. Zudem ist seine „Rechtsphilosophie“, seine Wissenschaft vom „objektiven Geist“, so sehr Moralphilosophie, und sie ist ferner so sehr verwachsen mit seinem ganzen sonstigen philosophischen Gebäude, dass ohne das genaueste Studium der gesamten Hegelschen Philosophie eine gerechte Würdigung einer einzelnen rechtsphilosophischen Lehre Hegels unmöglich ist. Es sei deshalb von der vielfach beliebten Methode, einzelne Hegelsche Sätze anzuführen und sie ihres abstrusen Inhalts und ihrer schwerfälligen Form wegen lächerlich zu machen, abgesehen und nur auf zwei seiner mittelbaren Schüler verwiesen, in deren Ausführungen das hier Gemeinte noch deutlicher illustriert wird, als bei Hegel selbst: auf Gessler und Hälschner.

Nach Gessler[2]) stellt die äussere That stets eine Veränderung der Aussenwelt dar. Allein die Beziehung einer That zu dem Menschen erschöpft sich hierin nicht. Stets habe sie „für den Menschen als denkendes Wesen zugleich einen allgemeinen Charakter, ist sie auch in der ihr notwendigen Individualisierung zugleich Verwirklichung allgemeiner Momente. Wie der Mensch hinsichtlich der ihn umgebenden Aussenwelt nicht dabei stehen bleibt, sie als lauter Besonderheiten zu betrachten, sondern zugleich bei aller konkreten Verschiedenheit das ihnen Gemeinsame erkennt und diese gemeinsamen Eigenschaften in einem allgemeinen Begriffe zusammenfasst, so sind auch die Gestaltungen seiner

---

1) Über Hegel's Rechtsphilosophie vgl. K. Fischer, Gesch. d. neueren Philosophie VIII: Hegel (1901), S. 689—789.

2) Gessler, Über den Begriff und die Arten des Dolus (1860) S. 87 ff.

Thätigkeit, obgleich sie durchaus in konkreter Weise zur Erscheinung kommen müssen, Erzeugnisse, welche zugleich in einer allgemeinen Bedeutung aufgefasst sind und eine dieser entsprechende Bezeichnung haben. Diese der äusseren Wirksamkeit zukommenden zwei Seiten sozusagen der Individualisierung und des gleichzeitigen Vorliegens eines Allgemeineren begründen neben der hiermit für das Bewusstsein gegebenen verschiedenen Richtung auch eine verschiedene Richtung des Willens. Soweit nun der Wille auf die Verwirklichung eines Aktes in seiner einzelnen Bestimmtheit (Individualisierung) gerichtet ist, wird er Vorsatz genannt; so weit aber hierbei der Wille auf die Verwirklichung der äusseren Wirksamkeit mit ihrem allgemeinen Inhalt geht, heisst der Wille Absicht."

Diesen Ausführungen kann durchaus zugestimmt werden, unter einem doppelten Vorbehalt: einmal erscheinen sie wenig zweckmässig zur Erläuterung gerade der Begriffe „Vorsatz" und „Absicht". Und zweitens muss nach dem oben Ausgeführten behauptet werden, dass ein Wille, der „auf die Verwirklichung eines Aktes in seiner einzelnen Bestimmtheit" beschränkt ist, nicht gedacht werden kann. Er geht stets „auf die Verwirklichung der äusseren Wirksamkeit mit ihrem allgemeinen Inhalt". Im Gesslerschen Sinne also giebt es nur Absichtsdelikte. Freilich die Erörterung, welches dieser „allgemeine Inhalt" bei strafrechtlich relevanten Handlungen ist, kann nicht erspart werden; sie fehlt bei Gessler. —

Hälschner[1]) vertritt die vielfach verfochtene Lehre, wonach der Vorsatz auf die Thätigkeit, die Absicht auf den Erfolg sich beziehe. Im weiteren Sinne sei „Vorsatz" gegeben, „wofern das Gewollte und der eingetretene Erfolg insoweit übereinstimmen, dass was geschehen ist auch gewollt war". Im engeren Sinne aber könne von „Vorsatz" nur gesprochen werden, insofern der Wille bezogen werde

---

1) Hälschner, Deutsches Strafrecht I (1881) S. 276 ff. Dort auch ältere Litteratur. — Bereits Feuerbach (Rev. der Grundbegriffe I S. 158) unterschied eine imputatio ad effectum und eine imputatio ad actum. Vergl. ferner Lucas, Subj. Verschuldung (1888) S. 30: „Eine Handlung ist im streng juristischen Sinne niemals beabsichtigt, sondern nur vorsätzlich, beabsichtigt ist ihr Erfolg."

„auf die konkrete Art der Bethätigung als Mittel der Verwirklichung eines vorgestellten Erfolges“, während der Wille, der gerichtet sei „auf diesen Erfolg als den durch die bestimmte Art der Thätigkeit zu verwirklichenden“ „Absicht“ genannt werde.

Diese Begriffsbestimmung steht mit dem positivrechtlichen Sprachgebrauch — soweit von einem solchen überhaupt gesprochen werden kann — in noch schärferem Widerspruch als die von Gessler gegebene. Trotzdem bedeutet sie für die psychologische Seite der Schuldlehre einen Fortschritt: sie erkennt, dass jede[1]) vorsätzlich (i. w. S.) begangene Handlung in ihrem subjektiven Thatbestand ein doppeltes Bild zeigt: einmal die Vorstellung des Bewirkens, sodann die Vorstellung dessen, was bewirkt ist. Wer in dieser Weise den „Erfolg“ nicht lediglich als einen Durchgangspunkt wirkender Kräfte betrachtet, sondern ihn herausnimmt, ihn ausdrücklich der Vorstellung des Bewirkens gegenüber stellt, der muss ihm notwendig Eigenschaften zuschreiben, die von der Eigenschaft des „Bewirktseins“ wesentlich verschieden sind. Die folgerichtige Weiterbildung dieses Gedankens führt aber zu der Erkenntnis, dass dies Eigenschaften sind, die nicht den Dingen in ihrer natürlichen Erscheinung zukommen, sondern ihnen bei ihrer „Ausbildung durch unser Denken“ erst zugesprochen werden.

Es wurde oben des Zweckbegriffes als heuristischen Prinzips für die logische Form der „Einheit“ und damit für die Bestimmung des Erfolg-Begriffes gedacht. Es wurde dann soeben auf eine gewisse Übereinstimmung unsrer Betrachtungen mit der Hegelianischen Unterscheidung von Vorsatz und Absicht hingewiesen. Wie eng die Begriffe „Zweck“ und „Absicht“ in der heutigen Terminologie des Strafrechts verwandt sind, ist bekannt. Es liegt daher die Frage nahe, ob die erwähnte Übereinstimmung eine zufällige ist, oder ob eine innere Verwandtschaft zwischen dem formalen Zweckbegriff, wie er oben verwendet wurde, und dem erwähnten Absicht-Begriff vorliegt.

---

[1]) „Für das Verhältnis von Vorsatz und Absicht ergiebt sich hiernach, dass sie untrennbar zusammengehören.“ (S. 278.) Hierin liegt der Fortschritt gegen Gessler.

Eine solche Verwandtschaft ist zweifellos vorhanden. Sie näher zu verfolgen, hat indessen für die vorliegende Untersuchung kein Interesse. Es würde auch zu tief in das Gebiet der Logik einerseits,[1]) der strafrechtlichen Unterscheidung von Vorsatz und Absicht — die hier nicht zur Erörterung steht — andrerseits führen.

III. **Anhang.** Das Bestreben, zwischen sinnlicher Wahrnehmung und Beurteilung scharf zu scheiden, ist auch auf anderen Gebieten vorhanden und hat hier zu gleichen Schwierigkeiten geführt.

1. § 445 C.P.O. gestattet den Parteieid nur über Thatsachen, nicht über Rechtsverhältnisse. Die Undurchführbarkeit dieser Bestimmungen hat in Theorie und Praxis zu einer ebenso weitherzigen wie schwankenden Interpretierung des § 445 Veranlassung gegeben.[2])

2. Auf dem Gebiet der Fragestellung im Schwurgericht hat das Gesetz der Unmöglichkeit der Unterscheidung Rechnung getragen.

Während das vorbildliche englische Prozessrecht richtig zwischen Schuldfrage und Straffrage unterschieden hatte, wurde bei Herübernahme der Jury nach Frankreich und von dort nach Deutschland zufolge Missverständnisses der englischen Einrichtung den Geschworenen lediglich die Feststellung der Thatsachen, den Richtern die Anwendung des Rechts auf die Thatsachen übertragen. Insbesondere das betreffende Kurhessische Gesetz[3]) verlangte für die den Geschworenen vorzulegenden Fragen die Auflösung eines jeden im Gesetz etwa vorkommenden Rechtsbegriffes in seine thatsächlichen Bestandteile und soll so zu einer äusserst komplizierten und teilweise gänzlich unverständlichen Fragestellung geführt haben. Diese Übelstände und der Nachweis H. Meyers und v. Bars, dass lediglich ein Missverständnis der englischen

---

[1]) Vgl. hierüber die auch strafrechtlich interessanten Untersuchungen von Sigwart, Logik II (2. Aufl. 1893), S. 248 ff.

[2]) Vgl. die Lehrbücher und Kommentare; insbes. auch die erkenntniskritischen Untersuchungen zu § 445 C.P.O. von Schuppe (Prof. der Philosophie) in Gruchots Beiträgen Bd. 30, S. 283 ff.

[3]) § 318 Ges. v. 31. Oktober 1848, die Umbildung des Strafverfahrens betreffend.

Einrichtungen zu Grunde liege, veranlasste unsre St.P.O., die unhaltbare Unterscheidung von That- und Rechtsfrage wieder aufzugeben und nach englischem Vorbild Schuldfrage und Straffrage zu unterscheiden.

Als analoge Verhältnisse mit ähnlicher Schwierigkeit können genannt werden:

3. Das Verhältnis von Thatfrage und Rechtsfrage bei der Revision.

4. Die Unterscheidung von Wahrnehmung und Beurteilung beim Zeugen- und Sachverständigen-Begriff.

§ 12.

Der ausserstrafrechtliche Rechtsirrtum.

A. Die heutige Praxis.

Wie bereits betont, hat die Praxis an dem Satze, dass der Vorsatz nur auf die That als sinnenfälliges Ereignis zu beziehen sei, nicht festzuhalten vermocht. Die Fälle, in denen der Thäter mit der sinnlichen Wahrnehmung eine Beurteilung verbunden haben musste, waren nicht wegzuleugnen. Weiter aber ergab sich, dass diese zur Annahme von Vorsatz geforderte Beurteilung in vielen Fällen bereits eine rechtliche ist. Wenn der Dieb, der die gestohlene Sache nicht für eine „fremde“ hielt, wegen mangelnden Vorsatzes freigesprochen wurde, so war es ja in letzter Linie das Verhältnis seiner That zur Rechtsordnung, worüber er geirrt hatte.

Andrerseits aber konnte man sich von dem alten, in seiner klaren Formulierung scheinbar so brauchbaren Satze: „error juris nocet“ nicht losmachen.

So ergab sich ein Widerspruch, der nur dadurch hätte gelöst werden können, dass man sich klar machte, wie jener Satz von der Unerheblichkeit des Rechtsirrtums im Laufe der Zeiten seinen Sinn verändert hatte. Irrtum über die Deliktsfolgen ist in der That unbeachtlich; aber er ist nicht identisch mit dem Irrtum über Rechtssätze schlechthin, mit dem error juris. Nur die Einsicht, dass es bei der Dolusfrage auf den Folgeirrtum ankomme, dass demgegenüber die Einteilung des Grundirrtums in That- und Rechtsirrtum von sekundärer Bedeutung ist und dass ein etwaiges Zusammenfallen des Rechtsirrtums mit dem irrelevanten Folgeirrtum, des Thatirrtums mit dem relevanten Folgeirrtum, nicht ohne weiteres in der Sache selbst begründet ist, nur diese Überlegung konnte aus dem Widerspruch, zu dem die historische Entwickelung getrieben hatte, herausführen.

Man hielt indessen an der grundlegenden Bedeutung des Satzes: „error juris nocet“ fest und war so genötigt, von diesem flachen Satze eine noch flachere Ausnahme dahin zu formulieren, dass ein nicht das Strafrecht betreffender Irrtum dem thatsächlichen Irrtum gleichzustellen sei. Irrtum über strafrechtliche Rechtssätze also wird nicht berücksichtigt, Irrtum über Sätze anderer Rechtsgebiete aber schliesst den Dolus aus.

So die feststehende Praxis unsres Reichsgerichtes. Bei der aufrichtigsten Hochachtung vor der Judikatur des höchsten Gerichts wird man die Aufstellung und nähere Ausbildung dieses Satzes ihm nicht zum Ruhme zurechnen können. Trotz des Vorliegens von gegen hundert Entscheidungen fehlt bis jetzt nicht nur jede Begründung, sondern auch jeder Anhaltspunkt zu einer folgerichtigen, in sich widerspruchsfreien Anwendung des Satzes vom ausserstrafrechtlichen Rechtsirrtum.

Auch hier wäre es in hohem Grade auffallend, wenn eine trotz mehrfacher Angriffe mit solcher Entschiedenheit festgehaltene Theorie jeder Begründung entbehrte. Dies ist, wie später zu zeigen, in der That nicht der Fall. Zunächst scheint es aber geboten, in grösster, wenn auch vielleicht ermüdender, Ausführlichkeit auf die völlige Unhaltbarkeit des jetzigen Zustandes hinzuweisen. Sollte die Darstellung auch nur den Erfolg haben, die beteiligten Kreise auf die Reformbedürftigkeit dieses Teiles der Schuldlehre aufmerksam zu machen, so wäre die Mühe bereits bezahlt.

I.

Eine grosse Zahl von Entscheidungen beschäftigt sich mit einem **Irrtum über das Bestehen eines Pfandrechts,** mag dessen Grundlage öffentlich-rechtlicher oder privat-rechtlicher Natur sein.

Es ergeben sich die Sätze — von denen No. 2 und 3 sich naturgemäss nur auf die öffentlich-rechtliche Pfändung beziehen —:

1. Wusste der Thäter aus Rechtsirrtum von dem Bestehen eines Pfandrechts überhaupt nichts, so bleibt die Verletzung dieses Pfandrechts straflos.

2. Wusste der Thäter von dem Akte der Pfändung, hielt er diese aber für formell unzulässig, so schliesst solcher Rechtsirrtum ebenfalls den Dolus aus.

3. Wusste der Thäter von dem Akte der Pfändung, glaubte er aber, dass deren materiell-rechtliche Grundlage fehle, so ist dies, falls er einen Arrestbruch begeht, ein unbeachtlicher Irrtum über das Strafgesetz.

ad 1. a) Wenn der aus § 289 St.G.B. angeklagte Mieter „sich in dem civilrechtlichen Irrtum befunden hätte, dass er trotz des generellen Wegschaffungsverbotes des Vermieters S. berechtigt gewesen wäre, die fraglichen einzelnen Sachen an W. zu verkaufen und fortzuschaffen, sofern nur die zurückbleibenden Sachen zur Sicherheit des S. ausreichten, so würde er unter dieser Voraussetzung nicht aus § 289 St.G.B. strafbar gewesen sein“ (R.G. II 9. 4. 86, R. VIII 272).

b) Nach dem Preuss. Eig.-Erw.-Ges. v. 5. Mai 1872 werden bei der Subhastation eines Grundstückes auch diejenigen auf dem Grundstücke noch vorhandenen und dem Eigentümer gehörigen abgesonderten Früchte, welche nicht zur Fortführung der Wirtschaft erforderlich sind, durch die Beschlagnahme getroffen, obwohl sie nach A.L.R. I 2 § 45, 48—49 nicht zum „Zubehör“ zu rechnen sind. Ein Irrtum hierüber schliesst die vorsätzliche Begehung eines Arrestbruchs (§ 137 St.G.B.) aus, ja sogar ein Irrtum über den allgemeineren Satz, dass überhaupt das Zubehör von der Beschlagnahme mit ergriffen werde. Denn dann fehlte dem Angeklagten „die Kenntnis des zum Thatbestande des Vergehens aus § 137 gehörenden Thatumstandes der erforderlichen Beschlagnahme und diese Nichtkenntnis muss dem Angeklagten zu gute kommen, selbst wenn sie aus der Unkenntnis einer nicht dem Strafrechtsgebiete angehörenden Rechtsnorm entsprungen ist“ (R.G. II 16. 4. 1880, E. I 368; ähnlich R.G. II 25. 1. 1881, R. II 755).

c) A. hatte einen gepfändeten Schreibtisch weggeschafft und das Siegel abgelöst, indem er glaubte, die durch Zwangsvollstreckung beizutreibende Schuld sei bereits gezahlt, er brauche daher die amtliche Aufhebung der Pfändung nicht abzuwarten. Dieser Irrtum schliesst nach dem Reichsgericht den Vorsatz aus: „Zu dem Thatbestand des § 137 gehört das Bewusstsein des Thäters, dass eine rechtswirksame Beschlagnahme stattgefunden hat, und sein Wille, die mit Beschlag belegte Sache der Verstrickung zu entziehen. Sind diese Voraussetzungen vorhanden, so wird die Strafbarkeit des Thäters allerdings nicht dadurch ausgeschlossen, dass er irrig annimmt, er brauche die Beschlagnahme nicht zu respektieren; denn dieser Irrtum würde das Strafgesetz betreffen. Anders verhält es sich aber, wenn der Thäter irrig annimmt, die Beschlagnahme bestehe nicht mehr. In diesem Falle fehlt es an einem wesentlichen Erfordernisse des § 137." (R.G. II 11. 12. 1894, E. XXVI 308.)

ad 2. In dem ehrengerichtlichen Verfahren gegen einen Rechtsanwalt war durch den Landrichter F. ein Schriftstück in Beschlag genommen, ein Verfahren, welches das Reichsgericht objektiv für zulässig erklärt. Der beschuldigte Rechtsanwalt schaffte das Schriftstück beiseite. Über die Frage, unter welchen Umständen hierdurch der subjektive Thatbestand des § 137 St.G.B. erfüllt sei, äussert sich das Reichsgericht dahin: Nach den allgemeinen Grundsätzen über den Dolus „muss sich das Bewusstsein des Handelnden auch auf die Zuständigkeit der die Beschlagnahme bewirkenden Behörden oder Beamten und, da die Zuständigkeit überhaupt nur bei einer an sich gesetzlich zulässigen Massnahme in Frage kommen kann, auf diese gesetzliche Statthaftigkeit der Beschlagnahme erstrecken" (R.G. II 13. 6. 1884, E. X 425).

ad 3. a) X. hatte Sachen, die bei Y. gepfändet waren, fortgeschafft. Er glaubte, als Eigentümer der Sachen die Pfändung nicht beachten zu brauchen, da er den pfändenden Beamten seinen Eigentumsanspruch sofort förmlich angezeigt und Widerspruchsklage gegen den betreibenden Gläubiger erhoben hatte. Das freisprechende erstinstanzliche Urteil wurde vom Reichsgericht aufgehoben. Der Angeklagte habe nicht etwa in dem guten Glauben gehandelt, die Pfändung sei aufgehoben; sein Irrtum habe lediglich in dem „Mangel der Kenntnis des im St.G.B. aufgestellten Verbotes" bestanden (R.G. I 11. 3. 80, E. I 272).

b) Bei Sch. war Heu gepfändet worden, obgleich Sch. den Beamten erklärt hatte, das Heu sei bereits von ihm an St. verkauft. Bald darauf kam St. zu Sch., um sein Heu abzuholen. Sch. übergab es ihm und half dem St., es auf dessen Wagen zu laden. Aus § 137 St.G.B. verurteilt, berief sich Sch. auf E. X 425 (siehe oben). Das Reichsgericht bestätigte aber seine Verurteilung, indem es den subjektiven Thatbestand beider Fälle für verschieden erklärte. E. X 425 habe „nur solche Fälle im Auge, in welchen die Pfändung an sich als ein ungesetzlicher Akt erscheint, in welchen also nach den einschlägigen gesetzlichen Vorschriften eine Pfändung oder Beschlagnahme überhaupt niemals Platz greift oder vom Gesetze als wesentlich vorgeschriebene Förmlichkeiten nicht beobachtet sind, nicht aber solche Fälle, in welchen eine Pfändung wegen etwaiger Ausserachtlassung instruktioneller Vorschriften oder wegen etwaiger Ansprüche dritter möglicherweise einer Anfechtung unterliegt". Im letzteren Falle liegt ein unbeachtlicher Irrtum über das Strafgesetz vor (R.G. I 27. 5. 1889, E. XIX 287).

Gegen den ersten der drei Rechtssätze ist kaum etwas einzuwenden; es könnte höchstens die Frage aufgeworfen werden, ob die Fälle 1a und c mit Recht ihm unterstellt worden sind, eine Frage, die m. E. aber zu bejahen wäre.

Dagegen entstehen erhebliche Zweifel an der Berechtigung, die Fälle 2 und 3 verschiedenartig zu behandeln. Allerdings kann nicht geleugnet werden, dass es rechtlich einen wesentlichen Unterschied bedeutet, ob eine Pfändung formell ungesetzlich war — sei es wegen Unzulässigkeit der Pfändung an sich, sei es wegen Unzuständigkeit des Beamten —, oder ob sie zwar formell zulässig war, aber einer materiellen Grundlage entbehrte; ein Unterschied, der seinen charakteristischen Ausdruck erfährt in der Verschiedenheit der civilprozessualen Korrektive (§ 766 C.P.O. einerseits, § 767 C.P.O. andrerseits). Allein hier handelt es sich um die Frage, ob und warum diese Unterscheidung für den subjektiven Thatbestand des Arrestbruchs wesentlich ist.

Die reichsgerichtliche Unterscheidung wäre dann gerechtfertigt, wenn der Thäter im einzelnen Falle die formell ungesetzliche Pfändung für nichtig, für nicht bestehend angesehen, die materiell unberechtigte aber nur für anfechtbar, für vorläufig zu Recht bestehend betrachtet hätte. Falls der Sachverhalt in der That so liegt, so kann vom Standpunkt des Reichsgerichts aus allerdings argumentiert werden: Im ersteren Falle irrte der Thäter darüber, dass auch eine formell ungesetzliche Pfändung vorläufig eine Pfändung ist (civilrechtlicher Irrtum); im letzteren Falle dagegen nahm der Thäter an, er brauche eine zwar formell bestehende, aber einer materiellen Grundlage entbehrende Pfändung nicht als solche zu beachten (Irrtum über das Strafgesetz).

Indessen ob ein Fall so lag, ist in keiner der angeführten Entscheidungen erörtert. Zu vermuten ist es aber keineswegs. Im Gegenteil darf zunächst wohl angenommen werden, dass der Thäter derartig difficile Erwägungen nicht angestellt hat. Man darf ja nicht aus dem Auge lassen: es genügt nicht, dass der Thäter den Unterschied zwischen formeller Unzulässigkeit und materieller Grundlosigkeit gekannt hat (diese Kenntnis wird bei Arrestbrechern selten fehlen); er muss in seinen Erwägungen vielmehr einen Schritt weiter gegangen und des Glaubens gewesen sein: eine formell ungesetzliche Pfändung existiert als solche nicht, eine nur materiell unbegründete besteht vorläufig als Pfändung. Erst in diesem Falle wäre die reichsgerichtliche Differenzierung beider Fälle haltbar.

Diese Erwägung aber wird der Thäter äusserst selten angestellt haben. Stets hat er äusserlich einen formellen Pfändungsakt eines staatlichen Beamten vor sich, über den er glaubt sich hinwegsetzen zu dürfen. Sieht man den Rechtsgrund für die Bestrafung des Arrestbruchs in der „Bethätigung einer Missachtung der in der Siegelanlegung ausgedrückten obrigkeitlichen Anordnung“ (so das cit. E. XXVI 308), so muss in den Fällen 2 und 3 Bestrafung eintreten. Macht man dagegen mit dem Satz vom ausserstrafrechtlichen Rechtsirrtum Ernst, so ist der Vorsatz stets dann ausgeschlossen, wenn der Thäter meint, eine Pfändung existiere nicht. Dies kann aber, und wird vielfach, da es ja lediglich auf den wenn auch noch so unentschuldbaren Glauben des Thäters ankommt, auch bei einer nur materiell ungerechtfertigten Pfändung der Fall sein.

Es ergiebt sich: Nötig wäre vom Standpunkt des ausserstrafrechtlichen Rechtsirrtums

1. eine thatsächliche Feststellung in dem oben angedeuteten Sinn;

2. falls diese Feststellung nicht getroffen ist: prinzipielle Gleichbehandlung der Fälle unter 2 und 3.[1])

II.

Ein (wirklicher oder vermeintlicher) Irrtum über **eherechtliche** Normen lag in folgenden Fällen vor, deren Entscheidungen ebenfalls schwer in Einklang zu bringen sind.

1. Der Ehemann der Frau X. verheiratet sich, offenbar durch Täuschung des Standesbeamten, anderweitig. Frau X. ist der (irrigen) Ansicht, dass hierdurch ihre eigene Ehe gelöst sei und versucht ebenfalls, eine neue Ehe einzugehen. Den Vorsatz der Bigamie verneint das Reichsgericht; denn jener „Irrtum bezieht sich lediglich auf die Grundsätze des bürgerlichen Rechts, welche die Eingehung und Auflösung

[1]) Auch Frank, sonst Anhänger des Satzes von der Relevanz des ausserstrafrechtlichen Rechtsirrtums (vgl. Kommentar § 59 II, 3; V, I) erklärt die Entscheidungen E. X 425 und XIX 287 für unvereinbar. „Ist der höchste Gerichtshof der Meinung, dass der civilrechtliche Irrtum den strafrechtlichen Vorsatz beseitige, so ist nicht zu erkennen, warum dies hier [in E. XIX 287] nicht der Fall sein soll“ (Z. XII 298).

einer Ehe beherrschen, und steht einem Irrtum über das Vorhandensein von zum gesetzlichen Thatbestande erforderlichen Thatumständen gleich" (R.G. III 15. 10. 1883, E. IX 84).

2. Der Angeklagte lebte in ehelicher Geschlechtsgemeinschaft mit der Tochter erster Ehe seiner verstorbenen Ehefrau (also mit seiner eigenen Stieftochter). Er hielt seine Ehe für gültig und war weiter der Ansicht, dass ein ehelicher Beischlaf stets gestattet sei. Das Reichsgericht nahm trotzdem vorsätzliche Blutschande an. Denn „der Irrtum des Angeklagten läuft in der That auf einen solchen über das Strafgesetz hinaus, indem er geglaubt hat, das Gesetz erkenne im § 173 eine rechtsgültige Eheschliessung unter Verschwägerten auf- und absteigender Linie an und nehme den Beischlaf in solchem Falle von der Strafbarkeit aus" (R.G. I 10. 11. 1881, E. V 159).

Die erstgenannte Entscheidung ist vom Standpunkt des Reichsgerichts konsequent. Die zweite dagegen dürfte schwer zu rechtfertigen sein. Das Reichsgericht zerlegt den Irrtum des Thäters in zwei Teile: 1. der Thäter nahm an, das Gesetz halte jene Ehe für gültig; 2. der Thäter glaubte, das Strafgesetz nehme in solchem Falle den Beischlaf von der Strafbarkeit aus. Der erste Irrtum ist zweifellos ein civilrechtlicher, der zweite aber überhaupt nicht vorhanden. Heisst das „in solchem Falle": „für den Fall der Gültigkeit der Ehe" (und anders kann es wohl nicht aufgefasst werden), so irrte der Thäter nicht, sondern hatte durchaus recht. Denn der Beischlaf in einer gültigen Ehe ist unter keinen Umständen rechtswidrig. Nur dass die Ehe gültig sei, war irrig; dieser einzige Irrtum musste aber als ausserstrafrechtlicher den Vorsatz ausschliessen.[1])

III.

Auf dem Gebiete des **Personen- und Familienrechts** sind noch zwei Entscheidungen von Interesse, von denen ebenfalls nur der ersteren zugestimmt werden kann.

---

[1]) Die Entscheidung wird gebilligt von Klee (Vorsatz S. 87). Klee fügt der Darstellung des Falles in indirekter Rede die Worte an: „Das eherechtliche Verbot sei integrierender Bestandteil des Strafgesetzes." Diesen Gedanken hat das Reichsgericht keineswegs ausgesprochen. Man wird auch annehmen dürfen, dass es ihn nicht billigen würde, denn er ist offensichtlich unrichtig. — Dass, von juristischen Erwägungen abgesehen, die Entscheidung E. V 159 in hohem Grade geeignet ist, den Akt der förmlichen Eheschliessung zu diskreditieren, bedarf keiner Ausführung.

1. Der Angeklagte hatte in einem notariellen Akt unwahrerweise die Vaterschaft zu einem unehelichen Kinde anerkannt und diese Anerkennung in das Geburtsregister eintragen lassen. Das Reichsgericht erblickt hierin objektiv den Thatbestand der §§ 169 und 271 St.G.B. „In Bezug auf beide Reate wirft sich nun aber in subjektiver Hinsicht die Frage auf, ob der Angeklagte sich nicht über die gesetzlichen Voraussetzungen der Anerkennung, eines präjudiziellen Civilrechtsverhältnisses, in einem Irrtum befunden, ob er sich nicht wenigstens für berechtigt gehalten habe, das fragliche Kind als das seinige anzuerkennen (§ 59 St.G.B.). Die Behauptung dieses Irrtums von seiten des Angeklagten muss in der Behauptung der Rechtsgültigkeit der Anerkennung gefunden werden" (R.G. III 19. 2. 1891, E. XXI 411).

2. Die Angeklagten hatten durch eine Reihe pflichtwidriger Unterlassungen den Tod der ihnen anvertrauten B. fahrlässig verursacht. Zwar war der Pflegevertrag, mittelst dessen die Angeklagten die geistesschwache B. zur Obhut übernommen hatten, bereits abgelaufen; die Gemeinde hatte sich aber geweigert, den Angeklagten die B. wieder abzunehmen. „Indessen mit Recht hat der Instanzrichter angenommen, dass, da über die Dauer des Vertrages zwischen den Kontrahenten Streit bestand und die absolut hilflose B. sich einmal auf Grund des von den Angeklagten freiwillig abgeschlossenen Vertrages im Gewahrsam und in der Obhut der letzteren befand, diese auch nach dem 1. Januar 1887 noch rechtlich verpflichtet blieben, die zur Erhaltung des Lebens und der Gesundheit der B. notwendige Pflege so lange fortzusetzen, bis ein anderer ihnen die B. abgenommen hatte. Diese Pflicht bestand unabhängig von der verabredeten Vertragsdauer auf Grund des durch den Vertrag und die einmal übernommene Obhut über eine hilflose Person von den Angeklagten thatsächlich geschaffenen Rechtszustandes und ruhte rechtlich auf der strafrechtlichen Norm, welche die Gefährdung fremden Menschenlebens, für dessen Erhaltung jemand die Verantwortung übernommen hat, verbietet" (R.G. III 21. 3. 88, E. XVII 260).

[Über diese strafrechtliche Norm hatten die Angeklagten durchaus nicht geirrt, sondern über ihre Voraussetzung: o b ihnen die Verantwortung für die B. noch obliege. Sie hatten irrig nicht angenommen, dass „durch den Vertrag und die einmal übernommene Obhut über eine hilflose Person" ein solcher „Rechtszustand" geschaffen sei, an welchen die ihnen *an sich bekannte* Norm anknüpft.]

IV.

In R.G. III 27. 2. 1888 (E. XVII 220) wird (betr. § 241 K.O.) für einen relevanten, weil civilrechtlichen, Irrtum erklärt:

1. Wenn der **Gemeinschuldner** die Forderung eines Gläubigers für rechtsbeständig und fällig hält und sich deshalb verklagen, verurteilen und pfänden lässt;

2. „wenn ein [Gemein-]Schuldner sich einbildet, der

Gläubiger besitze bereits Pfandrechte auf die ihm zur Sicherheit überlassenen Gegenstände oder wohlerworbene Eigentumsansprüche auf die ihm an Zahlungsstatt hingegebenen Sachen."

V.

Mehrfach stand die Frage zur Entscheidung, ob ein Irrtum über den Umfang eines **Urheberrechtes** als ein solcher über Strafrechtssätze, oder als ein ausserstrafrechtlicher Rechtsirrtum zu qualifizieren sei.

Aus den diesbezüglichen Urteilen des Reichsgerichts sind alle diejenigen auszuscheiden, welche sich auf das frühere Gesetz, betr. das Urheberrecht an Schriftwerken etc. (vom 11. Juni 1870) und die ihm nachgebildeten Gesetze beziehen. In diesen Gesetzen (vgl. § 18 Abs. 2 Ges. v. 11. 6. 70) wird ausnahmsweise auch der Rechtsirrtum berücksichtigt, und zwar, wie das Reichsgericht in Übereinstimmung mit der herrschenden Lehre annimmt[1]), auch der strafrechtliche Irrtum. Die hierauf bezüglichen Entscheidungen können daher als typisch nicht angesehen werden, da sie zu einer Unterscheidung zwischen strafrechtlichem und ausserstrafrechtlichem Rechtsirrtum keine Veranlassung haben.

Es bleiben die Entscheidungen über die Verletzung von Patenten und Gebrauchsmustern.

1. Der Angeklagte hatte das Patentrecht von H. durch gewerbsmässiges Herstellen und Feilhalten der für H. patentierten Erfindung, eines Hektographen, verletzt, ohne vor Beginn des Patentschutzes die Erfindung bereits in Benutzung gehabt zu haben. Er war aber der Ansicht:

---

[1]) A. M. van Calker, Die Delikte gegen das Urheberrecht (1894), S. 199; dort ausführlich die Entstehungsgeschichte und weitere Litteratur. Vgl. jetzt noch Birkmeyer Z. XXI 581ff. — Die Frage nach der Auslegung des § 18 Abs. 2 hat infolge des neuen Urheberrechtsgesetzes keineswegs ihre Bedeutung verloren, da § 18 insoweit in Kraft geblieben ist, als andere Gesetze auf ihn Bezug nehmen (§ 64 Ges. v. 19. Juni 1901). Dies ist der Fall in § 16 Ges. v. 9. Januar 1876 (Schutz von Werken der bildenden Künste), in § 9 Ges. v. 10. Januar 1876 (Schutz von Photographien), in § 14 Ges. v. 11. Januar 1876 (Schutz von Mustern und Modellen). — Über die Frage des Vorsatzes bei den neuen Urheberrechtsdelikten vgl. jetzt Stenglein, Nebengesetze (3. Aufl. 1901) S. 154 f., No. 5.

1) er habe einen mit dem patentierten identischen Hektographen bereits vor der Patentierung des ersteren selbst in Benutzung gehabt (was, wie bemerkt, objektiv nicht der Fall war),

2) das erteilte Patent sei aus diesem Grunde nichtig (während in Wahrheit das einmal erteilte Patent nur anfechtbar ist und erst im geregelten Wege für nichtig erklärt werden muss).

Das Reichsgericht hielt den zweiten Irrtum für unbeachtlich, der erstere schliesse dagegen den Vorsatz aus § 84[1]) Pat.Ges. aus. Die irrige Annahme, das Patent sei nichtig, „betraf keine thatbestandliche Voraussetzung des Deliktes, . . . vielmehr nur ein Verkennen des Bestandes und des Sinnes der Strafnorm des § 84". Der erstgenannte Irrtum dagegen sei relevant; denn in dem Wort „wissentlich" in § 84 „wird verlangt, dass der Angeklagte gewusst hat, die strafhindernde Voraussetzung in § 5 treffe bei ihm nicht zu, die Wirkung des Patentes trete auch wider ihn ein, woraus folgt, dass die gegenteilige, wenn schon irrige Annahme eines Angeklagten, er habe die Erfindung für seine Person bereits früher in Benutzung genommen, einen zur Begründung der Strafbarkeit unter solchen Verhältnissen wesentlichen Thatumstand ergreift und verneint" (R.G. I 20. 4. 1882, E. VI 224).

2. Während in der vorigen Entscheidung für schuldausschliessend der Irrtum erklärt wird, welcher die Thatsache betrifft, dass man die patentierte Erfindung bereits vorher in Benutzung gehabt habe, ist es nach einem anderen Urteil ein unbeachtlicher strafrechtlicher Irrtum, wenn ein Patentverletzer glaube, dass bereits die blosse zeitliche Priorität seiner Erfindung vor der patentierten ihm gestatte, sich über das Patent hinwegzusetzen, während der § 5 dieses Recht nur gewähre, falls die der patentierten zeitlich vorgehende Erfindung wirklich in Benutzung genommen worden ist. (R.G. III 12. 4. 1888, E. VIII 216.)

3. Für relevant wurde der Irrtum erklärt, vermöge dessen „der Verletzende glaubt, eine von ihm benutzte, einem anderen patentierte, Vorrichtung weiche so wesentlich von der patentierten ab, dass sich der Patentschutz auf dieselbe nicht erstrecke". Die in § 84 geforderte Wissentlichkeit „setzt Kenntnis vom Bestehen und Umfang des Patent-

---

[1]) Patentgesetz v. 25. Mai 1877 (R.G.Bl. 501):

„§ 4. Das Patent hat die Wirkung, dass niemand befugt ist, ohne Erlaubnis des Patentinhabers den Gegenstand der Erfindung gewerbsmässig herzustellen, in Verkehr zu bringen oder feilzuhalten.

§ 5. Die Wirkung des Patentes tritt gegen denjenigen nicht ein, welcher bereits zur Zeit der Anmeldung des Patentinhabers im Inlande die Erfindung in Benutzung genommen hatte.

§ 84. Wer wissentlich den Bestimmungen der §§ 4 und 5 zuwider eine Erfindung in Benutzung nimmt, wird . . . bestraft."

(Die §§ 4, 5, 35, 36 des jetzt gültigen Patentgesetzes vom 7. April 1891 unterscheiden sich von den alten Bestimmungen in keinem für die augenblicklichen Erörterungen wesentlichen Punkte.)

schutzes und das Bewusstsein voraus, dass mit Herstellung, Vertrieb oder Benutzung des betreffenden Gegenstandes in ein fremdes Patentrecht eingegriffen werde". Dagegen sei es ein unbeachtlicher Irrtum über das Strafgesetz, wenn er sich darstelle als „Unkenntnis oder irrtümliche Auffassung des Patentgesetzes selbst und der den Inhalt der Patentberechtigung regelnden Bestimmungen desselben" (R.G. III 17. 5. 1882, R. IV 490).

4. Die Angeklagten hatten den Gegenstand einer im Inland patentierten Erfindung (Schmierbüchsen) im Auslande (Holland) herstellen lassen, sich nach Hamburg zusenden lassen, hier auf Lager genommen und von hier wieder ins Ausland verkauft. Dadurch haben sie nach Ansicht des Reichsgerichts die patentierte Erfindung „im Inlande gewerbsmässig in Verkehr gebracht". Ein etwaiger Irrtum hierüber sei nicht zu berücksichtigen. Es genüge, dass die Angeklagten „das Vorhandensein des Patentschutzes, die Identität der von ihnen verkauften Büchsen mit den patentierten und den Mangel jeder Erlaubnis des Patentinhabers gekannt haben. Ob aber die Angeklagten in dem Glauben gehandelt haben, der Vertrieb der Ware nach dem Auslande falle nicht unter den Patentschutz, hat das Urteil mit Recht deshalb für gleichgültig erachtet, weil ein solcher, die strafrechtliche Bedeutung der §§ 4, 34 Pat.Ges. unmittelbar ergreifende Irrtum an sich niemals einen Strafausschliessungsgrund abzugeben geeignet ist" (R.G. III 8. 4. 1884, E. X 349).

5. In dem bekannten Falle betreffend Verletzung des Patentes für das Verfahren zur Herstellung von Antipyrin hatte der Angeklagte eingewendet, er habe nicht gewusst, dass durch die Bestimmung in § 2 Ziffer 2 Pat.Ges. (a. F.) nicht nur das patentierte Verfahren, sondern gleichzeitig auch das mittels dieses Verfahrens hergestellte Produkt geschützt sei. Das Reichsgericht erklärt diesen Irrtum für einen irrelevanten strafrechtlichen. „Indem der § 34 Pat.Ges. auf die §§ 4, 5 des Ges. verweist, . . . werden diese Normen Bestandteile der Strafvorschrift des § 34 selbst." (R.G. III 25. 10. 1890, E. XXI 205.)

6. Auch ein Irrtum über den Umfang des Markenschutzes stelle einen Irrtum unmittelbar über die Strafrechtsnorm dar. Die Firma X. in Berlin hatte durch Eintragung in das Zeichenregister das ausschliessliche Recht zur Bezeichnung von Strumpfwaren mit der sog. Hahnenmarke erhalten, und zwar im Jahre 1875. Sechs Jahre später, im Jahre 1881, wurde für die französische, in Paris domizilierende Firma Z. ein der „Hahnenmarke" zum Verwechseln ähnlich sehendes Zeichen bei dem tribunal de Commerce de la Seine in Paris für mérinos, cachemirs et toutes sortes de tissus deponiert. Diese französische Firma bestellte bald darauf bei dem in Berlin wohnenden Fabrikanten A. (dem Angeklagten) einen grösseren Posten Strumpfwaren und beauftragte ihn, die Ware mit dem gleichzeitig in Abbildung übersandten Z'schen (französischen) Zeichen zu bezeichnen. A. lehnte dies zunächst ab unter Berufung darauf, dass das Zeichen in Deutschland für die Firma X. geschützt sei. Nachdem ihm jedoch von der Firma Z. unter Beifügung einer weiteren

mit dem Vermerk déposé versehenen Abbildung der Z'schen Marke mitgeteilt worden, die Marke sei für Z. in Frankreich geschützt, kam A. dem Auftrag nach. Wegen Verletzung geschützter Warenzeichen angeklagt,[1]) wendete A. ein — ein Vorbringen, welches ihm auch geglaubt wurde —, er habe sich zu seiner Handlungsweise für berechtigt gehalten; er habe angenommen, dass die ihm von Z. übersendete Marke die in Frankreich geschützte Handelsmarke von Z. sei, und er sei der festen Überzeugung gewesen, dem X'schen Schutzrechte nicht zu nahe zu treten, wenn er auf von Frankreich aus bestellte, für Frankreich bestimmte und von ihm direkt dorthin gesendete Waren das in Frankreich geschützte Z'sche Warenzeichen brächte. Das Reichsgericht hielt dies Vorbringen für unbeachtlich. Der im § 14 a. O. erforderte Dolus sei hier gegeben gewesen „mit der Kenntnis der thatsächlichen Voraussetzungen, in denen das Gesetz den Thatbestand der strafbaren Handlung findet, also mit der Kenntnis des Bestehens des Schutzrechtes eines anderen Gewerbetreibenden und der Kenntnis fehlenden eigenen Rechts zur Benutzung der für den ersteren geschützten Marke". Diese Kenntnis habe vorgelegen. Der Irrtum des Angeklagten habe sich lediglich auf das Strafgesetz bezogen, indem er sich für befugt erachtete, auf Grund des für Z. in Frankreich begründeten Schutzrechts sich über das für X. in Deutschland begründete Schutzrecht hinwegzusetzen. (R.G. III 18. 9. 1884, E. XI 90.)

Zum Nachweis der Undurchführbarkeit des Satzes vom ausserstrafrechtlichen Rechtsirrtum sollte es genügen, die Entscheidungen angeführt zu haben.

In dem Falle No. 3 wird — m. E. mit Recht, was indessen hier noch nicht interessiert — ausdrücklich verlangt „das Bewusstsein, dass mit Herstellung etc. des betreffenden Gegenstandes in ein fremdes Patentrecht eingegriffen werde". Wenn aus dieser Bemerkung für die Anwendung des in Rede stehenden Rechtssatzes etwas gefolgert werden kann, so ist es wohl nur das, dass die den Umfang des fremden Patentrechtes regelnden Normen **keine** Strafrechtssätze sind.

Sämtliche Entscheidungen, auch die Entscheidung No. 3 selbst, sagen indessen das Gegenteil. Es ist durchaus unerfindlich, worin anders ein Bewusstsein des Eingriffs in ein

---

[1]) § 14 Gesetz über den Markenschutz (v. 30. November 1874, R.G.Bl. 143):

„Wer Waren oder deren Verpackung wissentlich mit einem nach Massgabe dieses Gesetzes zu schützenden Warenzeichen .... widerrechtlich bezeichnet, oder wissentlich dergleichen widerrechtlich bezeichnete Waren in Verkehr bringt oder feilhält, wird .... bestraft".

Ähnlich § 14 des jetzt geltenden Gesetzes v. 12. Mai 1894.

fremdes Patentrecht bestehen soll, wenn nicht eben in dem Bewusstsein, wieweit das objektive Recht dessen Grenzen ziehe. Wer annimmt, „ein Patent sei nichtig“ (No. 1), wer im Irrtum ist über „die den Inhalt der Patentberechtigung regelnden Bestimmungen“ (No. 3), wer glaubt, „der Vertrieb der Ware nach dem Auslande falle nicht unter den Patentschutz“ (No. 4), wer ein Patent nur auf das Verfahren bezogen und nicht gewusst hat, „dass das mittelst dieses Verfahrens hergestellte Produkt geschützt sei“ (No. 5), wer endlich „der festen Überzeugung ist, dem X'schen Schutzrechte nicht zu nahe zu treten, wenn er etc.“ (No. 6) — der hat nicht das Bewusstsein gehabt, in ein fremdes Patentrecht einzugreifen (No. 3), der hat nicht „das Vorhandensein des Patentschutzes“ gekannt (No. 4), der hat nicht „mit der Kenntnis des Bestehens des Schutzrechts eines anderen Gewerbetreibenden und der Kenntnis fehlenden eigenen Rechts zur Benutzung der für den ersteren geschützten Marke“ gehandelt (No. 6).

Das Reichsgericht scheint Wert darauf zu legen, dass der Thäter von dem Bestehen des Patents an sich wusste. Indessen, wenn einmal Kenntnis des fremden Patentrechts verlangt wird, so muss sie im einzelnen Fall vorliegen. Die Rechtsprechung des Reichsgerichts führt zu dem Satze: Wer ein fremdes Recht verletzt, der hat dies dann mit Bewusstsein gethan, wenn er wusste, dass zwar nicht seine augenblickliche Handlungsweise, wohl aber irgend eine andere eine Verletzung jenes Rechts darstelle! Für die einzelne Verletzung ist Unkenntnis der Grenzen des verletzten Rechts mit Unkenntnis des Rechts selbst gleichbedeutend. Es ist auch in thatsächlicher Hinsicht durchaus unrichtig, wenn z. B. in Fall 6 das Reichsgericht ausführt, der Thäter habe das fremde Recht sehr wohl gekannt, er habe nur sich für befugt erachtet, sich „darüber hinwegzusetzen“. Im vorliegenden Fall hat er das fremde Recht aber nicht gekannt.

Diese Ausstellungen betreffen nur die vorliegenden Urteile über Urheberrechte. Eine prinzipielle Bedeutung dagegen kommt der Bemerkung des Urteils No. 5 zu, dass die §§ 4 und 5 „Bestandteile der Strafvorschrift des § 34 selbst“ seien. Diese Ansicht wird uns in dieser, aber auch in der entgegengesetzten Form noch öfters begegnen.

VI.

Die Normen des **Handelsgesetzbuchs** sind vielfach mit Strafvorschriften umgeben. Ein Irrtum über die ersteren wird vom Reichsgericht stets als strafrechtlicher behandelt.[1])

1. Der aus § 210¹ K.O. (alter Fassung) wegen Unterlassung der Buchführung und Bilanzziehung Angeklagte wendete ein, er habe seine Pflicht zur Buchführung nicht gekannt, weil er gemäss dem früheren provinziellen Sprachgebrauch und der älteren Landesgesetzgebung sein Geschäft für ein Hökergeschäft gehalten habe. Aber: „sowenig Unkenntnis des Strafgesetzes einen Strafausschliessungsgrund abgiebt, sowenig vermag die blosse Unkenntnis der vom Strafgesetz vorausgesetzten objektiv handelsgesetzlichen Verpflichtungen die Strafbarkeit aus § 210 K.O. aufzuheben. Unkenntnis oder Irrtum über die Existenz der gesetzlichen Verpflichtung in ihrer objektiven Erscheinung ist bedeutungslos. Nach der Feststellung der Vorinstanz befand sich der Angeklagte aber nicht etwa über die Thatumstände in einem faktischen Irrtum, welche seine Eigenschaft als Kaufmann oder Höker bedingten, sondern er befand sich lediglich in Rechtsunkenntnis über Einführung, Geltung und richtiges Verständnis der Gebote des Handelsgesetzbuches“ (R.G. III 1. 2. 1882, E. V 407). Hier wird also noch zugestanden, dass es sich lediglich um handelsrechtliche Normen handelt. Da aber die Nichtberücksichtigung solchen Irrtums dem Satz vom ausserstrafrechtlichen Rechtsirrtum offenbar widerspricht, geht das R.Ger. in späteren Entscheidungen weiter:

2. In einem analogen Fall erklärt das Reichsgericht: Ein Irrtum des Angeklagten, ob er „Kaufmann“ sei, sei ein I. über „die rechtliche Unterordnung seiner Thätigkeit unter den Rechtsbegriff eines Kaufmanns und der darin geregelten Verpflichtung zur Führung von Handelsbüchern und hiernach [!] über Sinn und Umfang der rechtlichen Bestimmungen des § 210 K.O.“ (R.G. I. 8. 2. 1883, E. VIII 147).

3. „Indem die Strafbestimmung des § 210 Ziff. 2, 3 K.O. auf die gesetzlichen Vorschriften über Führung von Handelsbüchern und die Ziehung von Bilanzen Bezug nimmt, macht sie diese insoweit zu Bestandteilen des Strafgesetzes. Ein Irrtum darüber betrifft eine innerhalb des Strafgesetzes liegende Rechtsmaterie“ (R.G. II, 4. 6. 86, R. VIII 421).

4. Dass das Reichsgericht an dieser Auffassung festzuhalten beabsichtigt, geht aus einer neueren Entscheidung hervor, die sich mit der Frage beschäftigt, ob eine Änderung der handelsgesetzlichen Vorschriften über die Buchführungs-Pflicht nach § 2 Abs. 2 St.G.B. für die Strafbestimmungen rückwirkende Kraft besitze. Das R.Ger. führt aus, dass eine Änderung des Handelsgesetzbuchs über den Begriff „Vollkaufmann“

---

[1]) Vgl. gegen die folgenden Urteile v. Bülow (Senatspräsident beim R.Ger.), Zur Frage des Unterschiedes zwischen strafrechtlichen und anderen Rechtsnormen (G.A. 45, S. 321 ff.).

Änderung des „Thatbestandes“ des § 240 No. 3 K.O. sei und somit rückwirkende Kraft habe. Es fährt fort: „Die Auffassung, dass die Änderung der Vorschriften des H.G.B. über die Vollkaufleute eine Änderung des Strafgesetzes ausmache, steht in Einklang mit der ständigen Rechtsprechung des Reichsgerichts, welche jene Vorschriften als zum Thatbestand der in Frage stehenden Konkursvergehen gehörig anerkannt und deshalb einen Irrtum über sie stets als einen Irrtum über das Strafgesetz betrachtet hat“ (R.G. I $\frac{16.\,2.}{1.\,3.}$ 1900, E. XXXIII 184).

[Dass das Reichsgericht noch jetzt einen Irrtum über den Begriff „Kaufmann“ nicht als handelsrechtlichen, sondern als strafrechtlichen ansehen würde, kann hiernach leider als zweifellos gelten. Indessen ist die Parallele, die hier zwischen der Irrtumsfrage und der Regel von der Rückwirkung des milderen Gesetzes gezogen wird, nicht annehmbar. Das R.Ger. begründet die Anwendbarkeit des § 2 Abs. 2 St.G.B. mit der Erwägung: Der Umstand, dass der Thäter „Kaufmann“ sei, sei ein Thatbestandsmerkmal des § 240 No. 3 K.O. Dem soll nicht widersprochen werden. Hieraus ergiebt sich aber für die Doluslehre gerade umgekehrt: Wenn der Umstand, dass der Thäter ein „Kaufmann“ ist, ein Thatbestandsmerkmal des Konkursvergehens darstellt, so hat der Dolus des Thäters gemäss § 59 St.G.B. sich hierauf zu erstrecken; durchaus analog z. B. dem § 242 St.G.B., wo nach unbestrittener Ansicht der Thäter die Eigenschaft der entwendeten Sache als einer „fremden“ deshalb kennen muss, weil dies zum strafrechtlichen Thatbestand gehört. Die umgekehrte Folgerung: Der Begriff „fremd“ selbst sei ein strafrechtlicher, ein Irrtum hierüber also irrelevant, hat für § 242 bis jetzt nicht einmal das Reichsgericht gezogen. — Für eine eingehendere Erörterung der äusserst interessanten Frage, inwieweit eine ausserstrafrechtliche Gesetzesänderung strafrechtlich zurückwirke, inwieweit insbesondere hier ein Parallelismus zu dem „ausserstrafrechtlichen Rechtsirrtum“ angenommen werden könne, ist hier nicht der Ort.]

5. Auch in einem Falle des Aktienstrafrechts spielt der Rechtsirrtum eine bedeutsame Rolle. Die Angeklagten hatten als Vorstandsmitglieder einer Aktiengesellschaft behufs Eintragung einer beschlossenen Erhöhung des Grundkapitals in das Handelsregister die Erklärung abgegeben: „Das bisherige Grundkapital sei voll eingezahlt“.[1]) Diese

---

[1]) H.G.B. (a. F.):

Art. 215a. „Eine Erhöhung des Grundkapitals der Gesellschaft darf nicht vor der vollen Einzahlung desselben erfolgen.“

Art. 249a. „Mit Gefängnis und zugleich mit Geldstrafe bis zu 20000 Mk. werden bestraft:

3. Mitglieder des Vorstandes und des Aufsichtsrates einer Aktiengesellschaft, welche behufs Eintragung einer Erhöhung des Grundkapitals der Aktiengesellschaft in das Handelsregister (Art. 215a) rücksichtlich der Einzahlung des bisherigen Kapitals wissentlich falsche Angaben machen.“

Erklärung war insofern falsch, als ein mit 12 Aktien à 300 Mark beteiligter Aktienzeichner wegen eingetretener Insolvenz die von ihm geforderte Volleinzahlung auf seine Aktien nicht geleistet hatte, was den Angeklagten bekannt war. Das Instanzgericht hatte aus Art. 249a No. 3 freigesprochen, weil die fragliche Erklärung weder objektiv falsch gewesen sei — der Begriff „volle Einzahlung" sei im wirtschaftlichen, nicht im arithmetischen Sinne zu nehmen; hier komme es auf verhältnismässig kleine Restposten nicht an — noch wissentlich falsch abgegeben worden sei. — Das R.Ger. führt dem gegenüber zunächst aus, dass dies objektiv dem Wortlaut des Gesetzes nicht entspreche. Sodann: „Was die Vorinstanz zu Gunsten des guten Glaubens der Angeklagten geltend macht, verwechselt den thatsächlichen Irrtum im Sinne des § 59 mit Irrtümern über die Auslegung des Strafgesetzes. Das Urteil erachtet für erwiesen, die Angeklagten hätten die von ihnen versicherte „Volleinzahlung" im wirtschaftlichen Sinne verstanden, wobei das Vorhandensein einzelner Restanten gleichgültig sei. Nicht also darüber haben sich die Angeklagten in einem Irrtum bewegt, dass ein Teil der Aktien noch nicht voll eingezahlt sei [doch! gerade hierüber!]. Worüber sie irrten, war nicht das Vorhandensein von zum gesetzlichen Thatbestande gehörigen Thatumständen, waren auch nicht ausserhalb des Strafrechts liegende Normen des bürgerlichen Rechts, sondern es war die Bedeutung des Strafgesetzes selbst" (R.G. III 25. 3. 86, E. XIV 36). [Die Denkschrift zum neuen H.G.B. hat hier das R.Ger. selbst des Rechtsirrtums bezichtigt, der, da er ja nach dessen eigener Ansicht ein strafrechtlicher ist, nicht zu entschuldigen ist. Vgl. § 278 H.G.B. (n. F.) und „Denkschrift" S. 155 f.]

Die letztgenannte Entscheidung bildet, insbesondere unter Hinzunahme der neuen „Denkschrift", in erster Linie einen interessanten Beleg für die im vorigen Paragraphen vertretene Ansicht, dass es in den seltensten Fällen angängig ist, die „Thatumstände", die vom Vorsatz umfasst sein müssen, rein mechanisch-arithmetisch zu konstruieren. Wo wäre hier die Grenze zu ziehen gewesen? Bei einer „arithmetischen" Betrachtung hätte ein Rückstand von einigen Pfennigen genügen müssen, die Vorstandsmitglieder ins Gefängnis zu bringen.

Die ersten vier, auf das Konkurs-Strafrecht bezüglichen, Urteile sind unter einander allerdings durchaus folgerichtig. Wie sie aber mit dem Satze von der Relevanz des ausserstrafrechtlichen Rechtsirrtums und mit den übrigen Entscheidungen des Reichsgerichts zu vereinbaren sind, dürfte selbst Eingeweihten schwer begreiflich sein.

VII.

Auf dem Gebiete des **Jagdrechts** ist das Reichsgericht in der Berücksichtigung des Irrtums liberaler.

1. Der Angeklagte hatte auf dem Felde einen Dachs gefangen. Wegen unberechtigter Jagdausübung angeklagt (§ 292 St.G.B.) wendete er ein, er habe nicht gewusst, dass der Dachs ein „jagdbares Tier“ sei, d. h. ein solches, welches dem ausschliesslichen Okkupationsrechte des Jagdberechtigten unterliege. Das freisprechende erstinstanzliche Urteil wurde von der Staatsanwaltschaft angegriffen mit der Begründung: zum Vorsatze des § 292 genüge es, dass er sich „auf die nackte Jagdausübung beziehe“. Das R.Ger. dagegen hielt die Freisprechung für gerechtfertigt, indem es ausführte: „Die Frage, auf welche wilde Tiere sich das Jagdrecht erstreckt, ist eine civilrechtliche. Irrt der Handelnde in dieser Hinsicht, so befindet er sich nicht in einem das Strafrecht betreffenden, sondern in einem Irrtum über Grundsätze des bürgerlichen Rechts, welcher dem thatsächlichen gleichsteht. Es fehlte dann der für den Thatbestand der in Rede stehenden strafbaren Handlung nötige Wille, das Bewusstsein, das Okkupationsrecht des Jagdberechtigten zu verletzen, der Dolus“ (R.G. III 3. 3. 1884, E. X 234).

2. Der Pächter der Jagd in einem mit Promenadenwegen versehenen Stadtwalde hatte daselbst einen Hund tot geschossen, der seinen Herrn auf einem solchen Wege begleitete. Er glaubte hierzu berechtigt zu sein, weil der Hund nicht an der Leine geführt wurde. Das Reichsgericht billigte seine Freisprechung aus § 303 St.G.B. Zum Thatbestande der Sachbeschädigung gehöre die Rechtswidrigkeit, zum subjektiven Thatbestand also nach § 59 St.G.B. das Bewusstsein der Rechtswidrigkeit. Unbeachtlich würde allerdings auch hier ein Irrtum sein, der sich „auf das Bestehen und den Sinn des Strafgesetzes bezöge. Im vorliegenden Falle aber war die strafrechtliche Auffassung des Angeklagten, welche dahin ging, dass er sich, die Existenz jenes Rechtes vorausgesetzt, durch das Erschiessen des Hundes nicht strafbar mache, ganz richtig. Falsch war nur die Annahme des Angeklagten, dass ihm das fragliche Recht zustehe. Darin ist aber lediglich ein Irrtum über die civilrechtlichen Befugnisse des Jagdberechtigten zu finden“ (R.G. IV 26. 3. 1889, E. XIX 209).

Man vergleiche erstens die Annahme, der Irrtum über die „Jagdbarkeit des Dachses“ sei ein civilrechtlicher, mit der anderen, wonach der Begriff „Kaufmann“ ein strafrechtlicher sei.

Man vergleiche zweitens die Erwägung, dass eine bewusste Verletzung eines Okkupationsrechtes nicht vorliege, falls der Thäter das angeeignete Tier für dem fremden Okkupationsrecht nicht unterliegend erachtete, mit der ständigen Rechtsprechung, wonach ein Irrtum über die Grenzen eines fremden Urheberrechts irrelevant ist. In beiden Fällen handelt es sich darum, dass der Thäter die Grenzen des fremden Rechts zu eng zieht, in casu also dies Recht nicht kennt. Dass der Irrtum das eine Mal (bei der Verletzung des Okkupationsrechtes) den Kreis der Gegenstände betrifft, die von dem fremden Rechte ergriffen sind, das andere Mal (bei dem Eingriff in ein Urheberrecht) die Summe der Befugnisse, die dies Recht gewährt, ist demgegenüber ein durchaus äusserlicher Unterschied. In beiden Fällen wusste der Thäter nicht, dass seine Handlungsweise mit dem, an sich gekannten, Recht des anderen kollidiere, d. h. er kannte dies Recht insoweit nicht. Eine verschiedene Behandlung beider Thatbestände ist unbegründet.

Was die Erwägung des zweiten Erkenntnisses anlangt, so trifft sie auf beinahe alle anderen Fälle ebenso zu. Stets wäre der Thäter straflos, falls das von ihm fälschlich angenommene Recht bestände; stets müsste also sein Irrtum ein ausserstrafrechtlicher sein. Es werden aber Urteile begegnen, in denen das Reichsgericht diese Erwägung für nicht ausreichend erklärt.

VIII.

Die irrtümliche Annahme, mit dem Namen eines anderen eine **Urkunde** unterzeichnen zu dürfen, erklärte das Reichsgericht in zwei Fällen für schuldausschliessend, in einem Falle dagegen für unbeachtlich (§ 267 St.G.B.):

1. Angeklagter war Berater der Frau K. und besorgte stets deren Angelegenheiten. Während ihrer Abwesenheit unterschrieb er für sie und mit ihrem Namen den Mietskontrakt betreffs einer Wohnung. Die K. erkannte später die Unterschrift nicht an und weigerte die Mietszahlung. — Das Reichsgericht hält Vorsatz (hier „rechtswidrige Absicht") dann für ausgeschlossen, „wenn der Angeklagte in dem Rechtsirrtum gewesen wäre, dass die von ihm in Erwartung der Genehmigung der K. beigefügte Unterschrift des Namens derselben dieselbe civilrechtliche Wirksamkeit habe, wie eine von ihr eigenhändig vollzogene Unterschrift" (R.G. II 2. 5. 82, E. VI 251).

2. Der Vater des A. war gestorben, bevor ihm die fällige Altersrente ausgezahlt worden war. A. füllte das ihm übergebene Formular einer Quittung über die Rente aus und unterzeichnete es mit der Unterschrift seines Vaters, um — wozu er an sich berechtigt war — die Rente zu erheben. Das Reichsgericht sah hierin objektiv den Thatbestand des

§ 267 St.G.B. Indessen, wenn der A. sich als Sohn für berechtigt erachtet habe, nach dem Tode seines Vaters über den zu dessen Lebzeiten fällig gewordenen Rentenbetrag namens des Empfangsberechtigten zu quittiren, so sei dies ein civilrechtlicher Irrtum, der die „rechtswidrige Absicht“ ausschliesse (R.G. IV 21. 6. 92, E. XXIII 180).

3. In dem ersterwähnten Falle (E. VI 251) erklärte dagegen das Reichsgericht für irrelevant die Hoffnung des Angeklagten, die K. werde durch ihre Einwilligung den von ihm geschaffenen Zustand „zu einem rechtlich gültigen und begründeten machen.“

Die genannten Fälle sind insofern wenig typisch, als der § 267 St.G.B. „rechtswidrige Absicht“ erfordert, also eine andere psychische Beziehung des Thäters zu seiner That, als blossen Vorsatz. Die höchst bestrittene Frage, was unter dieser rechtswidrigen Absicht zu verstehen sei, kann hier nicht berührt werden.[1]) Es genügt festzustellen, dass auch hier die reichsgerichtliche Praxis den ausserstrafrechtlichen Rechtsirrtum dem strafrechtlichen Irrtum offenbar entgegenstellt, wenn auch in Fall 3 nicht ausdrücklich gesagt wird, dass es sich hier um einen Irrtum über das Strafgesetz handle. Es wird dies indessen unterstellt werden dürfen, da das Reichsgericht jedem anderen Irrtum Berücksichtigung zu schenken pflegt[2]).

IX.

Die Frage, wie ein Irrtum über die **rechtliche Erheblichkeit einer von einem Beamten unrichtig beurkundeten Thatsache** (§ 348 Abs. 1 St.G.B.) zu behandeln sei, hat das Reichsgericht mehrfach beschäftigt.

1. Der Angeklagte, ein Landbriefträger, hatte eine gerichtliche Vorladung zuzustellen. Er beurkundete auf der Zustellungsurkunde, dass er sie der Ehefrau des Adressaten ausgehändigt habe, während er sie in Wahrheit einem anderen Verwandten desselben übergeben hatte. „Es würde nun allerdings ein dem Angeklagten zustatten kommender,

---

[1]) Zweifelhaft dürfte immerhin sein, ob in Fall 3 die „rechtswidrige Absicht“ schon darin gefunden werden kann, dass — wie das R.Ger. ausführt — der Angeklagte sich „der Rechtswidrigkeit des geschaffenen Zustandes . . . bewusst war“.

[2]) Es ist mir zweifelhaft, ob die Entscheidung No. 3 vereinbar ist mit R.G. I 23. 6. 81 (E. IV 328), wo das Reichsgericht den Verwalter einer gemeinschaftlichen Jagdkasse, der Geld aus dieser in eigenem Nutzen verwendet hat, dann für straflos erklärt, „wenn er der Ansicht gewesen wäre, seine Miteigentümer würden in Voraussetzung rechtzeitiger Ersatzleistung der Aneignung zustimmen“.

nicht das Strafgesetz berührender Irrtum über die gesetzlichen Zustellungsvorschriften sein, wenn er angenommen haben sollte, er habe die Zustellung ordnungsmässig bewirkt, wenn er den Brief nur einem Verwandten des Adressaten übergeben. Aber hieraus würde noch nicht folgen, dass er auch in dem Irrtum gewesen ist, er dürfe in der Zustellungsurkunde eine andere Person, als diejenige, an welche er wirklich zugestellt hatte, als den Empfänger des Briefes bezeichnen." Hat der Angeklagte gewusst, dass ihm seine Dienstinstruktion vorschreibe, in der Z.U. die Person zu bezeichnen, an welche zugestellt ist, ... und ist er nur in dem Irrtum gewesen, dass, wenn er nur richtig zustelle, nichts darauf ankomme, was er hierüber beurkunde, ... dann hat er sich, weil die Thatsachen, welche er instruktionsmässig zu beurkunden hat, auch als rechtlich erheblich i. S. des § 348 zu gelten haben, in einem Irrtum über den, einen Bestandteil des Strafgesetzes bildenden, Rechtsbegriff des „rechtlich Erheblichen" befunden, welcher als Irrtum über den Sinn des Strafgesetzes auf Entschuldigung keinen Anspruch machen könnte" (R.G. II 16. 9. 84, E. XI 77).

2. Der Angeklagte hatte als Schiedsmann protokolliert, dass „nur der Antragsteller" erschienen sei und hatte eine dementsprechende Bescheinigung über die Erfolglosigkeit des Sühneversuchs erteilt. In Wahrheit war nicht der Antragsteller, sondern nur dessen Vertreter erschienen. Der Angeklagte wurde freigesprochen und die auf E. XI 77 (s. vor. Nr.) gestützte Revision verworfen. Beide Fälle liegen nach Ansicht des R.Ger. nicht gleich. Dort habe der Angeklagte die beurkundete Thatsache trotz Kenntnis des ihre Beurkundung vorschreibenden Gesetzes nicht für „rechtlich erheblich" erachtet. Dagegen fehle in den gesetzlichen Instruktionen der Schiedsmänner eine ausdrückliche Vorschrift, nach welcher die genaue Bezeichnung der erschienenen Person zu beurkunden wäre. Hiernach „fehlt es für den Schluss, dass die rechtliche Erheblichkeit dieser Thatsache einen Bestandteil des Strafgesetzes bilde, an der in den erörterten Vorentscheidungen unterstellten Voraussetzung. Angeklagter war vielmehr in der Lage, nach den sachlichen Vorschriften der Schiedsmannsordnung selbst zu prüfen, ob die fragliche Thatsache rechtlich erheblich sei. Dieselbe war rechtlich erheblich, weil die Bescheinigung über die Erfolglosigkeit des Sühneversuchs nur gegeben werden darf, wenn der Antragsteller persönlich im Termine erschienen ist. Über diese Vorschriften, welche keinen Teil des St.G.B. bilden, befand sich der Angeklagte in Unwissenheit" (R.G. IV 14. 2. 1890, E. XX 285).

3. Der Angeklagte hatte als Standesbeamter am 4. Mai eine die Geburt eines Kindes betreffende Eintragung in das Standesregister gemacht, in dieser aber als den Tag der Eintragung den 2. Mai (in Wahrheit Tag der Anmeldung) angegeben. Hierin liege zwar objektiv die falsche Beurkundung einer rechtlich erheblichen Thatsache. Indessen: „hielt der Angeklagte die Zeit der Anmeldung für das Wesentliche und glaubte er auch gegenüber der Bestimmung in § 13 No. 1

des Personenstandsgesetzes[1]) berechtigt zu sein, diese Zeit der Anmeldung in der von ihm geschehenen Weise zur Beurkundung zu bringen, so hat er zwar rechtlich geirrt. Dieser Irrtum . . . . betraf aber nicht das Strafgesetz, sondern die ausserhalb desselben liegenden Vorschriften des Ges. v. 6. Februar 1875." Die gedachte Annahme des Thäters „würde das Bewusstsein der Rechtserheblichkeit der thatsächlich falsch eingetragenen Thatsache ausgeschlossen haben" (R.G. III 12. 12. 1892, G.A. XL 316).

4. Rechtlich erheblich i. S. des § 348 St.G.B. sei alles das, was der Beamte seiner Instruktion gemäss zu beurkunden habe. Demgemäss sei „die Anwendbarkeit des § 348 nur dann auszuschliessen, wenn thatsächlich feststeht, dass der Beamte sich auch des Umstandes, dass die Anweisung richtiger Beurkundung für ihn bestand, unter den Verhältnissen des konkreten Falles nicht bewusst gewesen ist". (R.G. III 24. 5. 1882, E. VI 362.)

5. Ob eine Urkunde eine „öffentliche" sei, bestimme sich nach Landesrecht. „Ein Irrtum über den öffentlichen Charakter einer herzustellenden Urkunde ist somit kein Irrtum auf dem Gebiete des Strafrechts." (R.G. I 5. 1. 94, E. XXV 69.)

Als leitender Satz kann aus den Urteilen 1 bis 4 (No. 5 interessiert zunächst nicht) der herausgeschält werden: Objektiv „rechtlich erheblich" im Sinne des § 348 St.G.B. ist jede Thatsache, die zu beurkunden der Angeklagte verpflichtet war. Solche Pflicht ist aber für den einzelnen Fall nicht dem § 348 selbst zu entnehmen, sondern der jeweilig die Beurkundung regelnden Vorschrift. Diese Vorschrift ist kein Bestandteil des Strafgesetzes, ein Irrtum über sie beseitigt also die Schuld. Dagegen bedeutet es einen strafrechtlichen (also irrelevanten) Irrtum, wenn der Angeklagte über jene Auslegung des Begriffes „rechtlich erheblich" irrte, wenn er also zwar seine Beurkundungspflicht kannte, aber nicht wusste, dass eine jede pflichtgemäss zu beurkundende Thatsache ohne weiteres „rechtlich erheblich" i. S. des § 348 ist.

Dieser Argumentation ist zunächst hinsichtlich des objektiven Thatbestandes zu widersprechen. Eine Thatsache ist niemals deshalb „rechtlich erheblich", weil sie zu beurkunden ist, sondern ihre solenne Feststellung, ihre „Beurkundung" wird vorgeschrieben, weil die Thatsache rechtlich er-

---

[1]) Ges. über d. Beurk. d. Personenstandes v. 6. Februar 1875:

§ 13. „Die auf mündliche Anzeige oder Erklärung erfolgenden Eintragungen sollen enthalten:

1. Den Ort und Tag der Eintragung."

heblich, ihr späterer zweifelsfreier Nachweis also von besonderem Interesse ist. Rechtlich erheblich ist freilich auch die Beurkundung selbst. Rechtlich erheblich ist einerseits, dass der Zustellungsbeamte ein Schriftstück dem X übergeben — die zu beurkundende Thatsache —, andererseits dass er hierüber eine Urkunde aufgenommen hat. Niemals aber kann man ohne logischen Fehler diese Beurkundung selbst als die „Thatsache" ansehen, welche i. S. des § 348 „beurkundet" wird. Spricht man von der Rechtserheblichkeit der Thatsache der „Beurkundung", so kann man allerdings sagen, dass sie erst durch die Beurkundung entsteht. Die Rechtserheblichkeit der zu beurkundenden Thatsache aber muss vor und unabhängig von der ihre Beurkundung gebietenden Vorschrift bestehen.

Zwar wird es in vielen, vielleicht in allen Fällen zutreffen, dass eine zu beurkundende Thatsache auch stets rechtlich erheblich ist.[1]) Liegt aber das Wesen der rechtlichen Erheblichkeit nicht darin, dass die Thatsache zu beurkunden ist, so ist auch der weitere Schluss unrichtig: der Thäter sei sich der rechtlichen Erheblichkeit dann bewusst gewesen, wenn er seine Beurkundungspflicht gekannt habe; er habe sich aber in Unkenntnis über das Thatbestandsmerkmal des „rechtlich Erheblichen" befunden, wenn er seine Pflicht nicht gekannt habe.

Gehört zum subjektiven Thatbestand des § 348 St.G.B., wie das Reichsgericht will, gemäss § 59 St.G.B. die Kenntnis des Thäters von der rechtlichen Erheblichkeit der zu beurkundenden Thatsache, so ist nichts anderes möglich, als vom Thäter den über die Kenntnis seiner Beurkundungspflicht hinausgehenden weiteren Schritt der Überlegung zu fordern: der Thäter muss auch gewusst haben, dass die zu beurkundende Thatsache „für sich allein oder in Verbindung mit andern Thatsachen die Entstehung, Erhaltung oder Veränderung eines Rechtes oder Rechtsverhältnisses bewirken"[2]) könne. Ein Irrtum hierüber würde dann folge-

[1]) Deshalb zutreffend die vorsichtige Fassung bei Olshausen, § 348 N. 3. (cf. verbum „namentlich").

[2]) So die gebräuchlichste Definition des „rechtlich Erheblichen". Olshausen § 267 n. 11.

richtig als ausserstrafrechtlicher, also beachtlicher Rechtsirrtum anzusehen sein.

Gleichgültig ist es demgegenüber für die kriminelle Beurteilung aus § 348, ob der Beamte gewusst hat, dass er seiner Instruktion zuwider handle. Allerdings wird bei der Bildung der richterlichen Überzeugung von der Schuld des Angeklagten die Thatsache, dass der Beamte seine Pflicht zur Beurkundung gekannt, häufig ausschlaggebend sein für die Schlussfolgerung: „folglich war er sich der rechtlichen Erheblichkeit der zu beurkundenden Thatsache bewusst; denn er wird nicht angenommen haben, dass seine Instruktion ihm die Beurkundung von etwas rechtlich Unerheblichem gebiete". Allein es bedarf wohl keiner Hervorhebung, dass derartige Fragen des Beweisrechts für die prinzipielle Feststellung derjenigen Momente, die vom Vorsatz umfasst sein müssen, ohne Bedeutung sind. —

Tritt man nach diesen Erwägungen an die Beurteilung der angeführten Entscheidungen, insbesondere der den übrigen scheinbar widersprechenden zweiten, heran, so wird man zunächst sagen müssen, dass die Fälle noch nicht zur Entscheidung reif waren. Es wird verlangt, dass der Thäter sich der rechtlichen Erheblichkeit der zu beurkundenden Thatsache bewusst war, es fehlt aber die Feststellung, dass dies in dem richtig verstandenen Sinne der rechtlichen Erheblichkeit der Fall war.

Aber auch nach der dort geschilderten Sachlage entstehen Zweifel an der Richtigkeit von No. 2 (E. XX 235). Wenn der Schiedsmann gewusst hat, dass gemäss § 18 der Preussischen Schiedsmannsordnung vom 29. März 1879 „die Vertretung der Parteien durch Bevollmächtigte unzulässig" ist, dass von einem „erfolglosen" Sühneversuch im gegebenen Falle sonach nicht gesprochen werden konnte, dass endlich die Erfolglosigkeit des Sühneversuchs im Hinblick auf § 420 St.P.O. eine „rechtlich erhebliche Thatsache" i. S. des § 348 St.G.B. darstellt, so ist der subjektive Thatbestand des § 348 gegeben. Gänzlich uninteressant ist es demgegenüber, dass — worauf das Reichsgericht es abstellt — der Angeklagte nicht wusste, dass der unklar abgefasste § 25 Sch.O. die genaue Abfassung des „Vermerks" vorschreibt. Der Angeklagte mag auch hier sich nicht bewusst gewesen sein, gegen ausdrückliche Instruktionen zu verstossen; er wusste aber, dass die unrichtige Beurkundung, „nur der Antragsteller“ sei erschienen, eine im Hinblick auf § 18 Sch.O. und § 420 St.P.O. „rechtlich erhebliche“ Thatsache betraf. In jeder Hinsicht also mag zwar das Bewusstsein, zu der Beurkundung verpflichtet zu sein, gefehlt haben; vorhanden war aber trotzdem die Kenntnis, dass eine rechtlich erhebliche Thatsache unrichtig beurkundet wurde.

Über Fall 3 lässt sich von dem hier eingenommenen Standpunkt ein Urteil nicht fällen, weil über das Bewusstsein der „rechtlichen Erheblichkeit“ nichts zu ersehen ist.

X.

Ein ausserstrafrechtlicher, schuldausschliessender Irrtum wird vom Reichsgericht angenommen in Fällen, wo es sich handelt um **Unkenntnis von Vorschriften, die jemand kraft seines Amtes, Berufes etc. zu befolgen hat** und an deren Verletzung das Gesetz Strafe (oder höhere Strafe) knüpft, sei es, dass die Strafbarkeit (oder höhere Strafbarkeit) eintritt

A. ohne weiteres, sei es, dass sie eintritt

B. unter einer weiteren Voraussetzung, und zwar:

a) falls der Thäter sein Verhalten unrichtig beurkundet,[1]

b) falls durch sein Verhalten ein Schaden entstanden ist.

A. 1. Der Angeklagte, ein evangelischer Geistlicher, hatte eine kirchliche Trauung vorgenommen, ohne dass die Ehe zuvor vor dem Standesbeamten geschlossen war. Er hatte sich bei der Versicherung der Brautleute beruhigt, sie hätten den Schein nur mitzubringen vergessen. Er wurde freigesprochen. § 67 Ges. v. 5. Februar 1876 erfordere als dolus das Bewusstsein, ohne den dort erforderten Nachweis die kirchliche Einsegnung zu bewirken. Dies Bewusstsein habe dem Angeklagten gefehlt infolge eines Irrtums über „civilrechtliche oder kirchenrechtliche Bestimmungen“ (R.G. I. 27. 5. 1881, E. IV 233). (Wo steht die „civilrechtliche oder kirchenrechtliche Bestimmung“, die

---

[1]) Die Fälle unterscheiden sich von den soeben unter IX angeführten grundsätzlich dadurch, dass es sich hier nicht, wie dort, um einen Irrtum über die rechtliche Erheblichkeit, sondern über die Unrichtigkeit der beurkundeten Thatsache handelt. Indessen ist die Grenze nicht immer mit Sicherheit zu ziehen.

vorschreibt, auf welche Weise sich ein Geistlicher seine Überzeugung von der vorangegangenen standesamtlichen Trauung zu bilden hat?!)

2. Ein Polizei-Verwalter hatte eine Anzahl von Anzeigen wegen Polizei-Übertretungen, die ihm von unterstellten Polizeibeamten schriftlich erstattet waren, in den Papierkorb geworfen und so vernichtet, ohne eine aktenmässige Verfügung zu treffen. Sein Verhalten beruhte auf einem Missverständnis der Anweisung der Minister des Innern und der Justiz vom 8. Juni 1888 (J.-M.-Bl. S. 228). „Dieser Irrtum betraf keineswegs, wie die Revision meint, das Strafgesetz, sondern einen Thatumstand i. S. des § 59 St.G.B.; denn sowohl der § 133 wie der § 348 Abs. 2 St.G.B. haben unberechtigte Handlungen zur Voraussetzung, und die Entscheidung, ob die Handlung in dem Einzelfalle eine berechtigte oder eine unberechtigte war, kann aus den Satzungen des Strafgesetzes allein nicht entnommen werden. Der Angeklagte hat irrig geglaubt, dass er als Beamter vermöge öffentlichen Rechts die Berechtigung zu den Handlungen erhalten habe" (R.G. II 29. 10. 95, E. XXVII 401).

3. Gew.O. § 146 bedroht mit Strafe: „Gewerbetreibende, welche den §§ 135, 136 Gew.O. zuwiderhandeln". § 136 a. a. O. schreibt für jugendliche Arbeiter gewisse Arbeitspausen vor. „Der Irrtum über die Verpflichtung, den jugendlichen Arbeitern vormittags zwischen den Arbeitsstunden eine halbstündige Pause zu gewähren, wäre, da ihre Verletzung mit Strafe bedroht ist, Irrtum über das Strafgesetz, der nicht entschuldigt". (R.G. I 30. 1. 1899, E. XXXII 18.)

B. a) 1. R.G. III 24. 5. 1882 (E. VI 362). Siehe oben S. 138.

2. R.G. IV 14. 2. 1890 (E. XX 285). Siehe oben S. 137.

3. R.G. III 12. 12. 1892 (G.A. XL 316). Siehe oben S. 137.

4. Der Angeklagte hatte als Standesbeamter drei Sterbefälle in das Sterberegister in der Weise aufnehmen lassen, dass er die Anzeigenden an den mit „Entwerfung" der Standesurkunden betrauten Lehrer K. verwies, dass K. die ihrem sonstigen Inhalt nach richtigen Urkunden ohne Gegenwart des Standesbeamten niederschrieb, den Anzeigenden vorlas und von diesen unterschreiben liess, während der Standesbeamte erst nachträglich seine Unterschrift beisetzte. Objektiv sei hier § 348 St.G.B. gegeben. Schuldausschliessend aber würde nach dem R.Ger. sein „die Unkenntnis der Vorschriften, dass die Beurkundung der standesamtlichen Anzeigen nur durch den Standesbeamten oder doch nur unter seiner persönlichen Mitwirkung erfolgen dürfe". Dann liege keine „Unkenntnis des Strafgesetzes" vor. (R.G. I 3. 12. 1885, E. XIII 116.)

5. Ein amtlich verpflichteter Fleischbeschauer hatte den Befund von zwei Schweinen mit den Einträgen „gesund" beurkundet, obgleich er sich von diesem Zustande nicht in der ihm durch oberpolizeiliche Vorschrift zur Pflicht gemachten Weise, namentlich nicht „genau" und nicht durch Besichtigung der Eingeweide überzeugt hatte. Der Eintrag „gesund" sei, für sich allein betrachtet, nicht falsch gewesen; die Schweine seien wirklich gesund gewesen. Auch ein „Befund" habe in der That stattgefunden; allerdings, infolge irriger Auffassung der

Instruktion, ein instruktionswidriger. Dieser Irrtum sei aber kein solcher über das Strafgesetz. Denn „die dem Fleischbeschauer erteilte Instruktion bildet keine Ergänzung des § 348 oder eines anderen Strafgesetzes, sondern verhält sich analog wie die mündlichen Anweisungen der Behörden an ihre Organe, deren (?) Verletzung zwar gleichfalls strafrechtlichen Charakter annehmen kann, aber ohne dass ein Irrtum darüber als Irrtum über das Strafgesetz aufgefasst werden kann." (R.G. I 28. 11. 1893, E. XXIV 400.)

b) 1. Eine Preussische Cirkularverfügung v. 11. August 1864 bestimmt, dass ein Apotheker „bei längerer Abwesenheit" für einen approbierten Stellvertreter zu sorgen hat. Ob vorliegenden Falles eine solche Verpflichtung bestanden habe, könne dahin gestellt bleiben. Denn der angeklagte Apotheker sei der in Sachverständigenkreisen geteilten Meinung gewesen, „nach welcher unter längerer Entfernung vom Geschäfte nur solche Reisen begriffen würden, welche ganze Wochen dauern und einige Zeit vorher geplant waren". Hiernach sei eine Bestrafung sowohl aus § 222 Abs. 2 wie aus § 367 Ziffer 5 St.G.B. ausgeschlossen. Denn es handle sich um einen „Irrtum über den Sinn einer reglementären Verfügung und damit über die Tragweite einer Berufspflicht", der einem thatsächlichen Irrtum gleichzuachten sei (R.G. I 16. 6. 1886, R. VIII 446).

2. Irrtum einer Hebamme über ihre Instruktion (R.G. IV 30. 3. 1894, E. XXV 227). Siehe oben S. 96.

3. Eine Frau K. hatte 23 Stunden zu lange im Gefängnis gesessen, weil der Gefängnisinspektor — trotz richtigen Annahmebefehles des Amtsrichters — fälschlich statt „6 Tage" „1 Woche" gebucht und demgemäss statt dem 27. den 28. Oktober als Entlassungstag notiert hatte. Der angeklagte Amtsrichter war auf Grund des § 345 Abs. 2 St.G.B. verurteilt worden, weil er auf die Strafantritts-Anzeige des Gefängnisinspektors hin die Prüfung unterlassen hatte, ob die Berechnung des Entlassungstermines richtig sei. Das R.Ger. billigte zwar die Ansicht, „dass der Angeklagte der aus § 483 St.P.O. abzuleitenden allgemeinen Pflicht zur Überwachung der richtigen Ausführung des Strafvollziehungsauftrages objektiv zuwider gehandelt habe". Der Angeklagte sei jedoch dabei der Überzeugung gewesen, dass ihm eine solche Verpflichtung nicht obliege. Dies sei ein Irrtum über „einen ausserhalb des St.G.B. liegenden Umstand", der den Vorsatz ausschliesse. Im vorliegenden Falle liege — was hier nicht interessiert — auch keine Fahrlässigkeit vor. (R.G. IV 1. 6. 1897, E. XXX 135.)

XI.

Unter den Fällen, in denen der Thäter irrig annahm, dass ihm ein Recht zur Seite stehe, welches die Rechtswidrigkeit seiner Handlungsweise ausschliesse, ist der praktisch bedeutsamste der Fall eines **irrtümlich angenommenen Selbst-**

hilfe-, Notstands- oder Notwehrrechtes (Putativnotwehr). Das Reichsgericht erklärt hier den Irrtum über den Begriff der Notwehr etc. für einen solchen über die Strafnorm; die irrtümliche Annahme der Voraussetzungen der (rechtlich richtig definierten) Notwehr für einen thatsächlichen, die Schuld ausschliessenden Irrtum.[1])

1. O. hatte in dem Hause der Angeklagten eine Wohnung gemietet. Als O. nach Beendigung des Mietsvertrags trotz rechtzeitiger Kündigung nicht auszog, drangen die Angeklagten bei ihm ein und entfernten, um die Räumung zu erzwingen, gewaltsam Thüren, Fenster und Möbel aus der Wohnung. Objektiv konnte die Berufung der Angeklagten auf „Notwehr" natürlich nicht berücksichtigt werden. Auch ein Selbsthilferecht liege nach dem, hier massgebenden, Gemeinen Recht nicht vor, da es sich nicht um einen drohenden unwiederbringlichen Verlust gehandelt habe. Sollten die Angeklagten über diesen Begriff der „Notwehr" oder der „Selbsthilfe" geirrt haben, so sei dies unbeachtlich. „Erwiesenermassen waren den Angeklagten die Thatsachen vollkommen bekannt. Sie bildeten sich auch nicht ein, es existiere irgend eine konkrete civilrechtliche Norm, welche ihnen bestimmte Gerechtsame auf die Person und Habe des O. einräume. Ihr Glaube ging vielmehr ganz allgemein dahin, Hausfriedensbruch und Nötigung seien für sie, die Angeklagten, erlaubte Handlungen, weil sie gegen die zu Unrecht die Wohnung innehabenden bisherigen Mieter „Notwehr" oder Selbsthilfe anwenden dürften" (R.G. III 6. 6. 1889, E. XIX 298).

2. Ein Grundstück des Angeklagten war unter Zwangsverwaltung gestellt worden. Der gerichtlich bestellte Verwalter wollte unter Vorlegung seiner Bestallung sich in den Besitz des Grundstückes setzen, wurde aber von dem Angeklagten unter Androhung von Stockschlägen angewiesen, das Zimmer zu verlassen und nicht wieder zu kommen. Der Angeklagte war dabei offenbar des Glaubens, dass er sich als Besitzer gegen eine unberechtigte Besitzentsetzung durch Gewalt im Besitze behaupten dürfe. Dieser Glaube würde, wie das R.Ger. ausführt, ein irriger sein, „da nach § 142 I 7 A.L.R. der Besitzer nur dann, wenn die Hilfe des Staates zu spät kommen würde, einen unersetzlichen Verlust abzuwenden, berechtigt ist, Gewalt mit Gewalt abzuwehren". Auch Notwehr könne objektiv nicht angenommen werden, da es sich um einen obrigkeitlichen Akt gehandelt habe (§ 142 Zw.V.G.), dem gegenüber von Notwehr nie die Rede sein könne. „Eine irrige Annahme des Angeklagten, der Obrigkeit gegenüber zur Selbsthilfe befugt zu sein, würde nicht als Schuldausschliessungsgrund gelten können, wohl aber

[1]) Ausser Betracht zu bleiben hat das oft citierte Erk. d. II. Sen. v. 24. 6. 1887 (E. XVI 150), weil es von der vom Reichsgericht sonst verworfenen Ansicht ausgeht, dass zu jedem vorsätzlichen Delikt Bew. d. Rechtsw. zu fordern sei.

eine Unkenntnis der im § 142 I 7 A.L.R. der Selbsthilfe gesetzten Schranke." (R.G. II 27. 2. 1894, E. XXV 150.)

3. „Eine irrige Annahme des Angeklagten, der Obrigkeit gegenüber zur Selbsthilfe oder Selbstverteidigung befugt zu sein, würde nicht als Schuldausschliessungsgrund gelten können. Denn auf Nichtkenntnis des Strafgesetzes findet § 59 St.G.B. keine Anwendung" (R.G. II 26. 1. 92, E. XXII 300).

4. Der Angeklagte hatte einen Weidenstock in seine Wohnung gebracht, auf den er, wie er annahm, ebensoviel Recht hatte, wie ein gewisser H. Als H. den Stock von ihm abholen wollte, gab er anfangs, jedoch unter Bestreiten des Eigentumsrechts des H., die Erlaubnis dazu. Als jedoch H. den Stock auf seinen Karren geladen, widersetzte der Angeklagte sich der Fortschaffung mit dem Bemerken, der frühere Eigentümer solle darüber entscheiden, wer von ihnen ein Recht auf den Stock habe, und entriss ihm den Stock mit Gewalt. Ein Irrtum über das Strafgesetz würde vorliegen, „wenn beispielsweise der Thäter das Recht zur Anwendung von Gewalthandlungen nur aus dem berechtigten Zwecke seiner Handlung ableitet oder sonst ein Recht auf Gewaltanwendung annimmt, wo das Gesetz ein solches überall nicht kennt". Anders sei zu beurteilen „die irrtümliche Annahme des Vorhandenseins von Thatsachen, welche, lägen sie vor, ein Recht zur Übung der Selbsthilfe oder Notwehr unter Anwendung von Gewalt begründen würden, auch wenn hierbei ein Civilrechts-Irrtum unterlief. Im vorliegenden Falle könne aus § 240 St.G.B. nicht verurteilt werden; der Angeklagte habe sich zur Innehabung für berechtigt gehalten. „Er hat in der beabsichtigten Fortschaffung des Stockes einen rechtswidrigen Angriff auf diese seine Inhabung erblickt und sich zu dessen Abwehr zur Gewaltanwendung für befugt gehalten. Sich in seiner Inhabung zu schützen und Gewalt mit Gewalt zu vertreiben, würde er nach § 181 B.G.B. für Sachsen berechtigt gewesen sein und hiermit innerhalb der Grenzen erlaubter Selbsthilfe sich befunden haben." In diesem Falle „hat er sich über das thatsächliche Vorhandensein der die Rechtswidrigkeit der Gewalt ausschliessenden Voraussetzuugen geirrt." (R.G. III 22. 4. 1882, R. IV 379.)

5. Der Angeklagte hatte dem G. eine Droschke „vermietet". G. hatte sich verpflichtet, 20 Mk. Mietzins monatlich zu zahlen, und dem Angeklagten das Recht eingeräumt, für den Fall unpünktlicher Zahlung einer Rate die Droschke aus seinem Gehöft fortzuholen. Der Fall unpünktlicher Zahlung trat ein, worauf der Angeklagte sich mit seinem Gesellen auf den Hof des G. begab und die Droschke fortführte, während G., der Widerstand leisten wollte, mit Gewalt festgehalten wurde. § 240 St.G.B. liege vor. Denn die vertragsmässige Gestattung der Selbsthilfe mache die Anwendung von Gewalt zum Zwecke der Selbsthilfe noch nicht straffrei. „Allerdings würde es dem Angeklagten nach § 59 Abs. 1 St.G.B. zu statten kommen, wenn er aus einem Irrtum über Thatsachen, insbesondere auch über Grundsätze des Civilrechts, sich zur Anwendung von Gewalt für berechtigt gehalten haben sollte; nach dieser Rich-

tung hin ist aber eine Feststellung im Urteile nicht getroffen." [In Betracht kommen könnte wohl nur ein Irrtum eben über jenen Satz, dass die vertragsmässig gestattete Selbsthilfe an sich schon das Recht zur Anwendung von Gewalt gewähre. Dem gegenüber ist im Auge zu behalten, dass das R.G. selbst die Unrichtigkeit dieses Satzes aus strafrechtlichen Erwägungen deduciert: „. . . Bezüglich der Strafbarkeit der zum Zwecke der Selbsthilfe angewendeten Mittel sind die Vorschriften der einschlagenden Strafgesetze massgebend. Der § 240 . . ."] (R.G. II 8. 10. 1882, E. VII 68.)

Gegen die genannten Erkenntnisse ist in erster Linie ein bereits mehrfach erhobener Einwand zu wiederholen: Nach der reichsgerichtlichen Theorie von der Relevanz des ausserstrafrechtlichen Rechtsirrtums müsste ausschlaggebende Bedeutung der Frage beigelegt werden, ob der Thäter glaubte, dass ein ausserstrafrechtliches Rechtsgebiet, hier also das Civilrecht, ihm eine entsprechende Befugnis zum Handeln gewähre. Ganz einerlei müsste es sein, ob diese oder irgend eine ähnliche erlaubende Norm wirklich besteht; wenn der Thäter nur an sie glaubte. Wenn ein Vermieter der Ansicht ist, dass das Civilrecht ihm gestatte, einen renitenten Mieter mit Gewalt auf die Strasse zu setzen, so ist nicht einzusehen, wie man ihm vorwerfen kann, er habe sich nicht auf eine konkrete civilrechtliche Norm verlassen, sondern nur angenommen, Hausfriedensbruch sei für ihn eine erlaubte Handlung. Das letztere hat er gerade nicht angenommen, da er die Strafbarkeit des Hausfriedensbruches an sich kannte.

Es ist erstens zu bedenken, dass ein nicht juristisch gebildeter Thäter niemals auf eine konkrete Norm sich stützen wird, sondern auf Grund eines, in Einzelnormen nicht weiter zerlegbaren, kompakten, aber desto verschwommeneren Bildes von dem gesamten Mietrechtsverhältnisse handeln wird; dass er alles, was er als Vermieter thun darf oder thun zu dürfen vermeint, für einen Ausfluss dieses civilrechtlichen Rechtsverhältnisses halten wird. Zweitens aber ist das Verlangen, der Thäter müsse sich auf eine konkrete civilrechtliche Norm gestützt haben, deshalb ganz widersinnig, weil in den hier in Betracht kommenden Fällen eine solche Norm naturgemäss niemals existieren kann. Es handelt sich hier ja um Fälle des Irrtums, um irrtümliche Annahme einer solchen berechtigenden Norm, um ihre durchaus willkürliche Konstruktion im Kopfe des Thäters. Das Verlangen des Reichsgerichts soll vielleicht dahin ausgelegt werden, dass dies Wahngebilde einer Rechtsnorm an sich im stande wäre, in irgend einem Civilrechtssystem zu figurieren; dass es eine, wenn auch entfernte, Ähnlichkeit mit vorhandenen Rechtsnormen habe. Allein auch in dieser Form würde es keine Berechtigung besitzen gegenüber der Erwägung, dass es sich hier um den subjektiven Thatbestand handelt.

Was gegen Fall No. 1 gesagt wurde, gilt auch von den übrigen Urteilen. Das Recht der Selbsthilfe bestimmte § 142 I 7 A.L.R.: Ein Irrtum über die hier der Selbsthilfe gezogenen Grenzen ist demgemäss (No. 2) ein civilrechtlicher. Ist es denn aber nicht ein Irrtum über diese Grenzen, wenn der Thäter irrig annimmt, das A.L.R. gewähre ihm das Selbsthilferecht auch gegenüber obrigkeitlichen Akten? Solche Annahme mag thöricht und unentschuldbar sein, aber wenn der Thäter nun einmal dieses Glaubens ist, so ist dies nach der Lehre von der Zweiteilung des Rechtsirrtums ganz gewiss kein strafrechtlicher Irrtum. Auch der Satz, dass ein vertragsmässig vereinbartes Selbsthilferecht ohne weiteres das Recht zur Gewaltanwendung giebt, steht nirgends so oder ähnlich geschrieben, und doch wird seine irrige Annahme von Urteil No. 5 berücksichtigt, da es sich um einen Satz des Civilrechts handle. Wie verträgt sich hiermit der Passus in No. 4: ein Irrtum über das Strafgesetz würde vorliegen, „wenn der Thäter ein Recht auf Gewaltanwendung annimmt, wo das Gesetz ein solches überall nicht kennt“? —

Handelte es sich im vorhergehenden um die Vernachlässigung der Thatsache, dass es nur auf die Meinung des Thäters ankommt, so drängt sich gerade an dieser Stelle noch ein weiterer Einwand auf.

Das Reichsgericht betrachtet den Irrtum über die rechtlichen Grenzen der Selbsthilfe als civilrechtlichen, den Irrtum über den Rechtsbegriff der Notwehr aber offenbar als strafrechtlichen. Jetzt ist aber die Notwehr auch in § 227 B.G.B. geregelt, und zwar übereinstimmend mit § 53 St.G.B. Irrt der Thäter künftig über einen Satz des Civilrechts oder des Strafrechts? Wenn in Übereinstimmung mit der bisherigen

Praxis letzteres anzunehmen wäre, so würde sich wiederum eine Inkongruenz mit § 904 B.G.B. ergeben; denn dies ist bei dem jetzigen Stande der Gesetzgebung offenbar eine rein civilrechtliche Bestimmung. Ein Irrtum über § 227 B.G.B. wäre also irrelevant, ein Irrtum über § 904 B.G.B. wäre relevant! So zeigt sich bereits hier an einzelnen Beispielen, wie willkürlich und undurchführbar es ist, strafrechtliche und ausserstrafrechtliche Rechtsnormen in der heute geübten Weise trennen zu wollen.

XII.

Den genannten Fällen eines irrig angenommenen Selbsthilfe- oder Notwehrrechtes an die Seite zu setzen sind die folgenden, in denen ebenfalls die **Annahme eines besonderen Rechtes zur Vornahme einer Handlung** in Frage steht.

1. Ein als Lehrer thätiger Pfarrer war aus § 223 St.G.B. verurteilt worden. Er hatte sich — nach Ansicht des 1. Gerichts irrig — ein Züchtigungsrecht zugeschrieben. Das R.G. bemerkt zunächst, dass der Angeklagte thatsächlich ein Züchtigungsrecht besessen habe, und fährt fort: Auch bei *irrtümlicher* Annahme eines Züchtigungsrechts wäre der Angeklagte straflos gewesen, da es sich hierbei nicht um einen strafrechtlichen Irrtum gehandelt haben würde. „Der behauptete Irrtum betrifft lediglich diejenigen Vorschriften, die von den zuständigen Verwaltungsorganen über das Züchtigungsrecht gewisser Personen zu geben sind; er hat nicht strafrechtliche Vorschriften zum Gegenstande, sondern solche, die ausserhalb des Rahmens des Strafrechtes liegen, und bezieht sich auf thatsächliche Voraussetzungen für die Anwendung des Strafrechtes, nicht auf letzteres selbst. Derartiger Irrtum wird aber dem in § 59 St.G.B. beschriebenen Irrtum gleichgestellt und ebenfalls zugerechnet." (R.G. I 15. 1. 1900, E. XXXIII 71.)

2. „. . . Wer das körperliche Wohlbefinden eines anderen vorsätzlich stört, ist wegen Körperverletzung strafbar, sofern nicht entweder ein strafrechtlicher Strafausschliessungsgrund oder eine *ausserhalb des Strafgesetzes begründete Berechtigung* in Mitte liegt. Eine solche giebt dem *Lehrer* ausschliesslich das ihm amtlich verliehene Züchtigungsrecht, selbstverständlich nach Massgabe dieser Verleihung." (R.G. I 15. 10. 1894, E. XXVI 148.)

3. Der Angeklagte hatte einen Knaben, der ihm Ähren gestohlen, geprügelt, indem er glaubte, dass ihm als Erwachsenem und Bestohlenem einem zuchtlosen und verlogenen Jungen gegenüber ein Züchtigungsrecht zustehe. Das R.G. hielt diesen Irrtum für irrelevant. „Denn der Irrtum ist nicht ein thatsächlicher, sondern eine irrige Auffassung einer

strafrechtlichen Norm." Ein thatsächlicher Irrtum liege vor, wenn der Thäter irrtümlich das Bestehen von Thatsachen annahm, welche ein (an und für sich rechtlich anerkanntes) Züchtigungsrecht begründen würden; wenn er sich z. B. auf Grund eines thatsächlichen Irrtums für den Lehrer des Gezüchtigten hielt. Hier befinde er sich „in gleicher rechtlicher Lage mit demjenigen, welcher bei der Notwehr die objektive Seite unrichtig beurteilt und irrtümlich die thatsächlichen Voraussetzungen derselben gegeben erachtet." Dagegen handle es sich um ein „Verkennen der Norm selbst, wenn der Thäter, welcher nicht in einem der anerkannten Verhältnisse steht, sich in blossem subjektiven Meinen eine überall nicht bestehende Berechtigung zur Vornahme der Körperverletzung zuschreibt;" wenn er also „sich in der Eigenschaft als Bestohlener ein für dieses Verhältnis dem Strafrechte fremdes Züchtigungsrecht zuschreibt." Dies sei gleich zu setzen dem Fall, „wenn der Thäter den Rechtsbegriff der Notwehr verkannt und nicht im Irrtum über ihre thatsächlichen, sondern über ihre rechtlichen Voraussetzungen gehandelt z. B. auch Verteidigung gegen einen rechtmässigen Angriff für zulässig erachtet hat". (R.G. III 9. 4. 1881, E. IV 98.)

4. Eine Mutter (die jetzt verschollen ist) hatte ihr in Ungarn geborenes, nirgends bevormundetes sechsjähriges Kind der Künstlerfamilie B. zur Ausbildung als Akrobatin übergeben. Von hier war das Kind im Alter von 9 Jahren an den Angeklagten gekommen, der das Mädchen bei sich aufnahm, um es zur Handequilibristin auszubilden. Er schlug es bei Gelegenheit dieser Ausbildung heftig mit einem Stocke und wurde deshalb aus § 223a verurteilt. Seine Revision wurde für nicht begründet erachtet. Objektiv habe der Angeklagte ein Züchtigungsrecht nicht gehabt; denn aus jener Übernahme seien ihm keine Rechte an der Person des Kindes erwachsen. Auch die irrtümliche Annahme eines Züchtigungsrechtes durch den Angeklagten sei nicht zu beachten. „Hätte der Angeklagte ein Verhältnis, mit welchem ein vom Staate anerkanntes Züchtigungsrecht verbunden ist, irrtümlich angenommen, so würde ein solcher Irrtum, sofern er das Bewusstsein der Widerrechtlichkeit ausschloss, in jedem Falle als Irrtum über einen Thatumstand im Sinne des § 59 aufzufassen sein, ohne Unterschied, ob der Irrtum auf falsche thatsächliche Voraussetzungen oder auf Unkenntnis derjenigen Rechtsnormen, durch welche die Voraussetzungen des Verhältnisses geregelt sind, zurückzuführen wäre. Ein derartiger Irrtum war indes von dem Angeklagten nicht behauptet worden, ist auch den getroffenen Feststellungen nicht zu entnehmen. Über sein Verhältnis zu dem Kinde hat sich der Angekl. nicht in Unkenntnis befunden; der von dem ersten Richter zu seinen Gunsten erwogene Irrtum hat sich nur darauf bezogen, dass mit diesem Verhältnisse ein Züchtigungsrecht verbunden sei." (R.G. IV 2. 1. 1900, E. XXXIII 82.)

5. „Hält sich ein Dienstherr auf Grund seiner dienstherrlichen Rechte zur Einschliessung eines Gesindes für befugt, so betrifft sein Irrtum nicht das Strafgesetz, sondern die Vorschriften der Gesindeordnung und ist deshalb geeignet, das Moment der subjektiven Rechts-

widrigkeit (§ 289 St.G.B.) auszuschliessen." (R.G. II 17. 11. 1891; G.A. 39, S. 381.)

6. Nach einer sehr eingehend begründeten Entscheidung kann sich der wegen einer widerrechtlichen Verhaftung (§ 341 St.G.B.) angeklagte Beamte damit entschuldigen, dass ihm die auf die Verhaftung bezüglichen gesetzlichen Vorschriften nicht bekannt gewesen seien. Der Thatbestand des § 341 St.G.B. erfordere das Bewusstsein des Thäters, dass er zu der Verhaftung etc. berechtigt sei. Das folge zunächst aus der Entstehungsgeschichte des § 341 (§ 317 Preuss. St.G.B.), wie des näheren ausgeführt wird. Dasselbe ergebe der Wortlaut des § 341: Der Akt der Verhaftung selbst könne nicht anders als vorsätzlich ausgeführt werden; folglich müsse das ausdrücklich aufgenommene Wort „vorsätzlich" sich auf den Passus beziehen „ohne hierzu berechtigt zu sein."[1]) Unrichtig sei es endlich auch, wenn die Revision der Staatsanwaltschaft gegen das freisprechende erstinstanzliche Urteil sich auf den Satz berufe, dass Irrtum über das Strafgesetz nicht entschuldige. „Dieser Satz besagt, dass die Anwendung der eine Handlung mit Strafe bedrohenden Gesetze nicht die Kenntnis des Handelnden von Dasein und Inhalt dieser Strafdrohung erfordert, während hier die Rede von einer Kenntnis eines anderen Gesetzes ist, die vom Strafgesetz zur Bedingung seiner Strafdrohung gemacht ist, nämlich von der Kenntnis der Voraussetzungen, welche das Gesetz für eine vorläufige Festnahme aufstellt" (R.G. III 15. 2. 1883, E. VIII 104). [Der Gedankengang der Begründung ist nicht klar. Dass auch der Mangel einer Berechtigung zur Verhaftung vom Vorsatz umfasst sein müsse, scheint in der Hauptsache aus der Entstehungsgeschichte und dem Wortlaut des § 341 gefolgert werden zu sollen. Sprächen diese nicht für jene Ausdehnung des Vorsatzes, so würde nach dem R.Ger. offenbar Vorsätzlichkeit des Aktes der Verhaftung genügen. Dem würde aber der sonst, wie auch hier, vom R.Ger. ganz allgemein aufgestellte Satz widersprechen, dass ein ausserstrafrechtlicher Rechtsirrtum den Dolus stets ausschliesst.]

7. Mehrere Radler fuhren abends nach 11 Uhr in raschem Tempo durch eine Strasse Berlins. Da sie keine Laterne hatten, klingelten sie stark. Der Angeklagte, der auf dem Bürgersteige dieser Strasse ging, wollte sie zur Anzeige bringen; er trat ihnen entgegen, breitete die Arme aus und rief „halt, halt!" In demselben Augenblick stiess bereits der vorderste Radler mit ihm zusammen. Der Radfahrer stürzte über die Lenkstange hinweg auf die Strasse und verletzte sich nicht unerheblich. — Das Reichsgericht stellt zunächst objektiv fest, dass dem Angeklagten gemäss § 127 St.P.O. das Recht der vorläufigen Festnahme zustand; dass er deshalb aber noch nicht das Recht gehabt habe, den auf frischer That betroffenen Delinquenten, der zu fliehen versuchte, an der Flucht durch Handlungen zu hindern, die ihn an Leib oder Leben verletzten. Wenn indessen der Angeklagte irrig angenommen habe,

---

[1]) Gegen dies Argument v. Bar (G.S. 38, S. 284 ff.), der zutreffend ausführt, dass auch ein unvorsätzlicher Akt der Verhaftung denkbar sei,

das Recht zur Festnahme schliesse das Recht in sich, Körperverletzungen zuzufügen, sofern ohne solche der Delinquent nicht an der Flucht verhindert werden könne, so sei dies „nicht als ein strafrechtlicher, sondern als ein anderweiter Irrtum anzusehen". Denn jener Irrtum „ist nicht etwa der rechtsirrtümlichen Meinung gleichzusetzen, zur Erreichung eines vom Rechte anerkannten Zweckes sei die Anwendung jedes Mittels, also auch die Vernichtung und Verletzung fremder, strafrechtlich geschützter Rechtsgüter statthaft, und die Widerrechtlichkeit werde durch die Verfolgung berechtigter Zwecke ausgeschlossen — eine Meinung, durch welche dem Strafrechte die ihm gebührende Anerkennung versagt würde —, sondern stellt die Meinung dar, dass eine ausserhalb des Strafrechtes stehende Rechtsnorm, nämlich der § 127 St.P.O., einen bestimmten Inhalt habe, welchen er in dieser Ausdehnung nicht hat." (R.G. II 5. 11. 1901, E. XXXIV 448.)

Auch diesen Fällen gegenüber muss behauptet werden, dass die Scheidung innerhalb des Rechtsirrtums willkürlich ist. Am deutlichsten tritt dies in den beiden Entscheidungen des 33. Bandes hervor (No. 1 und 4). Wenn gegen den angeklagten Artisten ausgeführt wird, er habe sich über sein Verhältnis zu dem Kinde nicht im Irrtum befunden, vielmehr lediglich darin geirrt, dass mit diesem Verhältnis ein Züchtigungsrecht verbunden sei, so gilt das Gleiche bezüglich des als Lehrer thätigen Geistlichen, der über sein thatsächliches Verhältnis zu den Schulkindern durchaus im klaren war. Beide hatten Kinder zu „erziehen", beide irrten über die Zwangsmittel, die sie bei dieser Erziehung anwenden durften. Betrifft dieser Irrtum bei dem Pfarrer „diejenigen Vorschriften, die von den zuständigen Verwaltungsorganen über das Züchtigungsrecht gewisser Personen zu geben sind", so irrte der Artist über die Normen, welche das Züchtigungsrecht der Eltern begrenzen und welche insbesondere bestimmen, wieweit eine Übertragung desselben auf andere Personen zulässig ist. Im Strafgesetzbuch finden sich diese Normen aber sicherlich nicht. Das Reichsgericht selbst hat ausgeführt, dass eine solche Übertragung eventuell wegen Unsittlichkeit ungültig wäre: das würde aber nicht aus strafrechtlichen, sondern aus civilrechtlichen (familienrechtlichen) Sätzen folgen.

Das Gleiche gilt bei dem Angeklagten, der den diebischen Jungen durchgeprügelt hatte. Wenn jener sich ein Züchtigungsrecht zuschrieb, so mag es schwer sein zu bestimmen, welchem Rechtsgebiet dasselbe, falls es existierte, angehören würde. Soviel aber ist sicher, dass es nicht dem Strafrecht zu entnehmen wäre.[1])

Gegen das Urteil No. 3 ist noch ein anderer Einwand zu wiederholen: Es ist gänzlich gleichgültig, ob der Thäter in einem fremden Rechtsgebiet „eine überall nicht bestehende Berechtigung" zu finden meint oder ob er eine für andere Fälle bestehende Berechtigung auch auf den vorliegenden Fall für passend hält. In concreto hat er sich eine Berechtigung aus der Luft gegriffen, die in Wahrheit nicht besteht; es muss einerlei sein, ob für andere Fälle eine ähnliche Berechtigung vorhanden wäre.

XIII.

Die irrige **Annahme einer obrigkeitlichen Erlaubnis** in Fällen, wo eine Handlung nur mit solcher gestattet ist, wird nur in der Mehrzahl der Fälle für schuldausschliessend angesehen.

1. Von dem Vergehen gegen die Preussische Verordnung vom 25. Juni 1867 (G.S. 921) — betr. Spielen in auswärtigen Lotterien, gültig für die damals neu einverleibten Landesteile — waren die Angeklagten freigesprochen worden, weil „sie aus der Bezeichnung der auswärtigen Lotterie als ‚staatlich genehmigt' in der im amtlichen Kreisblatte enthaltenen Ankündigung derselben die Zulassung in Preussen geschlossen hätten". Die Revision der Staatsanwaltschaft wurde verworfen. Es handle sich nicht um „Unkenntnis von der strafgesetzlichen Norm", sondern um Unkenntnis eines Thatumstandes. (R.G. I 9. 6. 1881. E. IV 251.)

2. Nach einer Bayerischen Verordnung vom 10. Juli 1867 ist zur Erteilung der Erlaubnis für Veranstaltung einer öffentlichen Lotterie die Kreisregierung zuständig. Der Angekl. hatte die ihm erteilte Er-

---

[1]) Man denke sich folgenden Fall, der sich thatsächlich ereignet hat, aber nicht zur gerichtlichen Entscheidung gekommen ist: Ein Hauseigentümer macht die Wahrnehmung, dass fortgesetzt die wertvollen gusseisernen Spitzen seines Gartenzaunes abgebrochen werden. Eines Abends erwischt er hierbei zwei zehnjährige Knaben und giebt ihnen einige kräftige, aber unschädliche Ohrfeigen. Er glaubt, „dass ihm als Erwachsenen und Beschädigten einem zuchtlosen Jungen gegenüber ein Züchtigungsrecht zustehe". Er wäre nach dem R.Ger. aus § 228 St.G.B. strafbar. Hätte etwa die eine Ohrfeige die unglückliche Folge gehabt, dass der Knabe das Gehör verlor, so wäre nach §§ 224, 228 St.G.B. ein Monat Gefängnis die geringste Strafe gewesen.

laubnis des Bürgermeisters für genügend gehalten. Nach dem Reichsgericht schliesst ein Irrtum über das Bestehen einer obrigkeitlichen Erlaubnis den Vorsatz aus, demnach auch die irrtümliche Annahme, die Behörde, welche die Erlaubnis erteilt habe, sei hierzu zuständig. Dieser Irrtum betreffe nicht das Strafgesetz, sondern jene Verordnung. Letztere sei keineswegs „eine notwendige Ergänzung und ein untrennbarer Teil des § 286 St.G.B.", sondern „eine ausserhalb des St.G.B. bestehende Anordnung der Staatsgewalt, und die Zulässigkeit der Berücksichtigung der Kenntnis der Thatsache der Existenz einer solchen Verordnung [sechs subordinierte Genitive!] ist vom Gesetzgeber nirgends versagt". (R.G. I 22. 11. 80, E. III 49.)

3. Der Angeklagte hatte Dynamit transportiert, nachdem ihm von dem Amte in Blankenstein bescheinigt war, dass ihm der Transport von Dynamit unbedenklich übertragen werden könne. Nach einer Verordnung der Preussischen Centralbehörde war aber nicht dieses Amt, sondern der Landrat zur Ausstellung der Bescheinigung zuständig. Die irrige Annahme, das Amt Blankenstein sei zuständig, entschuldige indessen den Thäter. Denn zum Thatbestand des § 9 Sprengstoffgesetzes gehöre der Mangel der polizeilichen Erlaubnis, zum subjektiven Thatbestand also auch die Kenntnis dieses Mangels. Der Irrtum betreffe hier nicht den § 9 a. a. O., sondern jene Verordnung, sei also kein strafrechtlicher. (R.G. IV 13. 10. 1885, E. XII 431.)

4. Der Angeklagte hatte sich „auf die ihm von der städtischen Polizeiverwaltung in P. erteilte Konzession zum Handel mit Dynamit berufen". Diese Konzession habe sich beschränkt auf den Handel innerhalb des Polizeibezirkes P. Eine Konzession für den Handel ausserhalb P. zu erteilen, sei der Rat der Stadt P. gar nicht zuständig gewesen. „Trotzdem hätte es freilich dem Angeklagten zur Exkulpation gereichen müssen, wenn er, gleichviel aus welchem Grunde und welchem Missverständnisse, des Glaubens gewesen war, die zuständige Polizeibehörde habe ihm die Genehmigung auch für den Vertrieb des Dynamits von B. aus erteilt". (R.G. III 15. 10. 1885, E. XIII 22.)

5. In Art. 21 des Bayer. Vereinsgesetzes ist mit Strafe bedroht, wer im Falle des Art. 4 a. a. O. ohne vorgängige polizeiliche Bewilligung einen öffentlichen Aufzug veranstaltet. „Glaubte der Angeklagte irrigerweise, diese Zustimmung und Genehmigung sei erteilt, so war die Freisprechung auf Grund des § 59 St.G.B. gerechtfertigt. Hielt aber der Angeklagte die Erlaubnis des **Bürgermeisters für genügend**, so befand er sich in Unkenntnis oder Irrtum über die entgegengesetzte Vorschrift des Strafgesetzes. Denn dass alle mit Strafdrohungen im Sinne des Strafgesetzbuches verbundenen Gesetze Strafgesetze sind, ist klar." (R.G. I. 1. 12. 1894, E. XXVI 265.)

6. Der Angeklagte hatte auf einem Jahrmarkte gewerbsmässig ein Glücksspiel (Roulette) veranstaltet und war aus § 284 St.G.B. verurteilt worden. Seine Revision stützte er darauf, dass ihm seitens der zuständigen Polizeibehörde die Genehmigung zum Halten des fraglichen Glücksspiels erteilt gewesen sei. Das R.Ger. verwarf die Revision. Es

könne dahingestellt bleiben, auf welche Weise er den bestehenden Verwaltungsvorschriften gegenüber die Genehmigung erwirkt habe. Denn die Strafbarkeit aus § 284 St.G.B. könne dadurch nicht ausgeschlossen werden, dass der Thäter sich eine polizeiliche Erlaubnis verschaffte. Wenn der Angekl. dies geglaubt habe, so habe er sich in einem „unwirksamen Irrtum über die Bedeutung des Strafgesetzes befunden". (R.G. IV 12. 2. 1897, E. XXIX 376.)

Dass die Urteile 1 bis 4 und 6 vom Standpunkt des Reichsgerichts konsequent sind, wird behauptet werden können. Wollte man dies auch von Fall 5 sagen, so wäre damit allein schon der Satz vom ausserstrafrechtlichen Rechtsirrtum in eine eigentümliche Beleuchtung gerückt. Der Umstand, dass sich hier die Zuständigkeitsbestimmung in demselben Gesetz befindet wie die Strafnorm selbst, würde ausschlaggebend sein für die Frage, ob sich grundsätzlich der Vorsatz des Thäters auch auf die Zuständigkeit der erlaubenden Behörde zu erstrecken habe!

XIV.

Die staats- oder verwaltungsrechtliche Stellung einer Person spielt im Strafrecht mehrfach eine Rolle. Ein Irrtum hierüber wird verschieden behandelt.

1. Der Angeklagte hatte den zum Fürsten von Bulgarien erwählten Prinzen Ferdinand von Sachsen-Coburg-Gotha mittels der Presse beleidigt. Aus § 97 St.G.B. verurteilt berief er sich darauf, dass er geglaubt habe, der Fürst sei nicht mehr „Mitglied des landesherrlichen Hauses". Seiner Revision wurde stattgegeben. Denn der Irrtum betreffe nicht „die Norm selbst", sondern „Hausgesetze und sonstige Normen des Privatfürstenrechtes bezw. Staatsrechtes". (R.G. III 28. 9. 1891, E. XXII 141.)

2. Öffentlich angestellte Fleischbeschauer hatten amtlich eine wissentlich falsche Beurkundung vorgenommen. Sie waren vom L.G. Magdeburg freigesprochen, da sie ihre Beamteneigenschaft nicht gekannt hätten. Die Revision der St.A. machte geltend, „dass die Angeklagten sich nicht über Thatumstände, sondern lediglich über die aus ihnen wohlbekannten Thatumständen — ihrer Anstellung und Verpflichtung als öffentliche Fleischbeschauer — herzuleitenden strafrechtlichen Folgerungen im Irrtum befunden haben. Ohne die Zweifelhaftigkeit der hier zu entscheidenden Frage zu verkennen, scheinen doch überwiegende Gründe für die von der Vorinstanz vertretene Rechtsauffassung zu sprechen." Zwar „lässt sich folgerichtig behaupten, dass ein lediglich rechtlicher Irrtum über das Vorhandensein der Amtsqualität sich unmittelbar auf die Begriffsbestimmung des § 359 St.G.B., also auf das Strafgesetz selbst bezieht". Indessen „die Vorschrift des § 359

St.G.B. enthält keine Gebots- oder Verbotsnorm, sondern lediglich eine abstrakte Legaldefinition auf dem Boden einer Reihe als bekannt vorausgesetzter staatsrechtlicher Begriffe („Reich“, „Bundesstaat“, „unmittelbarer oder mittelbarer Dienst“, „Anstellung“)“. Ein Irrtum hierüber beziehe sich „ausschliesslich und unmittelbar auf allgemein staatsrechtliche Vorschriften, Grundsätze, Übungen“. Jeder thatsächliche Irrtum hierüber bilde zweifellos einen Schuldausschliessungsgrund i. S. des § 59 St.G.B. „Es hiesse aber offensichtlich zu einer reinen Dolusfiktion seine Zuflucht nehmen, wenn man einem in seinem Wesen und seiner Wirkung vollkommen gleichwerten, den bösen Vorsatz unbedingt aufhebenden [?] Rechtsirrtum, bloss, weil er irgendwie mit § 359 St.G.B. in Widerspruch gerät, jede Berücksichtigung versagen wollte.“ Dazu komme, dass „die Grenzen, welche den Beamten im Sinne des § 359 St.G.B. vom Nichtbeamten unterscheiden, in der modernen Staatsentwickelung äusserlich wie innerlich zusehends unerkennbarer“ werden. „Es widerstreitet der Billigkeit und dem praktischen Bedürfnisse, auf einem derartig bestrittenen und wechselnden Gebiete des öffentlichen Rechtes die unvermeidlichen Irrtümer und Missverständnisse der einzelnen strafrechtlich anders zu behandeln, als dies rein thatsächlichen Irrtümern zukommt“. (R.G. III 9. 1. 1893, E. XXIII 374).[1])

3. Die soeben angeführte Entscheidung verlangt das Bewusstsein der Amtsqualität auch für die passiven Amtsdelikte, §§ 113, 333 St.G.B.

4. Bewusstsein der Amtseigenschaft im Falle des § 174 Ziffer 2 und 3 St.G.B. fordert R.G. III 20. 3. 1893 (E. XXIV 83).

5. Der Angeklagte hatte seinem Sohne durch Aushändigung von barem Gelde die Auswanderung nach Amerika ermöglicht. Der Sohn war bereits vorher zum Militär ausgehoben, aber bis zum Einstellungstermin „vorläufig in die Heimat beurlaubt“. Das R.Ger. führt aus: Wenn der Angeklagte geglaubt habe, sein Sohn sei noch nicht „Soldat“ i. S. des § 141 St.G.B., so befinde er sich „in einem Irrtum über den Inhalt des St.G.B. und nicht in einem thatsächlichen und diesem gleichgestellten rechtlichen Irrtum“. Denn die Soldateneigenschaft sei zum Teil durch Vorschriften des St.G.B. definiert, z. B. § 112!! (R.G. I 15. 12. 1894, E. XXVI 314.)

6. Der Angeklagte hatte mehrere junge Leute, welche zum Herbst zur Einstellung in das Heer bestimmt waren, Ende September aufgefordert, nach ihrem Dienstantritt die sozialdemokratischen Lehren unter ihren Kameraden zu verbreiten. Da durch Verfügung der einzelnen

---

[1]) Nicht mit Unrecht bemerkt Beling (Z. XVIII 278): „Die Entscheidung trägt dieses Gepräge laxer Billigkeitserwägungen ohne feste Prinzipiengrundlage“. Insbesondere widerspricht die Rücksichtnahme auf die Entschuldbarkeit des Irrtums allen Traditionen der reichsgerichtlichen Judikatur. Warum wird nicht auch ein strafrechtlicher Irrtum, falls er entschuldbar ist, berücksichtigt?

Korpskommandos „jede dritten erkennbar gemachte Bethätigung sozialdemokratischer Gesinnung" verboten ist, erklärte das R.Ger. den § 112 St.G.B. auf die Handlungsweise des Angeklagten für anwendbar. Die Kundgebung sei gerichtet gewesen „an vorläufig in die Heimat beurlaubte Rekruten, und daher, wie durch E. XXVI 314 dargelegt ist, an Personen des Soldatenstandes. Ein Irrtum des Angekl. hierüber würde strafrechtlich ohne Bedeutung sein." (R.G. II 8. 11. 1895, E. XXVII 406.)

7. Der Angeklagte hatte brieflich von dem Eisenbahnbetriebsamt B Schadensersatz wegen Beschädigung seines Rockes gefordert unter der Drohung, im Falle der Verweigerung „die Sache an die Öffentlichkeit zu bringen". Er war deshalb aus § 114 St.G.B. verurteilt worden, weil er es unternommen habe, durch Drohung eine Behörde zur Vornahme einer Amtshandlung zu nötigen. Das Reichsgericht billigte die Verurteilung, trotzdem festgestellt war, der Angeklagte sei der Meinung gewesen, dass der Beamte mit der Bewilligung des beanspruchten Schadensersatzes „nicht eine Amtshandlung vorzunehmen, sondern nur eine mit seinem Amte verknüpfte private Thätigkeit zu entwickeln habe". Dieser Irrtum über den Begriff der „Amtshandlung" sei kein Irrtum über einen Thatumstand i. S. des § 59, sondern ein „Subsumtionsirrtum", der nicht zu beachten sei. (R.G. II 7. 12. 94, G.A. 42, S. 404.)

Ein besonderer Hinweis auf den Widerspruch zwischen No. 1 bis 4 einerseits, No. 5 bis 7 andrerseits ist wohl nicht nötig.

XV.

Ein Seitenstück zu den unter XIII besprochenen Fällen bilden diejenigen Bestimmungen, in denen **die Rechtswidrigkeit** durch eine obrigkeitliche Erlaubnis nicht ausgeschlossen wird, sondern vielmehr **abhängig ist von einer weiteren, neben der eigentlichen Strafsatzung bestehenden Anordnung** (die sog. „Blankettstrafgesetze"). Es kommen hier in Betracht:

1. § 145 St.G.B.
2. §§ 327, 328 St.G.B.
3. Eine grössere Anzahl von Übertretungen (aufgezählt bei Binding, Normen I S. 162 N. 10).

Es wäre in hohem Grade interessant, zu erfahren, wie die Verteidiger der Zweiteilung des Rechtsirrtums sich zu einem Irrtum über jene dem Blankettstrafgesetz zu Grunde liegende Norm verhalten würden. Eine Grenze zwischen strafrechtlichen und ausserstrafrechtlichen Rechtssätzen zu ziehen, ist augenscheinlich in diesen Fällen besonders schwierig. Freilich legen die in der sonstigen reichsgerichtlichen Judikatur ausgesprochenen Grundsätze die Vermutung nahe, dass in diesen Fällen der Umstand ausschlaggebend sein würde, dass die Norm nicht „im Strafgesetzbuch“ steht, so dass ein Irrtum über sie als relevant angesehen werden müsste. Wäre die Lösung der Frage wirklich in dieser Richtung erfolgt, so wäre damit allerdings ein weiteres wesentliches Argument gegeben, um den Satz von der Relevanz des ausserstrafrechtlichen Rechtsirrtums ad absurdum zu führen. Denn es ist klar, dass in den genannten Fällen die Auseinanderreissung von Norm und Strafgesetz auf Gründen beruht, die mit der Dolusfrage bezüglich des einzelnen Delikts nichts zu thun haben.

Indessen gewähren Judikatur und Litteratur, soviel ich sehe, hier keine Ausbeute.

Zunächst sind die Fälle der §§ 327, 328 St.G.B. und der mannigfachen Übertretungen auszuscheiden.

Die erstgenannten Paragraphen sprechen von der „wissentlichen Verletzung“ von „Massregeln“ und „Verboten“. Das Gesetz verlangt damit ausdrücklich die Kenntnis jener Massregeln und Verbote. Hierauf stützen sich auch die Reichsgerichts-Entscheidungen, welche — mit Recht — einen Irrtum über die den §§ 327, 328 zu Grunde liegenden Vorschriften für relevant erklären, so dass es unstatthaft ist, aus ihnen Schlüsse für andere Fälle zu ziehen.[1])

[1]) Vgl. R.Ger. E. I 1; VI 159; XVII 318. Die gleiche Ansicht über §§ 327, 328 wird vertreten in den Motiven zu dem R.Ges. vom 23. Juni 1880 betr. die Abwehr und Unterdrückung von Viehseuchen (Sten.Ber., 4. Leg.Per., III. Sess., Anlagen Bd. 3 S. 422). — Siehe ferner v. Bülow, G.A. 45 S. 321 ff. — Im Widerspruch mit den obigen Urteilen steht freilich das neueste Erkenntnis R.G. I 4. 12. 1899 (E. XXXII 414): Auf Grund des § 328 St.G.B. bestimmte eine Bekanntmachung des Bayer. Min. d. Innern v. 14. 2. 1890, dass bei dem Handel mit Schweinen im Umherziehen die Führer oder Treiber der Schweine mit einem tierärztlichen Zeugnisse über den seuchenfreien Zustand der Schweine versehen sein müssen. Die Angeklagten hatten den ausserhalb ihres Niederlassungsortes gelegenen Viehmarkt in H. bezogen und dort Schweine feilgeboten, ohne mit einem solchen Zeugnisse versehen zu sein. Sie waren der Ansicht, dass die genannte Vorschrift auf den Marktverkehr keine Anwendung finde, da hier kein „Handel im Umherziehen“ stattfinde. Das Reichsgericht hält diese Ansicht für objektiv unrichtig und den Irrtum der Angeklagten für einen „Irrtum über den

Die Übertretungen andrerseits sind deshalb auszuscheiden, weil in der Behandlung der Schuldfrage überhaupt bei ihnen noch wenig Übereinstimmung herrscht, so dass in der hier zur Erörterung stehenden Spezialfrage nicht auf sie Bezug genommen werden darf.

Es bleibt § 145 St.G.B., bei dem indessen die Frage, ob der Vorsatz auch die Kenntnis von dem Bestehen der Kaiserlichen Verordnungen oder sogar das Bewusstsein, diese zu übertreten, umfassen muss, noch nicht erörtert worden zu sein scheint.[1])

XVI.

Es wurde an andrer Stelle hervorgehoben, dass der Unmöglichkeit, die „Dinge an sich" zur Grundlage des praktischen Handelns zu nehmen, von Theorie und Praxis in vielen Fällen dadurch Rechnung getragen wurde, dass es als schuldausschliessend betrachtet wurde, wenn der Thäter Personen, Sachen oder Handlungen gewisse Eigenschaften nicht beigelegt hatte, die ihnen in dem betreffenden Deliktsthatbestand wesentlich waren.[2]) Jenen Fällen sind hier andre gegenüber zu stellen, in denen umgekehrt die **unrichtige Qualifizierung von Personen, Sachen oder Handlungen** von der Praxis nicht als relevanter Irrtum über Thatumstände, sondern als irrelevanter Irrtum über das Strafgesetz behandelt wird.

A. Eigenschaften einer Person.

1. Betreffend den Irrtum über den Begriff „Soldat" siehe E. XXVI 314, XXVII 406 (oben No. XIV 5 und 6).

2. „Kaufmann" i. S. der K.O., siehe oben S. 131.

3. „Geschwister", § 173. — Der eheliche Sohn und die aussereheliche Tochter desselben Vaters lebten in Geschlechtsgemeinschaft,

---

Inhalt und die Tragweite des Strafgesetzes, der nicht berücksichtigt werden kann". [Man beachte, dass das R.Ger. sonst nicht nur Kenntnis des Verbotes fordert, sondern auch das Bewusstsein, dass man das Verbot verletze. Bei irriger Subsumtion, wie hier, fehlt letzteres ganz sicher; nach richtiger Ansicht auch die erstere.]

1) Selbstverständlich müssen Binding und alle, die „Bewusstsein der Normwidrigkeit" fordern, die Frage bejahen. Denn eben diese Verordnungen enthalten die „Norm".

2) Siehe oben S. 104 f.

obwohl sie ihr Verwandtschaftsverhältnis kannten. Sie hatten auch die Absicht gehabt, sich zu heiraten, waren aber belehrt worden, dass das nicht gehe. Die Geschlechtsgemeinschaft gaben sie trotz dieser Belehrung nicht auf, da sie nicht wussten, dass dieselben Gründe, aus denen das Gesetz das Eheverbot aufstellte, auch für die strafrechtliche Beurteilung des Beischlafs nach § 173 massgebend seien; dass ihr Verwandtschaftsverhältnis unter den Begriff der „Geschwister" i. S. des § 173 falle. Nach dem R.Ger. ist dies lediglich ein „Irrtum über die Anwendbarkeit des Strafgesetzes". Der Begriff der „Geschwister" in § 173 sei auch unabhängig davon, ob etwa verschiedene Civilrechte die Grenzen der Verwandtschaft verschieden bestimmten. (R.G. I 17. 10. 1883, R. V 613.)

4. „Verschwägerte", § 173. — Der Angeklagte M. hatte die F. geheiratet, welche bereits vorher ein uneheliches Kind, die Mitangeklagte T., geboren hatte. Nach dem Tode der F. verkehrte M. mit der T. geschlechtlich. Beide glaubten, nicht „verschwägert" i. S. des § 173 zu sein, da die Schwägerschaft ein durch eheliche Geburt begründetes Verhältnis voraussetze. Das R.Ger. erklärt dies für einen Irrtum über die Auslegung des Strafgesetzes. Denn „für die Anwendung des Gesetzes liegt die Sache so, als ob dasselbe einzeln die Kategorien der betreffenden Personen angeführt hätte". Die Angeklagten „haben sich nicht in Unkenntnis über solche Thatsachen befunden, welche den Rechtsbegriff der Schwägerschaft im Sinne des § 173 Abs. 2 St.G.B. (mag dieser nun mit jenem im Gebiet des Civilrechts übereinstimmen oder nicht) begründen, sondern nur darüber, ob ihr Beischlaf unter einander der strafrechtlichen Ahndung unterliege." (R.G. I 19. 2. 1885, E. XII 275.)

5. „Verschwägerte", § 173. — Der Angeklagte W. ist 1889 von seiner Ehefrau, welche ihm eine Tochter aus ihrer früheren Ehe, die Mitangeklagte C., zugebracht hatte, geschieden. Seit 1896 bis 1901 haben die Angeklagten fortgesetzt mit einander den Beischlaf vollzogen. Sie waren freigesprochen worden, weil feststehe, dass sie dies ihnen bekannte Verhältnis nicht für ein schwägerliches gehalten haben. Dagegen das Reichsgericht: Der Begriff der Verschwägerung sei nur aus § 173 zu interpretieren. Das B.G.B. habe hierauf keinen Einfluss. Prinzipiellen Ausführungen weicht das Reichsgericht hier aus. (R.G. IV. 8. 11. 1901, E. XXXIV 418.)

B. Eigenschaften einer Sache.

1. „Waffe", § 223a St.G.B. — Das Reichsgericht verlangt vom Thäter „das Bewusstsein, dass er ein Werkzeug von einer gewissen thatsächlichen Beschaffenheit angewendet hat, welches im Rechtssinne als „Waffe" qualifiziert wird" (R.G. III 24. 9. 1894, E. XXVI 61). Daraus wird zu schliessen sein, dass diese Qualifikation selbst vom Thäter nicht verlangt wird. Kannte er die thatsächliche Beschaffenheit des Gegenstandes, so ist offenbar die Annahme, dieser sei keine „Waffe" i. S. des § 223a, ein Strafrechts-Irrtum.

2. „Tödliche Waffen“, §§ 201, 205 St.G.B — Studenten hatten Schläger nicht für „tödliche Waffen“ gehalten. Wenn die Angeklagten „auf Grund der in wissenschaftlichen Schriften und in öffentlichen Vorträgen mehrfach vertretenen Anschauungen die gebrauchten Schläger keinesfalls für tödliche Waffen gehalten hätten“, so sei dies belanglos. „Die Frage, in welchem Sinne das St.G.B. den Ausdruck „tödlich“ gebraucht hat, ob insbesondere diese Eigenschaft in abstracto oder je nach den konkreten Umständen zu bemessen sei, ist unzweifelhaft eine Rechtsfrage. Hiernach handelt es sich aber nicht um die Unkenntnis bestimmter Thatsachen und nicht um einen thatsächlichen Irrtum, sondern lediglich um einen Irrtum in der Auslegung des Strafgesetzes.“ (R.G. I 12. 4. 1883, R. V 230.)

3. „Weg“, § 321 St.G.B. — Der Angeklagte hatte einen allgemein als Fahrstrasse benutzten Kommunikationsweg beschädigt und dadurch Gefahr für das Leben anderer herbeigeführt. Er behauptet, er habe sich zu seiner Handlung für befugt gehalten, da der Weg ein im Eigentum seiner Mutter stehender Privatweg sei. Indessen: die Annahme, dass das Wort „Weg“ in § 321 nur öffentliche Wege meine, sei irrig, und zwar betreffe dieser Irrtum lediglich „die Bedeutung und den Sinn des Strafgesetzes“, sei also unbeachtlich. (R.G. IV 13. 5. 1890, E. XX 393.)

4. „Verdorbene“ Nahrungsmittel, § 10 No. 2 Ges. betr. den Verkehr mit Nahrungsmitteln etc. vom 14. Mai 1879. — Der Angeklagte war freigesprochen worden, weil dem Fleisch, obwohl es finnenhaltig war, durch Einlegen in Salzlösung nicht nur die Gesundheitsschädlichkeit benommen, sondern auch dessen Übergang in den Zustand der Ungeniessbarkeit verhindert worden war. Das Fleisch sei deshalb nicht als „verdorben“ zu bezeichnen; jedenfalls sei sich der Angeklagte des Verdorbenseins nicht bewusst gewesen. Hiergegen das Reichsgericht: Objektiv sei das Fleisch „verdorben“ gewesen, da seine Tauglichkeit als Nahrungs- und Genussmittel, wenn auch nicht vernichtet, so doch herabgesetzt gewesen sei. „Der subjektive Thatbestand des § 10 No. 2 aber ist vollständig gegeben, wenn die Angeklagten wussten, dass sie ein Nahrungsmittel verkauften, welches thatsächlich diejenige Beschaffenheit hatte, welche im Gesetz mit dem Ausdruck ‚verdorben‘ bezeichnet worden ist“ (R.G. III 5. 10. 1881, E. V 290).

C. Eigenschaft einer Handlung.

1. „Unzucht“, § 180f. St.G.B. — Der in vielen Gegenden verbreitete Glaube der Eltern, der geschlechtliche Verkehr ihrer verlobten Tochter mit deren Bräutigam sei nicht „Unzucht“ i. S. des Gesetzes, „stellt sich nicht als ein Irrtum über einen zum gesetzlichen Thatbestande gehörigen Thatumstand, sondern als ein strafrechtlich nicht zu beachtender Rechtsirrtum über den Inhalt des Strafgesetzes, als eine irrige Auffassung des Rechtsbegriffes der Unzucht i. S. der §§ 180 und 181 St.G.B. dar.“ Die Eltern waren wegen Kuppelei mit Zuchthaus zu bestrafen! (R.G. I 2. 11. 1882, E. VIII 172.) — „Hiernach

aber steht bloss ein Irrtum der Angeklagten über das Strafgesetz, speziell über den strafrechtlichen Begriff der Unzucht, zur Frage. Angeklagte befanden sich überall nicht in einem Irrtum über Thatumstände, welche zum gesetzlichen Thatbestande des Verbrechens der Kuppelei gehören" (R.G. III 21. 5. 1885, R. VII 317).

2. „Glücksspiel", § 285 St.G.B. — Der Angeklagte wusste, dass in seinem Lokale ein Spiel gespielt wurde, bei welchem über Gewinn und Verlust lediglich der Zufall entschied, und dass der von den Spielern zu leistende Einsatz in barem Geld bestand. Er befand sich aber im Irrtum über „die Höhe der Einsätze und des Spielobjektes", und zwar beruhte sein Irrtum auf „einer falschen Schätzung derselben". Das Reichsgericht führt aus, dass die Frage, wie hoch der Wert des Spielobjektes sein müsse, damit von einem „Glücksspiel" die Rede sein könne, die Auslegung des strafrechtlichen Begriffes „Glücksspiel" betreffe. „War nun der Angeklagte der Meinung, dass der Wert des Gewinnes und Verlustes zu gering gewesen, um überhaupt einen Vermögenswert zu repräsentieren, nahm er also [!] an, dass das Spiel als Glücksspiel nicht unter das Strafgesetz falle, so irrte er, und ruhte sein Irrtum auf einer rechtsirrtümlichen Auslegung des Begriffes eines Glücksspieles. Sein Irrtum betraf nicht Thatbestandsmerkmale und fällt deshalb nicht unter den Schutz des § 59 St.G.B." (R.G. IV 28. 5. 89, E. XIX 253). [Man beachte, dass hier zwei zu trennende Fragen ineinander fliessen:

1. Kannte der Angeklagte diejenigen thatsächlichen Momente, auf denen die Qualifizierung des Spiels als „Glücksspiel" beruht?
2. Hat der Angeklagte — im Falle der Bejahung der ersten Frage — das Spiel als „Glücksspiel" i. S. des § 285 qualifiziert?

Die erste Frage musste nach dem gegebenen Sachverhalt unbedingt verneint werden, somit auch gemäss dem sonstigen Standpunkt des Reichsgerichts der Vorsatz. Für die zweite Frage: ob der Angeklagte über die „Auslegung des Begriffes eines Glücksspieles" geirrt habe, war hiernach überhaupt kein Raum].

3. „Lotterie", § 286 St.G.B. — Die Angeklagten hatten in ihrer Zeitung ein Preisrätsel gestellt und jedem ihrer Abonnenten, der es löse und dessen Lösung sich in den bei vorzunehmender Ziehung zuerst gezogenen drei Kouverts befinden würde, Gewinne von 500, 200 und 100 Mark versprochen. Dies sei Veranstalten einer „Lotterie" i. S. des § 286, und ein „Irrtum darüber sei ein Irrtum über das Strafgesetz und seine Tragweite, der ihnen nichts nützen kann. Entschuldbar ist nur der Irrtum über Thatsachen oder Rechtsverhältnisse, welche nicht ausschliessend die Anwendbarkeit des Strafgesetzes betreffen." Der Hinweis der Angeklagten auf den Irrtum über den Begriff „fremd" in § 242 St.G.B. passe nicht. „Allerdings begeht derjenige, welcher

eine fremde Sache in der Meinung, dieselbe gehöre ihm, wegnimmt, keinen Diebstahl, weil er bezüglich der Voraussetzung der Strafbarkeit, dass die Sache eine fremde sei, in einem thatsächlichen oder civilrechtlichen Irrtum gewesen sein muss. Würde er dagegen der Meinung sein, dass die Wegnahme einer fremden Sache nicht unter den Begriff des Diebstahls falle, so würde er ebenso in strafrechtlichem Irrtum versieren, wie derjenige, welcher eine Ausspielung oder Lotterie veranstaltet, aber der Meinung ist, das Unternehmen falle nicht unter den bezüglichen Begriff des Strafgesetzes" (R.G. I 2. 5. 1887, E. XVI 88).

[Dass ein Irrtum über den Begriff der „Lotterie", wie die Angeklagten glaubten, unbedingt gleichbedeutend sei mit einem solchen über den Begriff „fremd", soll auch hier nicht behauptet werden. Aber die Gründe, die das Reichsgericht zur Widerlegung anführt, sind durchaus ungenügend: die vom Reichsgericht unternommene Gleichstellung des Begriffs der „Lotterie" mit dem Begriff „Diebstahl" zeigt sich in dem Augenblick als verfehlt, wo man zugiebt, dass „Diebstahl" kein Thatbestandsmerkmal des § 242, wohl aber „Lotterie" ein solches des § 286 ist.]

Zu demselben Resultat wie das eben angeführte kommt das Erk. des IV. Sen. v. 16. 4. 1886 (R. VIII 295), dessen Thatbestand indessen unvollständig ist. Von Interesse ist die Ausführung: Der Irrtum über den Begriff der „Lotterie" sei ein strafrechtlicher, „wobei es nicht darauf ankommen kann, ob der Begriff der L. in seiner Geltung auf das Gebiet des Strafrechts beschränkt oder auch für das Civilrecht von Wichtigkeit und ob dieser Begriff in dem Strafgesetzbuch selbst definiert oder in anderer Weise festzustellen ist".

In einem dritten Falle war ein Angeklagter freigesprochen worden, weil er „die Lotterie, nachdem wegen einer gleichen Veranstaltung im Jahre 1871 von Einleitung eines Strafverfahrens wider ihn abgesehen worden, für erlaubt gehalten habe". Das Reichsgericht erklärt dagegen diesen Irrtum für unbeachtlich, da er nur „die Strafbarkeit der Handlung" betreffe. Der Thäter habe „das Bewusstsein derjenigen Umstände gehabt, in welchen das Gesetz die Merkmale einer strafbaren Handlung erblickt" (R.G. III 25. 9. 1880, E. II 268).

4. „Ausspielung", § 286 St.G.B. — Wenn ein Kaufmann, der Waren mittels des bekannten Hydrasystems vertreibe, dies nicht für eine „Ausspielung" halte, so sei das lediglich „Gesetzesunkenntnis, da der Begriff der Ausspielung ein strafrechtlicher sei" (R.G. I 17. 10. 1901, Dtsche. Jur.-Ztg. VI 508).

Ein Kaufmann hatte bekannt gemacht, dass in seinem Geschäftslokale ein türkischer Schlafrock zur Verlosung kommen werde, wozu jeder Käufer ein Los gratis erhalte. Das R.Ger. sieht hierin eine „öffentliche Ausspielung". Wenn der Angeklagte anderer Meinung war, so „befand er sich nicht etwa in Unkenntnis über das Vorhandensein von Thatumständen, welche . . . . gehören, sondern er irrte über den

Inhalt und die Bedeutung jenes Strafgesetzes". (R.G. IV 30. 4. 1889, E. XIX 257.)

5. „Amtshandlung", § 114 St.G.B. — R.G. II 7. 12. 1894 (G.A. 42 S. 404), siehe oben No. XIV 7.

6. „Handel im Umherziehen". — R.G. I 4. 12. 1899 (E. XXXII 414), siehe oben S. 157 Anm. 1.

7. „Volle Einzahlung", H.G.B. (a. F.) Art. 215a, 249a. — R.G. III 25. 3, 1886 (E. XIV. 36), siehe oben No. VI 5.

8. „Beförderung von Zeitungen", § 27 Postgesetz.[1]) — Der Verleger einer Mannheimer Zeitung hatte regelmässig Packete dieser Zeitung an seine Heidelberger Agenten als „Expressgut" mit der Eisenbahn gesandt. Das R.Ger. hält ihn für strafbar. „Die Beförderung mittels der Eisenbahn als sog. Expressgut ist eine andere Beförderungsweise, als jene durch die Post oder durch expresse Boten oder Führer, und der Angeklagte hat die Beförderung der in Rede stehenden Zeitungen auf diese andere Weise vorgenommen und wollte diese andere Beförderungsweise, die Beförderung als sog. ‚Expressgut' mittels der Eisenbahn; ein thatsächlicher Irrtum bezüglich eines Erfordernisses der Strafbarkeit seiner Handlung liegt nicht vor". [Es erhellt nicht, ob der Angekl. etwa glaubte, die Beförderung als „Expressgut" sei eine solche „durch expresse Boten".] „Wenn der Angeklagte etwa darüber irrte, ob das in § 1 a. a. O. festgesetzte Verbot sich auch auf die Beförderung an Agenten in Heidelberg" — scil.: nicht an Abonnenten — „beziehe, so befand er sich in einem das Strafgesetz betreffenden, rechtlichen Irrtum". (R.G. I 27. 1. 1881, E. III 300.)

9. „Politischer Verein", Vereinsgesetz.[2]) — Erkenntnis des politischen Charakters der in den Vereinsversammlungen erörterten Gegenstände sei nicht nötig. „Vielmehr genügte zur Anwendung der §§ 8, 16, dass mit dem Willen der Vorsteherinnen der Verein die Erörterung solcher Gegenstände bezweckte, welche das Gesetz als politische angesehen wissen will. Erachteten die Angeklagten die erörterten Gegenstände nicht für politische, weil sie diesen Ausdruck des Gesetzes

---

[1]) Gesetz über das Postwesen d. D. Reiches v. 28. Oktober 1871:

§ 1. „Die Beförderung . . . aller Zeitungen . . . auf andere Weise, als durch die Post, ist verboten."

§ 2. „Die Beförderung von . . . Zeitungen . . . durch expresse Boten . . . ist gestattet."

§ 27. „Mit . . . wird bestraft:

1. wer . . . Zeitungen, den Bestimmungen der §§ 1 und 2 zuwider . . . befördert . . ."

[2]) Preuss. Vereinsgesetz v. 11. März 1850:

§ 16. „Wenn ein politischer Verein die in § 8 gezogenen Beschränkungen überschreitet [nämlich Frauen etc. aufnimmt], so haben . . . verwirkt."

irrig verstanden, so liegt nicht ein Irrtum über Thatumstände vor, wie § 59 voraussetzt, sondern Unkenntnis des Strafgesetzes." (R.G. II 18. 2. 1887, E. XV 305.)

Eine andere Entscheidung gelangt zu folgenden „Rechtsgrundsätzen": „I. Einer in öffentlicher Versammlung zur Ausführung der Versammlungsbeschlüsse gewählten und zu diesem Zwecke auf längere Dauer zusammengetretenen Kommission kann um deswillen, weil dieselbe lediglich als Ausschuss der Versammlung erscheint, die Eigenschaft eines Vereins nicht abgesprochen werden. II. Eine irrige Auffassung des Begriffs ‚Verein' entschuldigt nicht." (R.G. II 2. 11. 1888, R. X 611.)

Selbst wenn man mit der Mehrzahl dieser Entscheidungen im Endergebnis einverstanden ist, wird man doch zugeben, dass ihre Begründung in den meisten Fällen unzulänglich ist. Das wesentlichste Bedenken besteht natürlich auch hier darin, dass ein Satz an die Spitze gestellt ist, dessen Richtigkeit ohne weitere Erörterung angenommen wird: eben der Satz, dass ein Irrtum nur über ausserstrafrechtliche Rechtssätze entschuldige.

Aber auch die Richtigkeit dieses Satzes vorausgesetzt, erfolgt seine Handhabung nicht mit solcher Sicherheit, dass man bei der Entscheidung neuer, vom Reichsgericht noch nicht behandelter Fälle mit einiger Bestimmtheit die Stellung unsres höchsten Gerichts vorhersagen könnte.

Ein Gedanke negativen Inhalts tritt indessen gerade aus diesen Ausführungen über den Subsumtionsirrtum mehrmals hervor, schärfer als in den vorher behandelten Fällen: Es ist noch nicht ohne weiteres ein schuldausschliessender Irrtum dann gegeben, wenn er auf einen solchen Begriff Bezug hat, der auch in anderen Rechtsgebieten eine Rolle spielt: so betreffs der „Geschwister", der „Verschwägerten" und der „Lotterie". Dieser Ansicht ist durchaus zuzustimmen. Allein es fehlt jede grundsätzliche Auseinandersetzung, warum diese Fälle anders zu behandeln seien; warum hier das Strafrecht von etwaigen civilrechtlichen Definitionen unabhängig ist.

XVII.

Eine letzte Gruppe von Fällen wäre geeignet, einen Massstab abzugeben für die Tiefe oder Flachheit des Gedankens, der dem Satze vom ausserstrafrechtlichen Rechtsirrtum zu Grunde liegt: es sind das die Fälle, in denen **ein Delikt Thatbestandsmerkmal eines anderen Delikts** ist.[1])

Eine wörtlich konsequente, aber freilich sehr äusserliche und sich selbst richtende Interpretation der Lehre vom ausserstrafrechtlichen Rechtsirrtum müsste es als einen irrelevanten Irrtum ansehen, wenn der Thäter hinsichtlich dieses sekundären Delikts über Momente irrt, die, falls die Begehung dieses Delikts in Frage stände, als strafrechtliche anzusehen wären.

Ein Beispiel: X hat von Y ein Pferd gekauft; Y zögert böswillig mit der Übergabe. X glaubt, zu der heimlichen Wegführung des Pferdes berechtigt zu sein, obwohl er weiss, dass er noch nicht Eigentümer ist. Dieser Glaube würde nach der herrschenden Meinung den Diebstahlsvorsatz nicht aus-

---

[1]) I. Ein in der Vergangenheit oder Gegenwart begangenes Delikt:

§ 164: Wer einen andern „der Begehung einer strafbaren Handlung beschuldigt".

§ 257: „Wer nach Begehung eines Verbr. oder Verg. dem Thäter Beistand leistet."

§ 259: Sachen, welche „mittels einer strafb. Handlung erlangt sind".

§ 346: „Ein Beamter, welcher die Verfolgung einer strafb. Handlung unterlässt."

§ 214: „Wer bei Unternehmung einer strafb. Handlung einen Menschen tötet."

§ 252: „Wer, bei einem Diebstahl auf frischer That getroffen, gegen eine Person Gewalt verübt."

II. Ein in der Zukunft zu begehendes Delikt:

§ 49a: Aufforderung (oder Erbieten) „zur Begehung eines Verbrechens".

§ 85: Aufforderung zu „einer nach § 82 strafb. Handlung".

§ 111: Aufforderung „zur Begehung einer strafb. Handlung".

§ 357: „Ein Amtsvorgesetzter, welcher seine Untergebenen zu einer strafb. Handlung im Amte vorsätzlich verleitet."

§ 139: „Wer von dem Vorhaben eines Hochverrats etc. Kenntnis erhält."

§§ 106, 107: Bedrohung mit einer strafbaren Handlung.

§§ 240, 241: Bedrohung mit einem Verbrechen (oder Vergehen, § 240).

§ 126: Androhung eines gemeingefährlichen Verbrechens.

§ 254: Bedrohung mit Mord, Brandstiftung etc.

schliessen. Nachdem X seinen Plan ausgeführt, sucht Y das Pferd. A, welcher ebenfalls an das Recht von X glaubt, nimmt das Pferd in Verwahrung, damit es nicht wieder in die Hände von Y falle. Die Frage wäre, ob A wegen Begünstigung strafbar ist. Eine folgerichtige Durchführung der reichsgerichtlichen Lehre müsste zur Bestrafung führen, da offenbar der Irrtum des A denselben „strafrechtlichen“ Rechtssatz betrifft, wie der des X.

Welche Stellung die Verteidiger des Satzes vom ausserstrafrechtlichen Rechtsirrtum zu derartigen Fällen einnehmen würden, ist nicht klar ersichtlich. —

Auszuscheiden sind die §§ 164 und 346 St.G.B., in deren Wesen es liegt, dass der Thäter sich der Strafbarkeit des sekundären Deliktes bewusst war. Ebensowenig wird über § 252 St.G.B. eine Meinungsverschiedenheit entstehen können, da hier lediglich ein qualifizierter Diebstahl vorliegt, die Vorsatz-Erfordernisse also dem § 242 entsprechend aufzustellen sind.

Dagegen könnte die hier aufgeworfene Frage praktisch werden bei folgenden Delikten, über die indessen, so viel ich sehe, in dieser Hinsicht noch keine Meinungsäusserung vorliegt: §§ 85, 106, 107, 111, 139, 214, 254, 357.

Das Reichsgericht hat sich nur in wenigen Fällen zu dieser Frage geäussert:

1. Bei § 49a scheint das Reichsgericht die auch in der Litteratur[1]) herrschende Meinung zu vertreten, dass der Vorsatz nur die „Kenntnis derjenigen Umstände, welche die That, rechtlich gewürdigt, als Verbrechen erscheinen lassen“, (Frank), zu umfassen brauche.

---

[1]) Meves, Die Strafgesetznovelle v. 26. 2. 76 (1876) S. 832f. — Frank § 49a V 1; Meyer (5. Aufl.) S. 244. — Dagegen verlangt Olshausen § 49a Anm. 8: „Bew. v. d. Normwidrigkeit der Handlung, zu welcher aufgefordert wird.“ — v. Liszt, Lehrbuch, hatte in der 4.—7. Aufl. Bewusstsein der Strafbarkeit verlangt, während er jetzt die Frage nicht mehr berührt. Gemäss seiner jetzigen Theorie vom Subsumtionsirrtum muss v. Liszt m. E. nicht nur Kenntnis der Strafbarkeit, sondern Kenntnis der „Verbrechens“-Natur (im technischen Sinne) fordern.

a) Angeklagter hatte den Dr. B. brieflich gebeten, ihm ein Abtreibungsmittel für ein von ihm geschwängertes Mädchen zu verschaffen. Er war aus § 49a verurteilt, seine Revision wurde verworfen. „Hat, wie feststeht, Angeklagter, wenn er auch die Strafbarkeit der Abtreibung der Leibesfrucht und folgeweise der Beihilfe zu derselben kannte, nicht gewusst, dass seine Aufforderung an Dr. B. als Aufforderung zu einem Verbrechen den Strafbestimmungen des § 49a unterliege, so befand er sich in Unkenntnis des auf seine beabsichtigte Handlung anwendbaren Strafgesetzes, er wusste nicht, dass das Begriffsmerkmal des § 49a, dass zu einem Verbrechen oder zu einer Teilnahme an demselben aufgefordert worden sein müsse, auch die Aufforderung zur Beihilfe an einer beabsichtigten Abtreibung der Leibesfrucht einer Schwangeren in sich begreife. Ein solcher Rechtsirrtum über den Inhalt und Umfang des Strafgesetzes wird nicht entschuldigt. — Hiervon verschieden liege der Fall, wenn die Anwendbarkeit des § 59 St.G.B. in Frage käme, wie die Strafkammer an sich anzunehmen scheint, indem sie die Aufforderung zur Begehung eines Verbrechens oder zur Teilnahme an einem solchen zu den Thatumständen des § 49a rechnet. Allein diese Aufforderung ist nicht ein Thatumstand, sondern ein Begriffsmerkmal zum Thatbestand des § 49a, und der § 59 behandelt nicht Unkenntnis von Begriffsmerkmalen, deren Gesamtheit das Strafgesetz bildet, sondern von Thatumständen, welche zum gesetzlichen Thatbestande gehören, d. h. unter eines dieser gesetzlichen Begriffsmerkmale fallen." (R.G. II 31. 1. 1890, E. XX 198).[1]

b) Angeklagter hatte den U. aufgefordert, mit ihm zusammen einen Diebstahl zu begehen. Angeklagter selbst war bereits zweimal wegen Diebstahls bestraft, sodass die That auf seiner Seite ein „Verbrechen" dargestellt hätte. Er wurde nunmehr aus § 49a verurteilt, weil er den U. zur „Teilnahme an einem Verbrechen" aufgefordert habe. Das R.Ger. hält dies für unrichtig: Zwar würde bei dem Angeklagten ein Verbrechen vorgelegen haben, nicht aber bei U., „da die Rückfälligkeit nur als persönliche Eigenschaft desjenigen, bei dem sie besteht, der an sich als Vergehen strafbaren That den Charakter des Verbrechens aufprägt. In der Aufforderung zur Begehung oder zur Teilnahme an einem einfachen Diebstahle würde die Aufforderung zu einem Verbrechen nur dann gefunden werden können, wenn bei dem Aufgeforderten, wie der Auffordernde weiss, die Voraussetzungen des wiederholten Rückfalles vorhanden sind und deshalb seine That im Falle der Begehung als Verbrechen sich charakterisieren würde." (R.G. Feriensenat 29. 8. 1899, E. XXXII 268.)

Das erstgenannte Urteil ist wichtig wegen seiner Scheidung von „Begriffsmerkmalen" und „Thatumständen". Nach ihm soll gemäss § 59 der Vorsatz sich nur auf die letzteren be-

---

1) Vgl. über dies Urteil die eingehende Besprechung von Frank Z. XII (1892) S. 281 ff.; ferner oben S. 88, Anm. 1.

ziehen, eine Regel, die von Frank a. a. O. im Sinne des Reichsgerichts dahin interpretiert wird, dass der Vorsatz nur „sinnfällige Erscheinungen" zu umfassen habe. Damit setzt sich indessen das Reichsgericht durchaus in Widerspruch zu seiner sonstigen Praxis, welche glücklicher Weise diese Beschränkung nicht kennt.[1]) Auch bei § 49a kann das Reichsgericht die Frage nicht umgehen, wieweit der Vorsatz hier über die Kenntnis der sinnfälligen Erscheinungen hinauszugehen habe, oder aber: warum er gerade hier auf solche zu beschränken sei. Auch aus der zweiten Entscheidung ist eine Antwort hierauf nicht zu entnehmen.

Man geht vielleicht nicht fehl, wenn man die Stellungnahme des Reichsgerichts auf die Erwägung zurückführt, dass die Frage, ob eine Handlung sich als „Verbrechen" darstellt, eine strafrechtliche sei. Sollte dies in der That den Ausschlag gegeben haben, so wäre dies ein weiterer Beweis dafür, wie man allmählich den eigentlichen Sinn des Satzes vom ausserstrafrechtlichen Rechtsirrtum aus den Augen verloren hat: Ein Irrtum über die strafrechtliche Qualifikation der vom Thäter begangenen Handlung kann ihn nicht entschuldigen. Hier ist aber ein von einem anderen zu begehendes Verbrechen Thatbestandsmerkmal. Dieser Erscheinung gegenüber wäre eine blosse Berufung auf den Satz vom „strafrechtlichen" und „ausserstrafrechtlichen" Rechtsirrtum keinesfalls ausreichend.[2])

Gegen die Entscheidung b besteht ein weiteres — hier nur in zweiter Linie wichtiges — Bedenken: Die Begründung wäre in sich logisch, wenn es sich um Aufforderung zur Begehung eines Verbrechens handeln würde, wenn also der

---

[1]) Siehe die Zusammenstellung oben S. 104 f.

[2]) Dass der Thäter die Natur der von ihm veranlassten u. s. w. Handlung als „Verbrechen" nicht zu kennen brauche, wird bisweilen auch aus der analogen Behandlung der „Anstiftung" gefolgert. So Abg. Schwarze in der Sitzung des Reichstags vom 24. Januar 1876 (Sten.Ber. S. 878). Das Argument wäre nur dann richtig, wenn § 49a eine Form der „Teilnahme" regeln, nicht aber ein delictum sui generis aufstellen wollte. — Frank (St.G.B. § 49a V 1) begründet seine Ansicht, dass vom Thäter nicht „das Bewusstsein davon, dass sie strafbar oder gar, dass sie ein Verbrechen sei" gefordert werden dürfe, lediglich mit der Bemerkung: „Braucht doch der Thäter selbst hiervon nichts zu wissen!"

Diebstahl auf der Seite des Aufgeforderten wegen Rückfalls ein „Verbrechen“ gewesen wäre und der Thäter hiervon nichts gewusst hätte. Dort stand aber zur Entscheidung die Aufforderung zur Teilnahme an einer Handlung des Auffordernden; und diese bildete, wie der Auffordernde wusste, ein „Verbrechen“. § 50 St.G.B. ist hier nicht etwa anwendbar. Dieser sagt nur, dass dem Teilnehmer (hier dem Aufgeforderten) für seine Bestrafung die Rückfälligkeit des Hauptthäters (hier des Auffordernden) nicht anzurechnen ist; dass er also kein „Verbrechen“ begeht. Trotzdem beteiligt er sich im Sinne des § 49a an einem solchen.

2. Ähnlich ist die Stellung des Reichsgerichts zu § 257 St.G.B.

a) Der Angeklagte war wegen Begünstigung verurteilt, weil er die von zwei Defraudanten in seine Wohnung gebrachten Butterquantitäten aufgenommen habe. Das R.Ger. hob auf. Ob die Zolldefraudation im Einzelfalle ein Vergehen oder nur eine Übertretung sei, richte sich nach der Höhe der Strafe, die gemäss § 135 V.Z.G. dem vierfachen Betrage der vorenthaltenen Abgabe gleichkommt. Im vorliegenden Falle nun habe die Strafe für die oben genannten Quantitäten 150 Mark nicht überstiegen. Allerdings seien noch weitere Defraudationen verübt worden, aber es sei nicht festgestellt, dass der Angeklagte auch von diesen Kenntnis gehabt habe. Sonach fehle der Dolus des § 257. „Wissentlich leistet jemand nach Begehung eines Verbrechens oder Vergehens dem Thäter oder Teilnehmer Beistand, wenn er die von demselben begangene Strafhandlung kennt. . . . Jenes Bewusstsein (der betr. dolus) ist der richtigen Ansicht nach so zu verstehen, dass zwar auf der einen Seite die Kenntnis des Angeklagten von der Strafbarkeit der begünstigten Handlung im allgemeinen nicht ausreicht, andererseits aber keineswegs Wissenschaft von der speziellen konkreten Gestaltung des Verbrechens oder Vergehens im Einzelfalle, nicht Kenntnis davon erforderlich ist, welche Stellung das letztere im Systeme des St.G.B. einnimmt, wie das Verbrechen oder Vergehen genannt wird. Der Begriff des ‚wissentlich‘ Beistand leisten erfordert aber allerdings, dass der Angeklagte bei der Beistandleistung das thatsächliche Vorhandensein derjenigen Merkmale kannte, worin das Gesetz irgend ein Verbrechen oder Vergehen ausgeprägt findet. Straflosigkeit würde also anzuerkennen sein, wenn die Haupthandlung, welche wissentlich begünstigt worden, nur als Übertretung nach dem Strafgesetz sich darstellt.“ (R.G. I 26. 9. 1881, E. V 28.)

b) Der Angeklagte habe zwar „nicht gewusst, wie die Strafthat, deren Verfolgung sich J. durch die Flucht entziehen wollte, zu qualifizieren sei“. Er habe aber „gewusst, dieselbe sei eine schwere, also entweder ein Verbrechen oder ein Vergehen. Diese Feststellung genügt zur Begründung des Thatbestandmerkmales, welches § 257 St.G.B. mit dem Worte ‚wissentlich‘ erfordert. . . . Selbstverständlich kann in besonderen Fällen, insbesondere wenn die Grenze zwischen Vergehen und Übertretungen von quantitativen Unterschieden abhängt (vgl. E. V 28), eine speziellere Feststellung zur Begründung der Thatbestandsmerkmale des § 257 sich als notwendig herausstellen.“ (R.G. II 27. 11. 1885, E. XIII 81.) [Der Sachverhalt ist leider nicht ersichtlich.]

c) Der Begünstiger sei zwar straflos, wenn er angenommen habe, der Thäter habe nur eine Übertretung begangen. Wenn aber der Thäter eine Unterschlagung begangen habe und dem Begünstiger vorspiegele, er habe eine Körperverletzung begangen, so sei das gleichgültig. Denn beides seien „Vergehen“. (R.G. II 15. 10. 1886, R. VIII 621.)

d) „Hat derjenige, dem eine Begünstigung des Thäters nach Begehung einer Entwendung von Holz in einem Forst zur Last gelegt wird, zwar das Vorliegen der Thatbestandserfordernisse gekannt, die die That als Forstdiebstahl charakterisieren, nicht aber gewusst, dass ein Moment vorlag, welches die Anwendung des Forstdiebstahlgesetzes ausschliesst und die That im Sinne des § 242 St.G.B. strafbar macht, so kann ihm dieses Moment nicht zugerechnet werden; der Thäter ist zwar nach letzterem Gesetze zu bestrafen, dem Begünstiger aber nur die Begünstigung eines Forstdiebstahles zur Last zu legen.“ (R.G. IV 21. 10. 1898, E. XXXI 285.)

Das Unternehmen, aus diesen vier Erkenntnissen heraus eine Regel von allgemeiner Bedeutung aufzustellen, wird sich auf zwei Fragen konzentrieren: Erstens: Wieweit muss der Begünstiger über das, was der Hauptthäter gethan, unterrichtet sein? Zweitens: muss der Begünstiger wissen, dass die That des Hauptthäters eine „strafbare“ Handlung oder gar ein „Verbrechen oder Vergehen“ bildet?

In ersterer Hinsicht verlangen Urteil a und d Kenntnis von dem „thatsächlichen Vorhandensein derjenigen Merkmale, worin das Gesetz irgend ein Verbrechen oder Vergehen ausgeprägt findet“ (a). Ob der Thäter gerade dies Verbrechen oder Vergehen begangen hat oder ein anderes, von dem der Begünstiger in thatsächlicher Hinsicht nichts ahnt, ist ausweislich der Worte „irgend ein“ — ausdrücklich bestätigt in Urteil c — einerlei.[1]) Damit steht freilich in Widerspruch das in Urteil a aufgestellte Erfordernis: der Begünstiger müsse „die von demselben [scil. dem Hauptthäter] begangene Strafhandlung kennen“.

[1]) Ob dies richtig ist oder nicht, interessiert an dieser Stelle nicht. Es handelt sich hier nicht um einen sog. Rechtsirrtum, sondern um ein eigenartiges Analogon zum error in objecto.

Zweitens muss der Begünstiger diese gekannte — oder auch nur statt der wirklich begangenen irrig angenommene — Handlung nicht nur für „strafbar" gehalten (Urteil a), sondern darüber hinaus sie irgend wie richtig in Beziehung zum Strafgesetz gebracht haben (Urteil a: „. . . Kenntnis von der Strafbarkeit nicht ausreicht . . ."). Damit geht das Reichsgericht über seine Behandlung des § 49a erheblich hinaus. Freilich die entscheidende Frage, wieweit die rechtliche Beurteilung der Thäterhandlung durch den Begünstiger richtig gewesen sein müsse, erfährt keine allgemein verwertbare Beantwortung. Nicht wird verlangt die Kenntnis von der Benennung des Delikts (a) und von seiner Stellung im System (a). Dagegen muss der Begünstiger offenbar gewusst haben, die That sei „eine schwerere, also entweder ein Verbrechen oder ein Vergehen" (b). Worin aber diese Qualifikation der Haupthat als einer „schwereren" bestehen soll, ist unerfindlich und damit auch das über die Kenntnis der „Strafbarkeit" hinaus geforderte Plus.

Das an dieser Stelle wichtigste Bedenken geht aber dahin, dass die Forderung, der Begünstiger müsse die „Strafbarkeit" der Haupthat gekannt haben, jeder Begründung entbehrt. Das Reichsgericht macht keinen Versuch, eine solche entweder aus der allgemeinen Natur der „Thatbestandsmerkmale" oder aus der besonderen Natur des Vergehens der „Begünstigung" heraus zu geben. Die Judikatur über § 257 besitzt deshalb ebenso geringen prinzipiellen Wert, wie die über § 49a.

§ 13.

Der ausserstrafrechtliche Rechtsirrtum.

B. Dogmengeschichte.

Bei der Sicherheit und Selbstverständlichkeit, mit der der Satz von der Irrelevanz des strafrechtlichen und der Relevanz des ausserstrafrechtlichen Rechtsirrtums von vielen Kriminalisten, so auch vom Reichsgericht, aufgestellt wird, könnte man geneigt sein, ihn für althergebracht und wohlfundiert zu halten. Dem ist indessen nicht so.

I. Freilich ist die Erkenntnis nicht neu, dass nur der Irrtum über die That, nicht über ihre Rechtsfolgen von Strafe befreit. Den Versuch, diesen Satz ohne jede weitere doktrinäre Unterscheidung auszusprechen, hat z. B. das österreichische „Strafgesetz über Verbrechen, Vergehen und Übertretungen“ vom 27. Mai 1852 gemacht. Nach ihm wird „die Handlung oder Unterlassung nicht als Verbrechen zugerechnet, wenn ein solcher Irrtum mit unterlief, der ein Verbrechen in der Handlung nicht erkennen liess“ (§ 2 litt. e); dagegen: „Mit der Unwissenheit des gegenwärtigen Gesetzes über Verbrechen kann sich niemand entschuldigen“ (§ 3). Dass hiermit die richtige Abgrenzung „That-Rechtsfolgen“ zum Ausdruck gebracht werden sollte, kann wohl angenommen werden.

Aber die richtige Erkenntnis kam nicht immer zum richtigen Ausdruck, am wenigsten in dem angeführten österreichischen Gesetz, dessen Formulierung für die Irrwege der Folgezeit charakteristisch ist. Ein Irrtum, der das „gegenwärtige Gesetz über Verbrechen betrifft“, lässt eben „ein Verbrechen in der Handlung nicht erkennen“. Denn erst jenes Gesetz macht eine Handlung zum „Verbrechen.“ Dem Thäter also, der auf § 2 litt. e sich berufend sagt: „Ich habe in meiner Handlung kein Verbrechen erkannt,“. kann der Richter offenbar den § 3 entgegenhalten und ihn trotz seines Irrtums verurteilen. Diese Auslegung wäre nicht ohne weiteres richtig — es wird später darauf zurückzukommen sein, dass in § 2 „Verbrechen“ im materiellen, in § 3 im formellen Sinn aufzufassen ist — aber sie liegt nahe und beleuchtet deutlich, wo die entscheidende Schwierigkeit der Lehre zu suchen ist.

Ist die Formulierung, die das österreichische Gesetz bot, insofern unglücklich, als sie im Grunde lediglich einen selbstverständlichen Satz in schwer verständlicher Weise ausspricht, ohne etwas zu seiner leichteren Handhabung beizutragen,[1]) so bringt ein nur drei Jahre jüngeres Gesetz eine noch unheilvollere Formulierung: Es sucht den Schwierigkeiten abzuhelfen,

---

[1]) Über die widerspruchsvolle österreichische Praxis, die sich in ähnlichen Bahnen bewegt wie die deutsche, siehe die Darstellung und treffende Kritik bei Rosenblatt, Der Rechtsirrtum vor dem Strafrichter in der Judikatur des obersten Gerichts und Kassationshofes in Wien G.S. LXI (1902) S. 1—48.

indem es zwischen strafrechtlichen und ausserstrafrechtlichen Normen unterscheidet; unheilvoll insofern, als es zur Erläuterung einer schwierigen Unterscheidung („That-Rechtsfolgen") eine weit schwierigere, ja undurchführbare aufstellt. Es ist das Strafgesetzbuch für das Königreich Sachsen vom 13. August 1855 in den Artikeln 95 und 97, von denen der Art. 95 im wesentlichen dem Art. 68 des Sächsischen Kriminalgesetzbuchs vom 30. März 1838 entspricht, während der Art. 97, soweit er hier in Betracht kommt, ohne Vorgänger ist.

Art. 95. Irrtum oder Unwissenheit über Thatsachen, durch welche eine an sich erlaubte Handlung zu einem Verbrechen, oder eine schon an sich strafbare Handlung zu einem schwereren Verbrechen wird, schliessen die Zurechnung aus, soweit sie auf die Handlung von Einfluss gewesen sind ....

Durch Unbekanntschaft mit dem Gesetze, welches die Handlung mit Strafe bedroht, wird ein begangenes Verbrechen ebensowenig, als durch den Wahn, als ob dieselbe nach dem Gewissen oder der Religion erlaubt oder verdienstlich sei, entschuldigt.

Art. 96. [In gewissen Fällen, die hier nicht interessieren, soll die Strafe auf höchstens die Hälfte ermässigt werden.]

Art. 97. Dieselbe Bestimmung tritt ein, wenn .... die Handlung aus einem Rechtsirrtume hervorgegangen ist, welcher sich nicht auf das Strafgesetz, sondern auf andere bei der Handlung in Betracht kommende Rechtsgrundsätze bezieht.

Hier tritt uns der erste und meines Wissens letzte Versuch entgegen, die Dreiteilung — Thatirrtum, ausserstrafrechtlicher Rechtsirrtum, Strafrechtsirrtum — gesetzlich zu sanktionieren.

Die „Motive" rechtfertigen die Sonderstellung und mildere Bestrafung der zweiten Irrtumsart („eigentlicher Rechtsirrtum im Gegensatz zur Gesetzunkunde") mit Billigkeitserwägungen: „Wollte man beim Vorhandensein eines Rechtsirrtums der letzteren Art (§ 97) unbedingt die volle strafrechtliche Zurechnung gestatten, so würde man mit dem Leben und der Erfahrung in Widerspruch treten, da gegen solchen Irrtum selbst der Rechtsgelehrte nicht vollkommen sicher ist."

Von der Sonderbarkeit des angeführten Grundes selbst können wir zunächst absehen. Die Art der Beweisführung aber ist lehrreich dafür, wie der falsche, oben in § 2 und § 3 gekennzeichnete Weg zu der verhängnisvollen Dreiteilung geführt hat. Man fragte nicht positiv nach dem Inhalt des Vorsatzes, sondern negativ nach dem Einfluss des Irrtums und behandelte demgemäss den „Irrtum“ an einer anderen Stelle als die Schuld, diese im vierten, jenen im siebenten Kapitel (der Kommentator Krug[1]) sah hierin einen besonderen Vorzug des sächsischen Gesetzbuchs vor den übrigen). Die Folge war die schroffe Unterscheidung von Thatirrtum und Rechtsirrtum und weiterhin die Notwendigkeit, eine Gruppe des Rechtsirrtums aus diesem wieder herauszunehmen. Dass man sie aber nicht wenigstens dem Thatirrtum gleich behandelte, zeigt, wie weit man davon entfernt war, ihre völlige Wesensgleichheit mit diesem zu erkennen.[2])

Noch sonderbarer als die Vorschriften des Gesetzes selbst, sind die erläuternden Ausführungen von Krug,[3]) der noch eine vierte Art des Irrtums konstruiert. Nach Erörterung der in § 95 Abs. 2 und in § 97 normierten Irrtumsarten fährt er fort: „Dabei ist übrigens noch zu bedenken, dass nicht alle Fälle, die sich auf eine irrige Gesetz-Auslegung oder -Anwendung zurückführen lassen, als Rechtsirrtum zu prädizieren sind. Besteht der Irrtum in der irrigen Auffassung eines eingetretenen thatsächlichen Verhältnisses, so dürfte er, wie im Civilrechte, so auch im Kriminalrechte, als ein thatsächlicher Irrtum zu behandeln sein, wenn auch die irrige Auffassung auf Rechtsunkunde beruhte.“ Krug führt zwei Fälle an: Ein Mann heiratet eine Frau, die er und der trauende Geistliche aus Rechtsunkenntnis für von ihrem Mann geschieden hielten, während nur eine zeitweilige Trennung von Tisch und Bett vorlag. Oder: Jemand bringt bei einem Manifestationseid die Hälfte der Hochzeitsgeschenke, welche seiner Frau von ihren Verwandten gegeben waren, nicht in Ansatz. In beiden Fällen sei der Rechtsirrtum dem thatsächlichen Irrtum gleich zu behandeln, nach § 95 habe also Freisprechung zu erfolgen.

---

[1]) Krug, Abhandlungen aus dem Strafrechte zur Erläuterung des St.G.B. für das Königreich Sachsen (Leipzig 1855), No. VIII (S. 188—227): Über die legislative Behandlung des Irrtums im Strafrecht und über Zurechnung im allgemeinen, bes. S. 199 ff.

[2]) Vergl. hierzu Krug a. a. O. S. 218 ff.

[3]) A. a. O. S. 196 ff. — Vgl. auch seinen Kommentar zum Sächs. St.G.B. (2. Aufl., Leipzig 1861) Anm. 6 zu § 97.

Das Sächsische Strafgesetzbuch konstruiert also nach Krug vier Arten des Irrtums: 1. Thatirrtum (straflos). — 2. Rechtlich irrige Auffassung eines thatsächlichen Verhältnisses (gleich Thatirrtum straflos). — 3. Rechtsirrtum über „andere bei der Handlung in Betracht kommende Rechtsgrundsätze“ (vermindert strafbar). — 4. Strafrechtsirrtum (strafbar).

In den Fällen unter No. 2 zeigt sich bereits eine richtigere Auffassung. Wie sie aber nach dem Gesetz zu rechtfertigen sind, wie eine derartige dem Thatirrtum gleich zu behandelnde Gruppe gegen die Fälle des § 97 abzugrenzen sein soll, das bleibt, trotzdem Krug bei der Abfassung des Gesetzes mitwirkte, völlig dunkel.

Unmittelbar nach der gesetzlichen Normierung der Dreiteilung zeigt sich also bereits die Unmöglichkeit, sie scharf durchzuführen. Statt aber zu einer Zweiteilung — wenn auch unter anderen Gesichtspunkten — zurückzukehren, versuchte man es mit einer Vierteilung! So wird man nicht behaupten können, dass die Lehre vom ausserstrafrechtlichen Rechtsirrtum sich sehr glücklich eingeführt hat.

II. Intensiver als die Gesetzgebung hat sich die Litteratur mit der Präzisierung der Irrtumsarten befasst.

Nach kurzen Andeutungen von C. G. v. Wächter[1]) und Jarcke[2]) dürfte Luden[3]) der erste gewesen sein, der den ausserstrafrechtlichen Rechtsirrtum von dem Strafrechtsirrtum scharf zu scheiden unternahm. Seine Ausführungen entsprechen der jetzt herrschenden Meinung. Wieweit sie auf das Sächsische Gesetz Einfluss hatten, wird sich kaum feststellen lassen.

Nach dem Erscheinen des Sächsischen Strafgesetzbuchs (1855) wurde die Frage häufiger und eingehender diskutiert,

---

[1]) Wächter, Lehrbuch des röm.-teutschen Strafrechts I (1825) S. 121.

[2]) Jarcke, Handbuch des gemeinen deutschen Strafrechts III (1830) S. 72 Anm. 20.

[3]) Luden, Handbuch des deutschen gemeinen und partikularen Strafrechts I (1842) S. 266 ff. — Gegen Luden wendet sich Temme, Lehrbuch des Preussischen Strafrechts (1853) S. 191, mit der auch gegen die späteren Vertreter der Lehre durchaus zutreffenden Bemerkung, dass ihre Ausführungen sich in einem Cirkel bewegen.

neben Hälschner[1]) insbesondere von Gessler,[2]) Mittermaier[3]) und Drenkmann.[4])

Gessler unterscheidet zunächst die drei mehrfach genannten Arten des Irrtums. Bei der sehr eingehenden Durchführung und kasuistischen Prüfung seiner Leitsätze ergiebt sich ihm das keineswegs überraschende Resultat, dass die irrige Auffassung eines einzelnen Thatumstandes meist identisch ist mit der irrigen Auffassung, im Einzelfalle also mit der völligen Unkenntnis des Strafgesetzes. Da er jene Fälle straflos lassen, diese aber strafen will, wird er zu den subtilsten Unterscheidungen gedrängt, denen im einzelnen hier zu folgen sich um so weniger lohnt, als es ihnen nicht gelingt, die Schwierigkeit zu heben. Einen Einfluss auf seine Nachfolger hat Gessler demgemäss auch nicht ausgeübt.

Mittermaier bildet gar vier Gruppen des Rechtsirrtums. Er soll vorkommen können: 1. insofern der Thäter das Dasein des einschlägigen Strafgesetzes nicht kannte; 2. oder nach den Umständen, unter denen er handelte, annehmen konnte, dass er nicht strafbar handle; 3. insofern er nach der Auffassung des Strafgesetzes dasselbe nicht auf seine Handlung als anwendbar betrachtet; 4. insofern er über die Grösse der gedrohten Strafe irrte. In dem ersten und letzten Fall soll der Irrtum irrelevant sein, in dem zweiten und dritten soll er in der Regel berücksichtigt werden. Eine schärfere Abgrenzung der Gruppen suchen wir aber vergebens.

Dies hat denn auch Drenkmann mit Recht gegen Mittermaier hervorgehoben. Er beschränkt sich wieder auf die hergebrachte Zweiteilung des Rechtsirrtums und will dem faktischen Irrtum gleich behandeln den Irrtum, der „sich in dem Irrtum über eine wirkliche Thatsache konzentriert, welche zum Thatbestande des Strafgesetzes gehört und aus verschie-

---

[1]) Kurze Bemerkungen in Hälschners System des Preussischen Strafrechts II (1858) S. 39.

[2]) Gessler, Über den Einfluss des Rechtsirrtums im Strafrecht, G.S. Bd. 10 (1858) S. 217—287, 307—359.

[3]) Mittermaier in G.A. Bd. VII (1859) S. 180. — Gegen ihn Gessler, Über den Begriff und die Arten des Dolus (1860) S. 268 und Häberlin, Über den Irrtum im Strafrecht, Beilageheft zum G.S. Bd. 17 (1865) S. 11 ff.

[4]) Drenkmann, Über den Einfluss des Rechtsirrtums auf die rechtliche Beurteilung strafbarer Handlungen, G.A. Bd. 8 (1860) S. 168—174.

denen, nur mittelst Rechtskenntnis miteinander zu verbindenden sachlichen Elementen besteht". Damit wird des Rätsels Lösung wieder abhängig gemacht von einer richtigen Umgrenzung des „Thatbestands". In der That, darum handelt es sich; das wird auch selten verkannt. Aber auch Drenkmanns Ausführungen lassen uns an diesem entscheidenden Punkt, wo der gebahnte Weg aufhört, im Stich. Wie jene Grenze zwischen Thatbestand und Rechtsfolge zu ziehen ist, erfahren wir wiederum nur an Beispielen. Da eine prinzipielle Begründung fehlt, kann jeder Entscheidung, die Drenkmann giebt, mit dem gleichen Schein von Berechtigung die umgekehrte gegenübergestellt werden. So in dem auch vom Reichsgericht entschiedenen Fall: Ein Bankerotteur hielt sich in Unkenntnis der §§ 407 ff. II 8 A.L.R. nicht für einen Kaufmann. Ein derartiger Irrtum schliesse die Zurechnung aus. Das Reichsgericht entscheidet den entsprechenden Fall bekanntlich umgekehrt (oben S. 131), da das Strafgesetz durch Aufnahme des Begriffs „Kaufmann" diesen zu einem strafrechtlichen mache. Weder Drenkmann noch das Reichsgericht geben aber Kriterien für die Abgrenzung des „Thatbestands", die uns gestatteten, die eine Entscheidung für richtiger als die andere zu halten.

Doch ein Kriterium giebt Drenkmann; aber eines, das der Lehre vom ausserstrafrechtlichen Rechtsirrtum nicht gerade zum Ruhm gereicht: „Aus den aufgestellten Grundsätzen dürfte sich endlich von selbst ergeben, dass auch der Rechtsirrtum, der zwar nicht unmittelbar das einschlagende Strafgesetz, wohl aber ausserhalb desselben liegende civilrechtliche Bestimmungen betrifft, auf welche das Strafgesetz ausdrücklich Bezug nimmt, unwirksam ist. Denn diese Bestimmungen sind ein integrierender Teil des Strafgesetzes und ihre Unkenntnis oder falsche Auslegung kann daher ebensowenig wie die des Strafverbotes selbst entschuldigt werden. So kann der Wucherer auf Unkenntnis der Vorschriften über die Höhe des erlaubten Zinsfusses sich nicht berufen, weil der § 263 St.G.B.[1]) auf

[1]) Preuss. St.G.B. vom 14. April 1851 § 263: „Wer sich von seinen Schuldnern höhere Zinsen, als die Gesetze zulassen, vorbedingt oder zahlen lässt und entweder diese Überschreitung gewohnheitsmässig betreibt, oder das Geschäft so einkleidet, dass dadurch die Gesetzwidrigkeit versteckt wird, ist wegen Wuchers . . . . zu bestrafen."

diese supplementären Regeln ausdrücklich verweist". Dass dieses Merkmal unbrauchbar ist, sollte einem Zweifel nicht unterliegen können. Nimmt nicht ebenso „ausdrücklich" der Diebstahlsparagraph Bezug auf die Eigentumsvorschriften, das Gesetz gegen die Bigamie Bezug auf die Vorschriften, nach denen sich das Bestehen oder Nichtbestehen der ersten Ehe bemisst? Auf diese Vorschriften aber soll sich der Thäter nach Drenkmann mit Erfolg berufen dürfen.

III. Den Satz vom ausserstrafrechtlichen Rechtsirrtum bis in die neueste Litteratur[1]) zu verfolgen, ist wenig fruchtbar. Eine wesentliche Um- oder Ausgestaltung hat er hier gegenüber der oben geschilderten reichsgerichtlichen Praxis nicht erfahren. Es mehren sich die Stimmen, die ihn gänzlich verwerfen.[2]) Die Vorschläge, was an seine Stelle zu setzen, sind oben an verschiedenen Orten besprochen worden.

§ 14.

Der ausserstrafrechtliche Rechtsirrtum.

C. Kritik.

Die Betrachtung der reichsgerichtlichen Judikatur hat dargethan, dass eine befriedigende Anwendung des Satzes vom ausserstrafrechtlichen Rechtsirrtum trotz einer Fülle von Entscheidungen bisher nicht gelungen ist. Damit ist die Undurchführbarkeit des Satzes glaubhaft gemacht, nicht bewiesen. Der Beweis ist hier zu führen.

I. Der entscheidende Einwand gegen jene Theorie geht dahin: Sie beruht auf einer willkürlichen Generalisierung der im Einzelfalle übertretenen Norm, ohne einen einheitlichen Massstab der Generalisierung anzuwenden.

---

[1]) Siehe hierüber Olshausen § 59 Anm. 30ff.

[2]) So Olshausen selbst (a. a. O.); v. Liszt, Lehrbuch 12. Aufl. (1903) S. 177; Frank 3. und 4. Aufl. (1903) § 59 V, 1 (unentschieden); Binding, bes. Normen I (2. Aufl.) S. 88ff.; Kahn, Der ausserstrafrechtliche Rechtsirrtum (1900); v. Bülow G.A. XXXXV (1897) S. 321ff. und G.S. LIX (1901) S. 1ff.; Rosenblatt G.S. LXI (1902) S. 1ff.; Rosenberg Z. XXIII (1903) S. 217ff. (der Bewusstsein der Rechtswidrigkeit fordert, ohne es gegen das Bewusstsein der Strafbarkeit abgrenzen zu können; vgl. oben § 8).

Das, was dem Richter bei Beantwortung der Schuldfrage gegeben ist, ist eine einzelne strafbare Handlung: Die unrichtige Beurkundung des Barbiers A, der als öffentlicher Fleischbeschauer verpflichtet ist; die Beförderung der Auswanderung des X, der bereits zum Militär ausgehoben, aber noch nicht eingestellt ist. Stets ist es eine konkrete, in Raum und Zeit gegebene einzelne Handlung, deren Verhältnis zum Strafgesetz in Frage steht.

Das Strafgesetz kennt aber nicht alle Menschen, an die als an mögliche Subjekte von Delikten die Normen sich wenden, den A, den B, den C u. s. f. Es kennt ebensowenig die einzelnen Objekte oder alle Modalitäten der Ausführung. Und selbst wenn es sie kennen würde, kann es doch die Individuen nicht nennen, die einzelnen Vorgänge der Wirklichkeit nicht aufzählen. Eine Fülle konkreter Thatbestände zieht es in eine abstrakte Formel zusammen. An die Stelle des einmaligen Dinges oder Vorganges tritt das Wort, der Begriff, der die übereinstimmenden wesentlichen Eigenschaften der möglichen Einzelbegebenheiten heraushebt, zusammenfasst und so die Abstraktion, die Abfassung eines „Gesetzbuchs“ erst möglich macht.

Klarheit und Verständlichkeit des Ausdrucks drängen zur Individualisierung, zur kasuistischen Aufzählung; das Bestreben, keinen möglichen Einzelvorgang unerwähnt zu lassen, treibt zur Generalisierung. Immer aber ist der Ausgleich beider Tendenzen lediglich Sache gesetzestechnischer Zweckmässigkeit. Nur hervorragende Unzweckmässigkeit würde dem Versuche im Wege stehen, etwa den § 242 St.G.B. in ein ganzes Gesetzbuch aufzulösen, in dem das Wort „fremd“ vermieden und durch die Aufnahme der ganzen Eigentumslehre ersetzt wäre. Gestattet die Ausbildung eines anderen Rechtssystems, verschiedene Vorgänge in einem Ausdruck zusammenzufassen, so wird der Strafgesetzgeber von dieser Möglichkeit Gebrauch machen (vgl. ausser „fremd“ z. B. „jagdbar“, „Soldat“, „Kaufmann“). Ist ein derart feststehender Begriff nicht zur Hand, so steht es ihm frei, zur Vereinfachung seiner Ausdrucksweise seinerseits einen solchen zu bilden und an geeigneter Stelle dessen Inhalt anzugeben. So ist es z. B. geschehen bei den Begriffen „Angehöriger“, „Beamter“. Immer aber ist im Auge zu behalten, dass das Gesetz bei solcher Generalisierung von Gesichtspunkten geleitet wird, die nichts zu thun haben mit der Frage, welche einzelnen Handlungen strafbar sein sollen. Die Wahl der Darstellungsart kann den Umkreis der strafbaren Fälle nicht berühren, weder objektiv noch subjektiv. Je nach der weiteren oder minder weiten Generalisierung des Ausdrucks für den Vorsatz des Thäters ein grösseres oder geringeres Wissen zu fordern, ist eine Ansicht, die näherer Überlegung unmöglich standhalten kann.

Gegen diese Einsicht fehlen in erster Linie die Vertreter der Theorie vom Subsumtionsirrtum (siehe besonders oben S. 112). Man denke an das bekannte Beispiel von den Eltern, die den geschlechtlichen Verkehr der verlobten Tochter mit deren Bräutigam gestatten in der Meinung, dass hier keine „Unzucht" im Sinne des § 180 St.G.B. vorliege. Die Theorie vom Subsumtionsirrtum muss freisprechen. Sie würde verurteilen, wenn das Gesetz weniger generalisierend einzelne Unzuchtsakte genannt hätte. Dass der Gesetzgeber, indem er generell von „Unzucht" sprach, ein solches Ergebnis nicht entfernt beabsichtigte, kann nicht zweifelhaft sein. Es gegen seine Absicht aus dem Gesetze selbst herauslesen zu wollen, ist, wenn man sich die gesetzestechnische Notwendigkeit jenes Verfahrens vergegenwärtigt, ebensowenig angängig.

Das Gleiche gilt gegen den Satz vom ausserstrafrechtlichen Rechtsirrtum. Es ist nicht einzusehen, wie die Würdigung eines einzelnen Vorganges dadurch berührt werden soll, dass der Gesetzgeber sich eines allgemeineren anderwärts definierten Ausdrucks bedient oder aber die einzelnen Vorgänge spezieller bezeichnet.

Es weichen denn auch einzelne Entscheidungen des Reichsgerichts von dem Grundsatz, dass die Stellung eines Begriffs im Strafgesetzbuch oder in einem anderen Gesetz massgebend sei, ab. Einen Irrtum über die Begriffe „Kaufmann", „Soldat" hält das Gericht für unbeachtlich, obwohl hier über Vorschriften nicht des Strafgesetzbuchs, sondern des Handelsgesetzbuchs und der Wehrordnung geirrt wird. Anderseits beachtet es einen Irrtum über den Begriff „Beamter", obwohl dieser im Strafgesetzbuch definiert ist. Allein man sucht vergeblich nach einem tiefer greifenden Kriterium, das hier zu Grunde gelegt sein könnte. Die mehrfach zu findende Äusserung, dass ein ausserstrafrechtlicher Begriff dadurch zu einem strafrechtlichen werde, dass das Strafgesetz auf ihn Bezug nehme, kann vom Standpunkt des Reichsgerichts aus nicht genügen. Wollte man sie durchführen, so wäre die ganze Regel preisgegeben. So ist der Eindruck nicht abzuweisen, dass in diesen Ausnahmefällen von einem billig erscheinenden Ergebnis aus rückwärts argumentiert wurde. So erfreulich es ist, dass auf die Stellung der Norm im Strafgesetzbuch hier kein entscheidendes Gewicht gelegt wird, tragen jene Urteile, da sie ein anderes Kriterium nicht angeben, doch mehr zur Verwirrung als zur Klärung der Lehre bei. — Umgekehrt wird freilich in einer Reihe von Entscheidungen der äusserlichen Stellung der irrig aufgefassten Vorschrift eine ganz unsachgemässe Bedeutung beigelegt.

So scheint bei § 145 St.G.B. die Stellung der „Norm" ausserhalb des St.G.B. genügt zu haben, sie auch inhaltlich für eine ausserstrafrechtliche zu erklären,[1]) so dass folgerichtig eine Unkenntnis der verbietenden oder gebietenden Vorschrift selbst beachtet werden müsste.

Am deutlichsten spricht eine Vergleichung des § 242 St.G.B. mit den Strafbestimmungen der Urheberrechtsgesetze. Der Eingriff in ein fremdes Eigentumsrecht ist durchaus analog dem Eingriff in ein fremdes Urheberrecht, auch wenn man das letztere nicht geradezn als „geistiges Eigentum" konstruiert. Sind die Regeln über den Umfang des Eigentums ausserstrafrechtliche, so sind es auch die über den Umfang des Urheberrechts. Erstere werden ständig dafür erklärt, letztere aber für strafrechtliche (vgl. oben S. 126ff.). Die Annahme liegt nur zu nahe, dass für diese Unterscheidung ein recht äusserliches Moment mitbestimmend war: der § 242 steht im St.G.B., die Regeln über den Umfang des Eigentums im B.G.B. Die Strafbestimmung gegen Urheberrechtsdelikte dagegen schliesst nicht nur innerhalb desselben „Gesetzes" an die den Umfang des Rechts regelnden Normen an, sie nimmt auch direkt Bezug auf diese — was § 242 St.G.B. hinsichtlich der civilrechtlichen Eigentumsnormen natürlich auch hätte thun können. Nur so

[1]) Vgl. E. XXXI 225 und meinen Aufsatz Z XXIII (1903) S. 55 und S. 61 Anm. 17.

lässt sich der Satz des Reichsgerichts erklären: „Indem der § 34 Pat.Ges. auf die §§ 4, 5 des Gesetzes verweist, werden diese Normen Bestandteile der Strafvorschrift des § 34 selbst" (E. XXI 205). —

So bleibt der erste Vorwurf, dass die Artbestimmung des Irrtums eine Generalisierung der übertretenen Norm erfordert, für die jeder Massstab fehlt. In einzelnen Fällen trifft man gefühlsmässig das Richtige; diese werden denn auch immer wieder hervorgeholt: Der Thäter wusste, dass „stehlen", dass „ehebrechen" verboten ist, er wusste aber nicht, dass er „stiehlt", weil er die Sache nicht für „fremd" hielt, dass er eine „Ehe" bricht, weil er die Schliessung für nichtig, oder die geschlossene Ehe für aufgehoben hielt. So erfolgt zutreffend Freisprechung wegen fehlenden Vorsatzes. Aber was in einzelnen Fällen instinktiv getroffen wird, lässt sich auf andere Fälle nicht übertragen, wenn der leitende Gedanke nicht klar gestellt ist.

II. Die Verteidiger der Theorie vom ausserstrafrechtlichen Rechtsirrtum pflegen diese zu rechtfertigen durch Zurückführung auf den wohl allseitig anerkannten, auch dem § 59 St.G.B. zu Grunde liegenden Satz: Der Irrtum über Thatbestandsmerkmale befreit von Strafe, nicht der Irrtum über die Rechtsfolgen.

Dieser Satz ist ohne Zweifel richtig. Aber er bedeutet, wie schon oft bemerkt, keine Lösung, nur eine Präzisierung des Problems. Daher sein Versagen bei jedem Versuch, ihn auf einen bestimmten Fall anzuwenden.

Die Eltern der verlobten Tochter, die aus § 180 St.G.B. angeklagt werden, können einwenden: Wir haben über ein Merkmal des Thatbestands geirrt, indem wir die Handlungsweise unserer Tochter nicht als „Unzucht" ansahen. Der Kaufmann, der ein Konkursvergehen beging, wird sagen: Da ich mich nicht für einen „Kaufmann" hielt, habe ich ein Moment des Thatbestandes nicht gekannt. Ebenso, wer über die Begriffe „Beamter", „Soldat", „Glücksspiel", „Vorteil" irrte. Ihnen allen aber kann gleich richtig oder unrichtig entgegengehalten werden: Ihr wart euch eurer Handlung an sich wohl bewusst; nur ihre Beziehung zum Strafgesetz habt ihr falsch aufgefasst, denn erst das Strafgesetz bestimmt den Umfang jener Begriffe; ihr irrtet also über die Rechtsfolgen eurer Handlung.[1])

Dass man die Unfruchtbarkeit der Begriffe „Thatbestand“ und „Rechtsfolge“ für unsre Frage nicht erkannte, beruht einerseits — worauf hier einzugehen ist — auf nicht scharfer Scheidung des abstrakten, gesetzlichen von dem konkreten Thatbestand; andrerseits — worauf im folgenden Teil zurückzukommen ist — auf Verwechslung des materiellen mit dem formellen Thatbestands- und Verbrechens-Begriffe.

Betrachtet man ein konkretes Geschehen und die konkrete rechtliche Reaktion, so ist eine Unterscheidung von Thatbestand und Rechtsfolge nicht schwierig. Hier die Tötung des B durch den A, dort die Schuldigsprechung und Hinrichtung des A.

Nicht schwieriger ist es zunächst, wenn es um die Betrachtung der abstrakten, vom Gesetz hypothetisch hingestellten Thatbestände und Rechtsfolgen sich handelt. Der Konditional- oder Relativsatz enthält den Thatbestand, der Hauptsatz die Rechtsfolge.

Unlösbar aber wird die Frage, wenn vom Thäter die Subsumtion des konkreten Geschehens unter die abstrakten Vorschriften gefordert wird; wenn gefragt wird, ob der Thäter seine konkrete That unter einen abstrakten Thatbestand nicht subsumiert oder ob er ihre Rechtsfolgen nicht gekannt habe. Diese Frage ist nicht zu beantworten. Auf das Bewusstsein des Thäters von seiner konkreten That bezogen fällt die Nichtsubsumtion mit der Unkenntnis der Rechtsfolgen zusammen. Der kupplerische Vater, der die Handlungsweise seiner Tochter nicht für „Unzucht im Sinne des § 180 St.G.B.“ hält, verhält sich psychologisch zu seiner That in der gleichen Weise, als wenn er sie nicht für „strafbar“ gehalten hat. Der Begriff „Unzucht“ ist nichts objektiv exakt Gegebenes, sondern wird

---

1) Das Reichsgericht sucht einen Ausweg, indem es bisweilen zwischen Thatbestands- und Begriffs-Merkmalen unterscheidet. Die Ansicht führt, wenn sie den Zirkel wirklich vermeiden will, wie oben gezeigt (S. 167 und 88 Anm. 1), zu der auch vom Reichsgericht nicht gebilligten Theorie, als ob nur der Irrtum über sinnlich Wahrnehmbares zu beachten sei. Zudem wird man nach § 12 kaum behaupten können, dass das Reichsgericht mit jener Scheidung Ernst macht.

erst durch das Strafgesetz in einer bestimmten Weise umgrenzt; wenn es auch, wie hier, Sache der Auslegung ist, diesen Umfang festzustellen. So ist es mit den Begriffen „Glücksspiel", „Vorteil" u. a., und nicht anders mit den Begriffen, die ausserhalb des Strafgesetzbuchs ihre Begrenzung erfahren. Der Fleischbeschauer, der sich nicht für einen „Beamten" hielt, der Vater, der seinem zum Militär ausgehobenen, aber noch nicht eingestellten Sohn nicht für einen „Soldat" hält, sie irren über ein Merkmal des Thatbestandes und eben damit über die Strafbarkeit ihrer konkreten Handlung.

Ein „gesetzlicher Thatbestand" als solcher, losgelöst von seiner Strafbarerklärung, existiert ja nicht, er kann auch nicht in einer Sonderexistenz gedacht werden. Er ist lediglich die eine Hälfte eines Urteils, dessen andere die Strafbarerklärung bildet. Einen „gesetzlichen Thatbestand" aufstellen heisst eben die unter ihn fallenden Handlungen für strafbar erklären. So fällt bei der Beurteilung des konkreten Geschehens der Irrtum über die Grenze des einen mit dem über die Grenze des anderen notwendig zusammen.

Der vielfach begangene Fehler nun liegt darin, dass nicht gefragt wird, wie der Thäter seine konkrete Handlung angesehen habe, sondern dass Wert darauf gelegt wird, dass der Thäter die Strafbarkeit seiner Handlung „an sich" gekannt habe. Die Theorie vom Subsumtionsirrtum argumentiert: Bezüglich seiner einzelnen Handlungsweise habe zwar der kupplerische Vater über die „Strafbarkeit" geirrt; aber die Strafbarkeit der Kuppelei in abstracto habe er gekannt, nur seine That nicht dem Thatbestand der Kuppelei subsumiert.

Allein ganz abgesehen davon, dass (wie oben No. 1 gezeigt) die Generalisierung, die hier jedesmal nötig wird, völlig willkürlich ist und jedes sachlichen Massstabes entbehrt: Was hat es denn mit der Beurteilung der Handlungsweise des Thäters zu thun, dass dieser eine andere That, die, der seinigen ähnlich, in Einzelheiten etwas variiert ist, für strafbar, seine eigene aber für straflos hielt? Welchen Sinn hat es, ihn in diesem Falle freizusprechen, ihn aber zu verurteilen, wenn er nicht nur seine einzelne That, sondern eine ganze Gattung, zu der sie gehört, für straflos hält?

Das hier Gesagte wird am deutlichsten in den Fällen,

in welchen — wie die herrschende Lehre sie auffasst — der Thäter nicht über die Rechtswidrigkeit seiner Handlung an sich irrte, sondern die an sich rechtswidrige Handlung als durch einen bestimmten Berechtigungsgrund gestattet ansieht. Man müsste jeden Thäter wegen fehlenden Vorsatzes freisprechen, der, wenn auch noch so töricht, einen solchen Grund im Civilrecht, Staatsrecht u. s. w. zu finden glaubt. Jeder andere Standpunkt wäre willkürlich.[1])

So geht der zweite Einwand gegen die Theorie vom ausserstrafrechtlichen Rechtsirrtum — und zugleich gegen die Lehre vom Subsumtionsirrtum[2]) — dahin: Sie beruhen auf der Voraussetzung, dass man einen Irrtum über den Thatbestand und über die Rechtsfolgen scheiden könne. Diese Voraussetzung ist unrichtig, denn beide Begriffe sind formale, wechselseitig bedingte. Nicht nach dem Thatbestand im formellen Sinne ist zu suchen, sondern nach dem materiellen Thatbestand, nach dem Objekte der Verbrechen, das der Strafbarerklärung zeitlich vorhergeht.

---

[1]) Willkürlich also und undurchführbar, wenn auch zur Einschränkung von seinem Standpunkt aus vielleicht notwendig, ist z. B. die charakteristische Äusserung von Klee (Vorsatz S. 36): Der Rechtsirrtum sei beachtlich, wenn der Thatbestand des übertretenen Strafgesetzes „die Nichtbeobachtung bestehender Gesetze involviert.“ „Masst sich der Thäter jedoch aus eigener Machtvollkommenheit eine Berechtigung an, greift er sich, so zu sagen, eine ihm passende Befugnis aus der Luft in dem Glauben, nichts Unrechtes zu thun, so hat die Rechtsordnung allen Grund, ihn in seine Schranken zurückzuweisen.“ Auch das sind nur Worte. Jene Befugnis greift sich der Thäter immer „aus der Luft“; bestände sie, so läge kein Irrtum vor. Die Befugnis, die der züchtigende Erwachsene gegen einen Gassenjungen oder der in Putativnotwehr Handelnde in concreto annimmt, existiert eben nicht. Welchen Sinn hat die Frage, welchem Rechtsgebiet sie für den Fall ihres Bestehens angehören würde? — Auch die reichsgerichtliche Judikatur liefert Beispiele für diese Willkür. Vgl. oben § 12, insbes. No. XI und XII und die dortige Kritik (S. 146 unten, 151 unten).

[2]) Auch in der Form, wie sie neuerdings von Rosenblatt (G.S. LXI S. 31 ff.) vertreten wird: Unkenntnis des in concreto verletzten Strafgesetzes könne den Thäter nicht entschuldigen. Dagegen schliesse der Subsumtionsirrtum die Zurechnung aus, „wenn derselbe zu Folge desselben das Bewusstsein der Rechtswidrigkeit seiner Handlung nicht besessen hat.“ „Subsumtionsirrtum liegt vor, wenn der Thäter über die Relation seiner That zum Strafgesetze im Irrtum ist.“ — Das ist der alte Zirkel.

III. Vollends unlösbar wird die Frage, ob die irrig aufgefasste Norm dem Strafrecht oder einem anderen Rechtsgebiet angehört, in den Fällen, in welchen die übertretene oder die berechtigende Norm sich übereinstimmend in mehreren Rechtsgebieten vorfindet, so bei der Notwehr (§ 53 St.G.B. und § 227 B.G.B.), der Bigamie (§ 171 St.G.B. und § 1309 B.G.B.).[1]) Soll hier der Beweis geführt werden, dass der Thäter gerade das Strafgesetzbuch zu Rate gezogen und sich über dessen Inhalt geirrt habe? Mit Recht sagt Staatsanwalt Rosenberg, dass der Thäter die Frage, in welchem Gesetzbuch der übertretene Paragraph stehe, sich wohl nie vorlegen werde.

IV. Auf die Richtigkeit des vom Reichsgericht aufgegebenen Exempels kann eine Probe gemacht werden.

Nach § 2 Abs. 2 St.G.B. wirken neue Strafgesetze zurück, falls sie milder als die alten sind. Dies gilt nach der herrschenden Meinung aber nicht für Gesetze, welche nur thatbestandliche Voraussetzungen eines Strafgesetzes regeln.

Auch hiernach wird, wenn dieser Grundsatz durchführbar sein soll, eine Unterscheidung von strafrechtlichen und ausserstrafrechtlichen Normen nötig. Diese Unterscheidung müsste natürlich zu den gleichen Ergebnissen führen, wie im Falle des ausserstrafrechtlichen Rechtsirrtums. Ob eine solche Übereinstimmung zu erzielen ist, lässt sich nach der bisherigen Praxis des Reichsgerichts nicht beurteilen.

Gegen die Durchführbarkeit jener Unterscheidung spricht übrigens bereits die kaum zu leugnende Thatsache, dass — von jenem Parallelismus ganz abgesehen — auch in der Lehre von der Rückwirkung des milderen Gesetzes trotz zahlreicher Entscheidungen eine konstante Praxis sich noch nicht bilden konnte.[2])

§ 15.
Rückblick und Ausblick.

Der Gewinn der bisherigen in der Hauptsache nur kritischen Erörterungen ist in positiver Richtung zunächst eine engere

[1]) Vgl. auch Rosenberg, Zur Reform des § 59 St.-G.-B., Z. XIII (1908) S. 218 ff.

[2]) Vgl. hierüber meinen Aufsatz über „Die strafrechtliche Rückwirkung einer ausserstrafrechtlichen Rechtsänderung" Z. XXIII (1908).

Begrenzung der Lösungsmöglichkeiten: Auf der einen Seite genügt es zur Schuldzurechnung nicht, dass der Thäter das „sinnlich Wahrnehmbare“ in seiner That gekannt hat; er muss sie in der Beleuchtung irgend einer menschlichen Bewertung erblickt haben. Auf der anderen Seite ist diese vom Thäter zu kennende, erst durch menschliche Zweckbetrachtung der That beigelegte Eigenschaft nicht die Eigenschaft des Verbotenseins; die Kenntnis dieses letzten erst durch den Strafgesetzgeber geschaffenen Merkmals kann fehlen.

Welches ist aber jener Gesichtspunkt, unter dem die That dem Thäter erscheinen soll, wenn es nicht der des Verbotenseins ist?

Die Antworten auf diese Frage, wie sie insbesondere in der Normentheorie, in der Lehre von der Relevanz des Subsumtionsirrtums und in dem Satz von der Relevanz des ausserstrafrechtlichen Rechtsirrtums gegeben werden, sind darum so wenig befriedigend, weil sie von dem formellen Begriff des Verbrechens als einer strafbaren Handlung ausgehen. Von diesem Standpunkt aus wird jede Lösung ein Zirkel; sie gleicht dem Versuch, sich am eigenen Schopf aus dem Sumpf zu ziehen. Das Bewusstsein von der „That“ führt hier mit Notwendigkeit immer auf das Bewusstsein von ihrer Strafbarkeit.

Es gilt, von der strafbaren auf die strafwürdige Handlung zurückzugehen, alle diejenigen Elemente aufzusuchen, an welche der Gesetzgeber seine Strafdrohung erst anknüpft. Sie und nur sie muss der Thäter gekannt haben.

Dass auf diesem Wege die Lösung der Frage nach dem Schuldinhalt zu suchen ist, hat am deutlichsten die Normentheorie erkannt. Gerade sie strebt danach, jenen Schritt von der strafbaren zur strafwürdigen Handlung zu thun. Sie suchte das zeitliche Prius der „strafbaren“ Handlung; in dieser Wegweisung liegt eines ihrer grossen Verdienste. Ihr Verhängnis war, dass sie dies Prius, dies „Strafwürdige“ in der „normwidrigen“ Handlung zu finden glaubte. Denn die Meinung, dass die Norm dem Strafgesetz zeitlich vorhergehe, liess sich gegenüber der Kritik nicht aufrechterhalten. Statt aber die Norm als dies zeitliche Prius aufzugeben, gab Binding das Erfordernis eines zeitlichen Vorhergehens preis und begnügte sich mit der Norm als einem logischen Prius. Damit aber war der Weg beschritten, der notwendig in grossem Zirkel immer wieder zum Ausgangspunkt zurückführt, indem die Strafwürdigkeit der Handlung in dem Verbotensein erblickt wird. Der Zirkel wurde notwendig gemacht durch die Scheu, mit anderen Argumenten als dem formalen Bau der Strafgesetze jenes „Strafwürdige", jenes Objekt des Strafgesetzes aufzudecken.

Unter Verwertung der bisherigen Fortschritte sowohl wie der Fehler dies Objekt zu suchen und für die Schuldlehre nutzbar zu machen, wird die Aufgabe des folgenden Teils sein.

Druck von A. W. Hayn's Erben, Berlin und Potsdam.

Kolibri 360 GmbH
Ferdinand-Jühlke-Straße 7
99095 Erfurt, Deutschland
produktsicherheit@kolibri360.de